産業経済論

寡占経済と産業展開

安喜博彦[著]

新泉社

は　し　が　き

　本書は産業経済論と題しているが，その内容は産業組織論（第1章，および第4章以下）と産業構造論（第1章から第3章，および第12章）の2つの分野を扱っている。そのうち，第1章と第12章は産業構造と産業組織の相互の関係と政策論であり，両分野にかかわっている。そして，第2章ではその各節で産業構造分析の諸手法とその歴史的意義について論じている。また，第3章では明治以降の日本経済の長期的変遷とそこでの産業構造の展開について論じる。そのなかでは，戦前の産業構造の到達点を確認するとともに，戦後については，とくに高度成長期の発展パターンとその産業連関を1つの基点として今日までの展開をみた。

　産業組織論を扱う諸章では，まず第4章で反トラストの経済学といわれる産業組織論で取り扱う問題を確認するために，アメリカにおける反トラスト政策の歴史を振り返るとともに，産業組織論における基本概念とその理論的フレームワークについてみた。ここでは，1つは産業組織論の課題を歴史的観点から見直すなかで，独占問題のとらえ方が必ずしも一貫したものではなく，時代による変遷があること，そのことがとくに現代の高度情報通信化時代における独占問題を考えるうえで，重要な問題を提起することをみた。また，理論構成については伝統的な議論を基本として説明するとともに，その限界を踏まえた議論についてその要点を記した。

　以下，第5章から第9章までは産業組織論の各構成部分について伝統的な議論とそれに対する批判，そして，今日に至る多様な理論展開をみた。第5章ではとくに今日，産業集中の決定要因が必ずしも一義的に決まるわけではなく，

産業によって，また，産業展開の局面によっていろんな要因が働くことを考慮し，多くの要因を幅広くみている。また，第6章では寡占的相互依存関係のもとでの意識的並行行為について論じるとともに，戦略的行動に関する議論を重視していること，第7章で差別化概念の歴史的意義を意識した論述をしていること，第8章は参入障壁と参入阻止価格に関する議論とともに，サンク・コストにかかわる議論，そして，戦略的優位性を与える投資に関する議論を展開していること，第9章では垂直統合と企業の多角化について，その根拠となる経済性とともに，それと市場支配の関連を中心に述べていること，それらの点がこれらの諸章の特徴である。なお，これらの諸章では1990年代以降の企業の行動パターンの変化を示す実例をできるだけ多く示すことを試みている。そして，第10章では，今日の産業組織を考えるうえで重要な役割を果たすものとして企業の理論について論じ，第11章では第5章から第10章までの諸論点について，産業組織論の今日的課題という観点でできるだけ簡潔に整理した。

　私自身についていえば，本務校の関西大学で講義を始めたのは産業構造論であり，その科目では本書でいうところの産業発展形態論としての産業構造論とともに，今日，産業組織論の対象となっている産業内部の構造について論じた。その後，科目名称が産業組織論に変更されてからは，内容的にもっぱら産業の内部構造と行動主体としての企業の問題，つまり，本書における産業組織論を扱ってきた。ところが，3年前に依頼を受け奈良産業大学で非常勤講師として産業組織論と産業構造論の2科目を担当するようになり，かつて産業構造論として担当した当時の講義ノートを見直し，かつデータを更新するなど，現時点における産業構造分析の問題点，および，それと産業組織の関連を改めて考えることになった。

　産業組織論と産業構造論の両者の関係についていうと，産業組織論の日本への導入期であった高度成長末期には両分野をともに扱い，また，両者の関係を論じる文献が多くみられた。しかし，経済学における専門化が進むなかで，産業構造論はむしろサービス経済論あるいは情報化論という形をとり，それをトータルな形で論じることは少なくなり，また，産業組織論という分野の独立性が強まった。だが，その間の実際の経済の動きをみると，産業経済論としてト

ータルな見方をする必要性を改めて感じる。例えば，クズネッツの横断面分析では1958年当時の各国の経済発展水準を8つのグループに分けて分析しているが，そのなかで日本はスペイン，ギリシャ，ジャマイカ，コスタリカ，チリとともに低所得国から5番目のグループに位置づけられている。しかし，その後の日本経済の成長は目覚しく，また，持続的であったため，プラザ合意後の円高を経由した1989年には1人当たりGDPでアメリカを抜くに至る。このことからいえば，経済発展にともなう一国の産業体系の変化というクラーク流の分析に対し，むしろキャッチアップ過程において産業構造の高度化を想定した企業の行動とそれを支える政府の施策が産業体系の変化と経済発展の間に好循環をもたらしたということに目を向けるべきであろう。バブル崩壊後の逆の事態についてもそのようなことがいえる。このことは市場の資源配分機能を扱う産業組織論の役割を示すとともに，また，産業組織論そのものについても，その意図するところは本来，時代を先取りするような産業体系の形成のなかでの経済発展にあるということを示す。

　産業組織論については，本書では伝統的なフレームワークにもとづく説明を基本としているが，産業組織論における競争概念がもともと静態的性格をもつ点で限界があること，むしろ企業の役割は「持続的な競争優位」あるいは「競争優位の創出，維持，更新」にあり，その意味での動態的競争が資源配分機能につながることに留意したい。伝統的な議論は反トラスト規制という観点での政策志向性の強いものであった。しかし，それが産業分析の手法である限り，経営戦略論のM. E. ポーターがもともと産業組織論の研究者であったことで分かるように，企業戦略や企業慣行を分析するうえで有効な分析ツールを多く含んでおり，本書はそのような視点を意識したものであることも指摘しておきたい。

　本書執筆の動機は，学生諸君による授業評価等での「教科書があるとよい」という声に触発されたことにある。この数十年間，グローバル化と高度情報通信化という時代の流れのなかで現実の産業展開に対応してその分析手法の進化も著しく，その基本的な整理を試みることには戸惑いもあったが，長年にわたり研究への刺激を与えてくれた関西大学の現役学生とOB・OGの皆さんへの

お返しの気持ちを込めて本書を執筆した。

　最後に，困難な出版事情のもとで快く本書の刊行を引き受けて下さるとともに，何かとご配慮いただいた新泉社の石垣雅設社長に厚くお礼を申し述べたい。

2006年11月

安 喜 博 彦

目　　次

はしがき

第1章　産業組織論と産業構造論 …………………………………… 13
1-1　産業経済論の課題　13
1-2　産業概念と産業分類　15
1-3　産業組織と産業構造　20

第2章　産業構造の分析 …………………………………………… 25
2-1　3部門分割法　25
2-2　製造業内部の構造変化　37
2-3　サービス経済化と情報化　40
2-4　産業連関表と産業連関分析　46

第3章　日本経済と産業構造の展開 ……………………………… 55
3-1　戦後復興期までの日本経済と産業構造　55
3-2　高度成長と産業構造の高度化　62
3-3　石油ショック以降の日本経済と産業構造　70

第4章　反トラスト政策の歴史と産業組織論の理論構成 ………… 83
4-1　独占問題の展開と反トラスト政策　83
4-2　産業組織論の基本概念と理論的フレームワーク　89

第 5 章　市場集中 ……………………………………………… 99
　5-1　集中概念　99
　5-2　産業集中の測定　101
　5-3　産業集中の決定要因としての規模の経済性
　　　　— TIO における集中要因 —　107
　5-4　TIO 批判と集中要因の多様性　114

第 6 章　寡占と市場行動 ……………………………………… 127
　6-1　完全競争・独占・カルテル　127
　6-2　寡占企業の意識的並行行為　129
　6-3　戦略的行動と垂直的制限・アフターマーケット　136

第 7 章　製品差別化 …………………………………………… 143
　7-1　伝統的な差別化論　143
　7-2　製品特性としての差別化と立地モデル　148
　7-3　寡占的相互依存関係のもとでの差別化　152

第 8 章　参入条件 ……………………………………………… 159
　8-1　参入障壁と参入阻止価格　159
　8-2　サンク・コストと参入問題　163
　8-3　コンテスタビリティ理論　167

第 9 章　垂直統合・多角化 …………………………………… 169
　9-1　垂直統合・多角化のタイプ分けと多角化度の測定　169
　9-2　内部成長と外部成長　174
　9-3　垂直統合の経済性と市場支配　178
　9-4　多角化の経済性と市場支配　181

目　次

第10章　企業の理論 ― 企業としての統合と企業間関係 ― ……………… 189
　　10-1　取引費用の経済学　189
　　10-2　組織デザインの多様性　191
　　10-3　資源ベースの企業理論と企業間関係　193

第11章　21世紀の産業組織 ― 産業組織の展望 ― ……………………… 199
　　11-1　20世紀の産業組織　199
　　11-2　21世紀の産業組織　200

第12章　産業政策と国の競争力 ……………………………………………… 203
　　12-1　産業組織政策と産業構造政策　203
　　12-2　国の競争力　210

　　参考文献　219
　　索　　引　225

装幀　勝木雄二

産業経済論

寡占経済と産業展開

第1章
産業組織論と産業構造論

1-1 産業経済論の課題

　産業研究の手法あるいは研究スタイルとしては日本ではこれまで，産業史，技術論，企業史，中小企業論といった長い伝統をもつ領域があり，それらの領域での研究を踏まえた諸産業の実態分析が産業研究において大きな役割を果たしてきた。また，最近では情報経済論，サービス経済論，イノベーション論といった課題別研究も広く行われている。それとともに，経営学のなかでもとくに経営（企業）戦略論の諸手法もまた諸産業の実態分析に欠かせないものとして産業研究の主要領域を構成してきた。産業の経済分析においても，このような諸領域の産業研究の蓄積を大いに活用すべきであり，その論点を整理することも産業経済論の課題に含まれるであろう。しかし，本書では上記の諸領域での研究はひとまず措くとして，ミクロ経済学とマクロ経済学という経済学の2つの研究方向に即した研究領域として，産業組織（IO, Industrial Organization）論と産業構造（IS, Industrial Structure）論の2領域について論じることにする。

　もっとも，経済主体の行動（意思決定）を対象とするミクロや，一国経済全体の集計量を取り扱うものとしてのマクロに対し，産業組織論と産業構造論のいずれの場合でも，それらが産業を媒介項とした産業分析の方法論であるという意味では，産業論は一般的にミクロとマクロの中間領域といってよい。つまり，産業という概念はもともと，社会的分業のもとで一国の経済活動がいろんなレベルで業種区分されることを前提として成り立っている。そのもとで，産

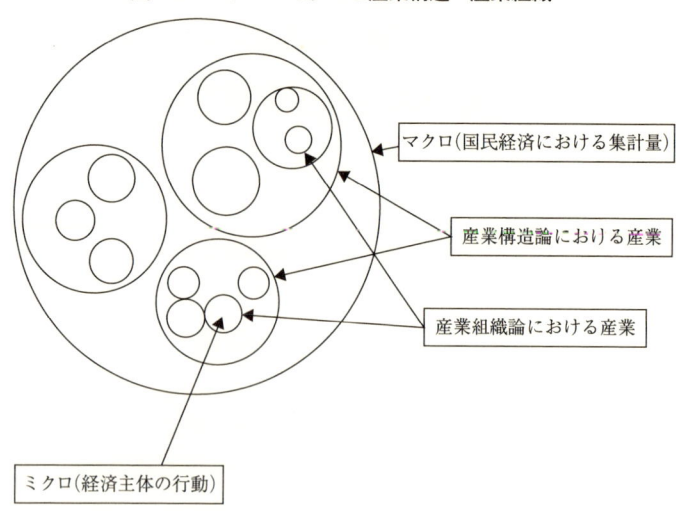

図1-1 マクロ・ミクロと産業構造・産業組織

業組織論は諸産業における市場の機能（競争と独占の関係）を研究対象としており，ミクロあるいは経済主体（ここでは企業）の側から産業をみている。それに対して，産業構造論は経済発展にともなう一国の産業体系の変化を研究対象としており，マクロの観点から産業を分析する。図1-1でみれば，産業のとらえ方にはいろいろなレベルがあるが，産業組織論における産業は経済主体（企業）が属している個別の産業であり，その業種区分は細かい分類とされる。これに対し，産業構造論における産業は一国経済全体のなかでの諸産業の構成が問題となるのであって，基本的に大括りの業種区分となる。

なお，産業構造という用語は日本特有の表現という側面があり，欧米の文献では産業構造（The Structure of Industry）の名で産業内部の構造分析を課題としているケースも多くみられ，その場合には産業組織論と同様の研究領域とみなすことができる。したがって，そういった表現法と区別する意味では，産業構造論を産業発展形態論と言い換えた方がよいかもしれない。また，産業組織論はときに別名，反トラストの経済学ともいわれてきたのであって，アメリカの反トラスト政策に理論的裏付けを与えるものとして発展してきた。しかし，反トラスト政策の近時の展開においては，後述するように，産業組織論にもと

づく反トラスト政策の提言が有効性を維持しているとは必ずしもいえない面がある。むしろ，反トラスト政策とかかわって展開されてきた個別産業の分析手法としての産業組織論は今日，企業戦略や企業慣行を経済学的に考察する分野としてビジネス・スクールなどで1つの専攻分野となってきているビジネス・エコノミクスといった分野との接点が大きくなっている。

1-2　産業概念と産業分類

(1)　勤勉としての産業

　産業は英語では industry であるが，industry のもともとの意味は「人に本来備わっている性質としての勤勉」であり，idleness の対語としての意味をもっていることは各種の英和辞典でも知ることができる。この industry という言葉の意味が微妙に変化していったのが，アダム・スミスの時代である。『諸国民の富』[1] には industry という言葉が実に多く使われているが，大内兵衛等訳の訳語でみても，その訳語として「産業」が当てられているケースと「勤勉」あるいは「勤労」という訳とがほぼ半々である。そのなかには「都会の産業」，「いなかの産業」，「本来都会に属する商業や製造業という産業」という表現もあるが，これもまた「勤勉・勤労」という訳でも問題はない。このスミスの例にみられる industry の用語法は，もともとの「勤勉としての産業」，つまり「人間の活動機能としての労働そのもの」が，「勤勉が向けられる分野としての industry」つまり「社会的分業の一環としての労働」に転じていく過程を表している。日本語における産業は『広辞苑』でみれば，「生活をしていくための仕事。なりわい」であるが，ここでも，人々がそれぞれいろいろな生業(なりわい)に就いていることを表現している。

　このように industry を産業という場合，そのもともとの意味にこだわるとしても，それは「勤勉が向けられる分野」との関連で意味をもつことになる。industry は工業という訳を当てる場合もあるが，それは産業革命以降の製造業（加工業，manufacturing industry）の展開を反映したものであり，生産活動一般からの工業の分離・定立を言い表すものである。それとともに，工業の

発展は製造業内部において社会的分業の進展を呼び起こし，業種の細分化（専門化）をもたらすのであって，そういった何層にも細分化されたいろいろな業種を産業と呼んでいる。また，産業分野はこのように製造業内部で内包的に拡大するだけでなく，さらに非製造業の諸分野でも産業概念が適用されることにより，外延的にも拡大する。

(2) 日本標準産業分類

産業概念はこのように，産業の範囲をどのようにとるのかということ，つまり，業種区分と切り離しがたく結び付いている。産業を定義する場合も，それはしばしば，産業分類の基準をどのように設定するかという問題として考えられる。この場合，産業の定義は各様になされうるのであって，一義的な規定を与えることは必ずしも適切でない。むしろ分析の目的に応じて，相応の規定を与える方が有効であるということは，産業組織論ならびに産業構造論の展開のなかでみたい。

しかし，どのような方向で分析する場合でも，産業分析は多くの場合，諸産業の生産規模など，諸種の統計データを利用することになる。その場合，利用可能なデータで最も信頼度が高いのは，国が発表するデータであるが，産業に関するデータを作成しようとすれば，まず前もって産業の分類項目を設定し，各産業の定義を与えておく必要がある。そのような目的をもって多くの国が標準産業分類を作成している。日本の場合は，統計法にもとづく政令により，「統計調査の結果を産業別に表示する場合の統計基準として，事業所において社会的な分業として行われる財貨及びサービスの生産又は提供に係るすべての経済活動を分類するもの」として，日本標準産業分類が作成されている。日本標準産業分類は2002年3月に第11回目の改定が行われたが，これは「情報通信の高度化，サービス経済化の進展に伴う産業構造の変化への適合」を意図した大幅改訂であった[2]。

この第11回改訂の日本標準産業分類の内容をみると，まず表1-1のようにAからSまでの大分類があり，そのうえで中分類（コード番号2桁分類）・小分類（3桁分類）・細分類（4桁分類）へと順次，諸産業が細分化されている。

表 1-1　日本標準産業分類（2002年3月改訂）

大　分　類	中分類	小分類	細分類
A　農　　　業	1	4	20
B　林　　　業	1	5	9
C　漁　　　業	2	4	17
D　鉱　　　業	1	6	30
E　建　設　業	3	20	49
F　製　造　業	24	150	563
G　電気・ガス・熱供給・水道業	4	6	12
H　情報通信業	5	15	29
I　運　輸　業	7	24	46
J　卸売・小売業	12	44	150
K　金融・保険業	7	19	68
L　不 動 産 業	2	6	10
M　飲食店，宿泊業	3	12	18
N　医療，福祉	3	15	37
O　教育，学習支援業	2	12	33
P　複合サービス事業	2	4	8
Q　サービス業(他に分類されないもの)	15	68	164
R　公務（他に分類されないもの）	2	5	5
S　分類不能の産業	1	1	1
計19	97	420	1,269

　例えば，Fの製造業では食料品，繊維工業，鉄鋼業など，24の中分類があり，そのうち小分類では150，細分類で563の項目がある（表1-2でその一部を示す）。製造業についての調査結果は『工業統計表』として発表されるが，その場合の産業分類はこの中・小・細分類にもとづいており，産業分析においてデータを利用するうえで，この分類の適切性が常に問題となる。第11回の改訂では中分類で電気機械器具製造業から情報通信機械器具製造業，電子部品・デバイス製造業を独立させるなどの項目の見直しが行われ，産業実態をより反映したものとする努力がなされているが，この標準産業分類にもとづくデータを用いて何らかの産業分析を行う場合には，少なくとも次の2つの点での検討が必要となる。
　まず第1に，当該の分析に対応した分類がどのレベルの分類であるのかということである。産業組織の分析の場合は個々の産業における市場機構と企業行動のあり方を問題にしており，できるだけ細かく分類された産業のデータにも

表 1-2 日本標準産業分類（製造業の一部）

- 09 食料品製造業
  - 091 畜産食料品製造業
    - 0911 肉製品製造業
    - 0912 乳製品製造業
  - 092 水産食料品製造業
    - 0921 水産缶詰・瓶詰製造業
    - 0922 海藻加工業
    - 0923 水産練製品製造業
    - 0924 塩干・塩蔵品製造業
  - 093 野菜缶詰・果実缶詰・農産保存食料品製造業
    - 0931 野菜缶詰・果実缶詰・農産保存食料品製造業（野菜漬物を除く）
    - 0932 野菜漬物製造業（缶詰，瓶詰，つぼ詰を除く）
- 10 飲料・タバコ・飼料製造業
- 11 繊維工業（衣服，その他の繊維製品を除く）
  - 111 製糸業
    - 1111 製糸業
  - 112 紡績業
    - 1121 綿紡績業
    - 1122 化学繊維紡績業
    - 1123 毛紡績業
  - 114 織物業
    - 1141 綿・スフ織物業
    - 1142 絹・人絹織物業
    - 1143 毛織物業
    - 1144 麻織物業
    - 1149 その他の織物業
- 12 衣服・その他の繊維製品製造業
- 13 木材・木製品製造業（家具を除く）
- 14 家具装備品製造業
- 15 パルプ・紙・紙加工品製造業
- 16 印刷・同関連業
- 17 化学工業
- 18 石油製品・石炭製品製造業
- 19 プラスチック製品製造業
- 20 ゴム製品製造業
- 21 なめし革・同製品・毛皮製造業
- 22 窯業・土石製品製造業
- 23 鉄鋼業
  - 231 製鉄業
    - 2311 高炉による製鉄業
    - 2312 高炉によらない製鉄業
    - 2313 フェロアロイ製造業
  - 232 製鋼・製鋼圧延業
    - 2321 製鋼・製鋼圧延業（転炉，電気炉を含む）
  - 233 製鋼を行わない鋼材製造業（表面処理鋼材を除く）
    - 2331 熱間圧延業（鋼管，伸鉄を除く）
    - 2332 冷間圧延業（鋼管，伸鉄を除く）
    - 2333 冷間ロール成型形鋼製造業
    - 2334 鋼管製造業
    - 2335 伸鉄業
    - 2338 伸線業
- 24 非鉄金属製造業
- 25 金属製品製造業
- 26 一般機械器具製造業
- 27 電気機械器具製造業
  - 271 発電用・送電用・配電用・産業用電気機械器具製造業
    - 2711 発電機・電動機・その他の回転電気機械製造業
    - 2712 変圧器類製造業（電子機器用を除く）
  - 272 民生用電気機械器具製造業
    - 2721 ちゅう房機器製造業
    - 2722 空調・住宅関連機器製造業
  - 273 電球・電気照明器具製造業
    - 2731 電球製造業
    - 2732 電気照明器具製造業
  - 274 電子応用装置製造業
    - 2741 X線装置製造業
    - 2742 ビデオ機器製造業
    - 2743 医療用電子応用装置製造業
    - 2749 その他の電子応用装置製造業
  - 275 電気計測器製造業
    - 2751 電気計測器製造業（別掲を除く）
    - 2752 工業計器製造業
    - 2753 医療用計測器製造業
  - 279 その他の電気機械器具製造業
    - 2791 蓄電池製造業

2792 一次電池（乾電池，湿電池）製造業	ピュータ製造業を除く）
2793 磁気テープ・磁気ディスク製造業	2822 パーソナルコンピュータ製造業
2799 他に分類されない電気機械器具製造業	2823 記憶装置製造業
	2824 印刷装置製造業
28 情報通信機械器具製造業	29 電子部品・デバイス製造業
281 通信機械器具・同関連機械器具製造業	291 電子部品・デバイス製造業
2811 有線通信機械器具製造業	2911 電子管製造業
2812 無線通信機械器具製造業	2912 半導体素子製造業
2813 ラジオ受信機・テレビジョン受信機製造業	2913 集積回路製造業
2814 電気音響機械器具製造業	30 輸送用機械器具製造業
282 電子計算機・同附属装置製造業	31 精密機械器具製造業
2821 電子計算機製造業（パーソナルコン	32 その他の製造業

とづく分析となる。標準産業分類でいえば，小分類もしくは細分類を用いることになるが，この場合，細分類でも個別産業としてとらえるには十分でないケースも多い。例えば，細分類の2813は「ラジオ受信機・テレビジョン受信機製造業」であるが，この分類にもとづくデータではテレビジョンのみの市場の分析ができない。『工業統計表』には標準産業分類とは別に基本的に出荷額と事業所数のみを公表する「品目編」（6桁分類）が付されており，そこでは「ラジオ受信機」,「白黒テレビ受信機」,「カラーテレビ受信機」が別の品目として計上されている。産業組織論的分析では，多くの場合，この品目にもとづく分類の方がより適切である。これに対し，一国の産業体系の変化を問題とする産業構造の分析では，一国産業を構成する諸産業の構成が対象となるのであって，産業分類は相対的により大きな包括的な分類を用いることになり，標準産業分類でいえば，おおむね大分類もしくは中分類，あるいは大分類を組み合わせたより大きな分類によることになる。

　第2に何によって産業分類をするのかということ，つまり産業分類の基準の問題がある。標準産業分類をみると，食料品では小分類は原材料（畜産品，水産品，野菜）によっており，繊維では小分類の「紡績業」と「織物業」という分類は加工段階による分類であるが，「紡績業」の細分類は「綿紡績業」,「化学繊維紡績業」,「毛紡績業」というように原材料による分類である。また，中分類の化学工業という分類は化学反応を用いた生産という生産工程ないし技術の性格による分類であり，鉄鋼業では設備による分類であるとともに，「高

炉」は銑鉄,「転炉・電炉」は粗鋼の生産設備であることからすると,銑鋼一貫といった諸生産段階の統合度（垂直統合度）による分類となっている。さらに電気機械器具ではいずれかといえば製品の特徴による分類であり，多くの場合，製品の用途による分類といってよい。一般的に何ものかを分類しようとする場合，その基準は統一的なものであることが望ましいが，標準産業分類における分類基準は多種多様となっている。

　このように分類基準が多様となるのは，この標準産業分類に依拠した統計調査が事業所統計であるため，アンケート調査の対象となる事業所がもっている自己の所属する産業についての認識に近づけた分類とせざるをえないという事情を考慮したものである。また，事業所サイドからみた産業についての認識は生産において用いられる原材料，生産工程あるいは技術の性格，生産設備といった供給面の共通性（代替性）に制約されがちである。したがって，標準産業分類も一部は用途による分類，つまり，需要面の共通性（代替性）による分類となっているものの，多くは供給面の共通性による分類となっている。いずれにしても，このように産業によって分類基準が異なることは実際の産業分析に際しては十分に考慮されるべき点である。例えば，用途からいえば共通と考えられる履物は，繊維製，革製，ゴム製，木製のいずれであるかによって中分類で別の産業に分類され，また，革製とされる場合も，その原材料である「合成皮革」はプラスチック製品とされる（ただし，合成皮革製履物はゴム製品に含まれている）。著者はかつて電気絶縁材料に関する分析を行ったことがあるが，各種の絶縁材料が素材の性格によって，中分類で繊維，パルプ・紙・紙加工品，化学工業，プラスチック製品に分類されており，そのそれぞれについて細分類あるいは品目で絶縁材料を探し出すという作業が必要であった。こういった問題は複雑さの程度に差はあるものの，ほとんどの産業に当てはまる。

1-3　産業組織と産業構造

　産業経済論の2つの領域としての産業組織と産業構造は通常，それぞれ相対的に独自の領域として個別に論じられてきたけれども，両者は，市場の資源配

分機能とそれを媒介として実現する諸産業間の資源配分状態の関係として，相互に関係し合っている。経済発展にともなう一国の産業体系の変化の方向を分析するものとしての産業構造論の考え方を最も典型的に示したコーリン・クラークの定式[3]によって，この産業組織と産業構造の関係をみてみると，次のようになる。クラークの定式では，1人当たりの所得水準で表される経済発展の水準に応じて消費需要の構成が変化し，それにともない諸産業間の所得の構成比（Y_i/Y）が変化し，その結果，諸産業間の労働力の構成比（L_i/L）も変化する。クラークはそういった経済発展に応じた諸産業間の所得と労働力の構成比の変化を各国のデータをもとに時系列（歴史的）分析と横断面（国際比較）分析という形で実証分析した。これを資源配分という表現で表すならば，彼の分析は，経済発展にともなって所得の構成比の変化を経て最後的には産業間で労働力という人的資源の配分状態が変化するという関係を明らかにしたものである。

　このクラークの定式では，各国の経済発展にともなって自ずからそれに対応した資源配分状態が生じることを前提にしている。しかし，経済発展にともなう産業部門間の構成の変化は，資源配分を担う何らかの社会的な機構をつうじて実現するのであって，この機構の如何によってこういった資源配分が行われるテンポも異なることになるし，また，その社会的な影響も異なる。そして，その結果として究極的には経済発展そのもののテンポも逆に制約を受けることとなる。そのような社会的機構としては，かつての極端なケースを取り上げるとすれば，1959年の革命前のキューバのような対米従属下の砂糖単作のモノカルチャー（単一栽培）経済といったものがある。キューバは当時，砂糖が国民所得の30％（輸出の80％以上）を占めるというmono-producto（mono-product，単一商品）の経済であり，また，貿易の60％以上は対米貿易というmono-mercado（mono-market，単一市場）経済であった。また，ソビエト崩壊前のロシアのような集権的計画経済では基本的に計画当局が資源配分機能の担い手であり，当時の東西体制間対立のもとで特定分野への偏った資源の重点配分の仕組みのもとにあった。今日，われわれが生活している資本主義経済ないし市場経済では，このことが市場の資源配分機能という観点から問題と

図1-2 産業組織と産業構造

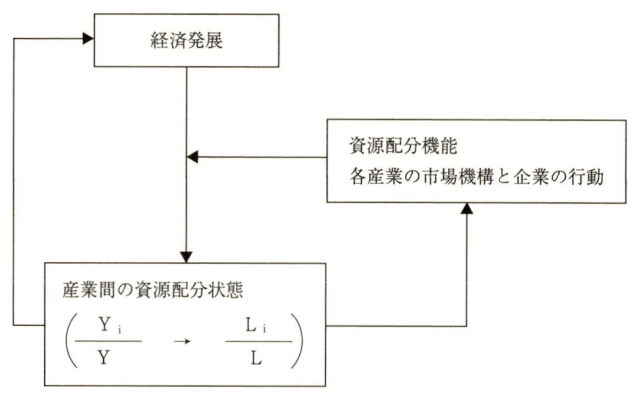

　なる。市場経済において諸産業間への資源配分の担い手は基本的に，諸産業の市場機構とそこでの企業の行動にある。図1-2 によれば，縦の関係が産業構造の視点であるのに対し，その関係に対して1つの媒介項となる横の関係が産業組織の視点である。

　ただし，市場の資源配分機能という点については，とりあえず次の2点の指摘をしておきたい。1つは，市場経済のもとでも国家自身が直接資源配分機能を担ったり，市場における企業の行動に介入するケースは多々ある点である。後発国ではとくに近代化・工業化へのテイクオフ（離陸）期に比較優位による国際分業では産業構造の高度化は困難であり，経済発展も望めないという理由で，その国の経済発展の引き金（トリガー）となる産業を設定し，積極的な保護策をとらざるをえない。日本の明治以来の殖産興業政策や富国強兵政策，第2次大戦後の傾斜生産方式，あるいは，東・東南アジア諸国の近代化のなかでいわれた「開発独裁」も，その成否の評価は別として，市場経済のなかで国が資源配分機能を積極的に担った例といえる。また，日本の場合，各種の許認可による規制政策と結びついた各省庁による行政指導は，今日に至るまで広範に行われている。もっとも，そのような国の介入はその資源配分面の効果というだけでなく，現在の日本が直面しつつあるような国家財政の破綻に際しては，その仕組みそのものがきびしく問われることになるであろう。

もう1つは，市場の資源配分機能そのものについてである。後述するように，伝統的な産業組織論（TIO）では，特定の産業における企業の数が1つ（独占），あるいは，非常に少数（高位集中寡占）である場合や，企業が相互にカルテル等の共謀関係にある場合，競争が阻害されることによって資源配分に歪みが生じるとして，この観点から反トラスト政策に対する提言を行ってきた。しかし，このような視点は，競争を静態的な価格・産出量の決定との関係でのみとらえるものであるとして，今日の高度情報通信化といったような技術基盤のドラスティックな変化がある時代に，イノベーションをめぐる動態的な競争を見失いかねないという批判がある。特定産業における企業の数や共謀ということだけでなく，M. E. ポーターのようにその産業を取り巻く諸環境をもっと広くとらえて企業間の競争関係を考察する考え方や，あるいは，「持続的な競争優位」を創出・維持・更新する企業の能力を重視する資源ベースの企業理論といった考え方が反トラスト政策に対しても求められている[4]。この点では，図1-2では産業間の資源配分状態から資源配分機能に向かう矢印も示しているが，これは，一国の産業体系の変化が諸産業の競争形態に大きな影響を与える可能性があるということである。今日，経済のサービス化・情報化の進展は，製造業の諸産業を含めて，諸産業の産業組織のありようを著しく変化させつつあることに注目したい。

　経済発展と一国の産業体系という関係はまた，クラークの定式にみられる経済発展にもとづく諸産業の構成の変化という方向のみではなく，良好な産業間の資源配分状態が一層の経済発展を呼び起こすのであって，両者が好循環の関係にあることが望ましい。産業経済論の課題は究極的には，資源配分の担い手である企業の競争力がどのようなものであるか，また，それを支える国の競争力をどのようにとらえるかという点にあるであろう。そのような意味では，企業行動を制約する要因としては，人口構成や環境対策，国の外交政策など，本書では対象としない諸種の要因があり，それらのすべてに対する国と企業の対応力が企業の競争力，さらには国の競争力にかかわっていることもとりあえず一言しておきたい。

1）Smith, A.（1950）．同書の初版は 1776 年。
2）総務省ホームページ。http://www.stat.go.jp/index/seido/sangyo/index.htm
3）Clark, C.（1951）．初版は 1940 年。
4）この点については第 12 章で後述する。

第2章
産業構造の分析

　産業構造論は産業発展形態論ともいわれ，経済発展にともなう一国の産業体系の変化の方向を検討することを課題とする[1]。ここでは，その古典的な分析であるクラーク流の分析や製造業の内部構成の分析手法であるホフマン法則が今日，どのような意味をもつかということを検討するとともに，現代の産業体系の変化において重要性を増している経済のサービス化・情報化の問題をも論じる。また，産業構造の変化の方向を知るうえで欠かせない分析手法である産業連関分析についてもその基礎的な説明をしておきたい。

2-1　3部門分割法

(1) コーリン・クラークのペティの法則

　経済発展にともなう一国の産業体系の変遷をどのようにとらえるかという問題は，近代工業化以降の社会的分業の展開過程で常に留意されてきた論点であるが，コーリン・クラークはそのような意味での産業構造の実証分析を多くの国のデータを用いて体系的に行うことにより，産業構造分析の基本的な視点を示した[2]。彼は第1次，第2次，第3次の3部門分割法にもとづいて，経済発展にともなう産業別の所得構成比および労働力構成比の変化に関する実証分析を行い，その分析結果が17世紀の重商主義者，W.ペティが言った「農業よりも製造業によるほうが，さらに製造業よりも商業による方が利得がはるかに大きい」[3]という記述と対応していたことから，産業構造の変化の方向についての彼の定式をペティの法則と呼んだ。

この場合，3部門分割の仕方としては，第1次産業は生産工程が自然の影響を強く受ける採取・育成産業，つまり農林水産業であり，第2次産業は労働生産物の加工業，つまり製造業，第3次産業はその他とされる。もっとも，この分類は具体的には問題を含んでおり，各種の分析で分類の仕方が異なっていることに注意する必要がある。例えば，鉱業は採取産業ではあるが，生産工程の性格では製造業に近く，クラーク自身もその著書の版によってこれを第1次産業に入れたり，第2次産業に入れたりしている。また，建設業は第2次産業とみるのが妥当だが，従来の工法では工場生産でないことからしばしば第3次産業に分類される。さらに，物流（運輸・保管），電力・ガス・水道も，他の第3次産業とは著しく性格を異にしているが，通常，第3次産業に分類される[4]。

　クラークは経済発展を1人当たり実質所得の高さでとらえ，その上昇にともなう消費需要の構成の変化が原因となり，3部門の間での所得の構成比（$Y_i/Y, i=1, 2, 3$）が変化し，さらにそれを反映して労働力の構成比（L_i/L）の変化が生じると考え，各国の1人当たり実質所得と所得の構成比および労働力の構成比の関係を時系列（歴史的）分析と横断面（国際比較）分析の両面から行った。なお，所得の構成比の変化にともなう労働力の構成比の変化については，相対所得（所得の構成比／労働力の構成比）が介在している。相対所得は当該部門の1人当たり平均所得の相対的高さを示しており，それが1より大きい場合，当該部門の1人当たり平均所得が経済全体の平均所得より大きいということを意味する。また，所得の構成比は通常，名目で計算されるため，相対所得＝相対生産性×相対価格となる。

(2)　クズネッツの分析

　このようなクラーク流の分析結果をここでは，戦後，より多くの国のデータを用いて分析したS.クズネッツの分析でみておこう[5]。まず，彼の横断面分析を簡単化した表でまとめると，表2-1のようになる。ここでは，1958年当時の1人当たりGDPの高さによって分析対象の国をⅠからⅧの8グループに分け，それぞれのグループごとに平均した所得の構成比と労働力の構成比が計算されている。その結果をみると，所得の構成比と労働力の構成比は程度の差は

表 2-1 クズネッツの横断面分析

所得の構成比

グループ	I	II	III	IV	V	VI	VII	VIII
国の数	6	6	6	15	6	6	6	6
1人当たりGDP	52	83	138	221	360	540	864	1,382
第1次	53.6	44.6	37.9	32.3	22.5	17.4	11.8	9.2
第2次	18.5	22.4	24.6	29.4	35.0	39.5	52.9	50.2
第3次	27.9	33.0	37.5	38.3	42.3	43.1	35.3	40.6

労働力の構成比

グループ	I	II	III	IV	V	VI	VII	VIII
国の数	5	6	6	18	6	6	6	6
1人当たりGDP	72	107	147	218	382	588	999	1,501
第1次	79.7	63.9	66.2	59.6	37.8	21.8	18.9	11.6
第2次	9.9	15.2	16.0	20.1	30.2	40.9	47.2	48.1
第3次	10.4	20.9	17.8	20.3	32.0	37.3	33.9	40.3

あっても，おおむね対応している。つまり，第1次産業は経済発展段階の高い国で構成比が低くなっているのに対し，第2次産業では1人当たり所得が高くなるにつれて構成比を高めているが，最も発展段階の高いⅧのグループは所得の構成比がⅦより低下しており，また，第3次産業ではⅥのグループまでは構成比が高まる傾向にあるものの，Ⅶでいったん低下しⅧのグループでは再度高まっている。これはとくにⅦに分類された国の特性が影響しているとも考えられるが，分析対象となった時期が発展段階の高い国にとって新たなサービス化への過渡期にあったことも考慮してよいであろう。

ところで，クズネッツのこのグループ分けでは所得の構成比と労働力の構成比でサンプルが異なるが，所得の構成比のグループ分けでみると，日本はスペイン，ギリシャ，ジャマイカ，コスタリカ，チリとともにⅤのグループに分類され，一段階所得水準の高いⅥのグループにはウルグァイ，アイルランド，イタリア，イスラエル，プエルトリコが分類されている。これは高度成長期に入る頃の日本の経済力を反映したものであり，それらの国のその後の経済発展の態様を考えれば，このことは第12章で後述するように，経済発展に対応した産業構造の展開というクラーク的分析の視点だけではなく，国の競争力を決定

する諸要因がどのように作用しているか，また，そのことによって経済発展と産業構造の展開との間に好循環がもたらされているのか否かという視点の重要性を示唆するものであろう。

　時系列分析ではクラークとクズネッツはいずれも各国別に近代工業化へのテイクオフ（離陸）期に遡って構成比の変化をみているが，クズネッツはそれとともに，所得の構成比では1953年と65年，労働力の構成比では1910～11年と1960～61年の2時点でみた構成比の変化をグループごとに検討しており，これによって国別を超えた構成比の変化の一般的趨勢を知ることができる。そして，このグループ別の時系列分析の平均値の変化と，横断面分析での低所得グループと高所得グループの構成比の差を計算することによって時系列分析の一般的趨勢と横断面分析での一般的趨勢の異同を把握することが可能である。もちろん，この場合，時系列分析での構成比の変化と横断面分析でのグループ間の構成比の差について，それぞれ1ポイントにどれだけウェイトをつけるかが問題であり，また，時系列での所得の構成比と労働力の構成比では対象期間が大きく異なり，労働力の構成比の変化に大きなウェイトをつける必要があるが，そのいずれについても必ずしもはっきりした基準はなく，これを数値で表すことにはあまり意味はない。そのような留保条件を付けたうえで，この計算結果にもとづく概念図を示すと図2-1のようになる。

　ここでは1人当たり所得が大きいほど構成比が大であれば↑，小であれば↓，あまり変わらなければ△で表示し，大小の程度はそれぞれの矢印の数で示している。第1次産業でみると，時系列では所得の構成比が就業者の構成比より大きく低下したため相対所得が低下しているのに対し，横断面では所得の構成比

図2-1　クズネッツの時系列分析と横断面分析の概念図

	第1次		第2次		第3次	
	時系列	横断面	時系列	横断面	時系列	横断面
所得の構成比	↓↓	↓↓	↑↑	↑	△	△
労働力の構成比	↓	↓↓↓	↑	↑↑	↑	↑
相対所得	↓	↑	↑	↓	↓	↓

の差より就業者の構成比の差の方が大きく，結果として相対所得は1人当たり所得の大きい国の方が高くなる傾向にある。また，第2次産業については時系列では所得の構成比の上昇が就業者の構成比の上昇より大きいため相対所得が上昇するのに対し，横断面ではここでも就業者の構成比で差がより大きくなっており，相対所得は1人当たり所得の大きい国の方が低くなる。なお，第3次産業については時系列でみても横断面でみてもそれほど変わらず，所得の構成比は横ばいであるのに対し，労働力の構成比が大きくなる結果，相対所得は小さくなる。ここで第1次産業と第2次産業における所得と労働力の構成比の相対的な関係が時系列と横断面で異なるのは，早く近代工業化へテイクオフした国ではその初期段階において第1次産業が成熟していたとともに，第2次産業がその生産性がきわめて低い状態から自生的に発展してきたのに対し，遅れて工業化を進める国では工業化は先進諸国の模倣から発進し，相対生産性は第1次産業で低く，第2次産業では高い。また，先進国の第2次産業の相対価格が低いこともこのような関係に導く要因になっていると考えられる。

(3) ペティの法則の新展開

このような分析を最新のデータを用いてするとすれば結果はどのようになるのか。図2-2～図2-11は経済発展段階の異なるいくつかの国について1人当たりGDP（ここでの1人当たりGDPは各時点でのドル表示のGDPであり，実質ではない），産業別GDP構成比，就業構造，相対所得の推移をみたものである。図2-2の1人当たりGDPではこれらの国は大きく2グループに分けることができ，イギリス，アメリカ，ドイツ，フィンランドといった先発グループはいずれも，1980年以降はそれ以前に比べ1人当たりGDPの伸びは著しく低下している。そのなかで日本は60年当時ではいずれかといえば後発グループに属していたが，高度成長期に先発グループ入りし，80年代にも相対的に高い伸びを示し，89年にアメリカを抜き2000年時点ではルクセンブルクに次いで2位であるが，2001年にアメリカに再逆転されている（2003年の1人当たりGDPの上位3国はルクセンブルク，ノルウェー，スイスである）。また，後発国では戦後の初期に比較的高い所得水準を示したブラジルとフィリピ

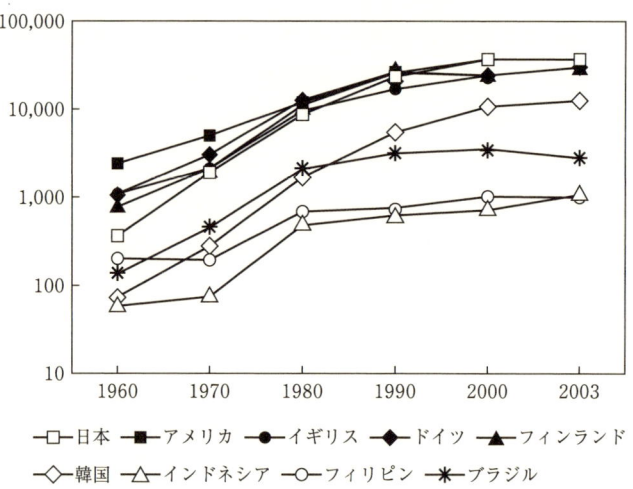

図2-2　1人当たりGDPの推移

凡例：日本、アメリカ、イギリス、ドイツ、フィンランド、韓国、インドネシア、フィリピン、ブラジル

ンが80年代以降停滞気味であるのに対し，韓国が一貫して高い伸びを持続し，インドネシアも緩慢ながらも上昇傾向を維持してきた。

このような経済発展の動向に対して，図2-3〜図2-11によりGDP構成比と就業構造をみると，70年代のアメリカと80年代のドイツを除けばおおむね第1次産業の低下傾向は所得の構成比の方が就業構造よりも著しく，相対所得は低下し続けている。また，イギリスは70年当時，第1次産業の相対所得が1をはるかに超えていたが，就業構造の変化が緩慢になるにつれて，相対所得の低下が起こり，90年には1未満となっている。これに対し，第2次産業は先発グループでは70年代以降低下傾向にあり，サービス経済化の進展を認めることができるのに対し，後発グループでは所得の構成比でみる限り70年代にはそれぞれ上昇傾向にあり，また，韓国は80年代，インドネシアは90年代にもその割合を高めている。なお，第2次産業の相対所得は90年代にはほとんどの国で低下傾向にあり，60年前後までの先のクズネッツの時系列分析での第2次産業の相対所得の上昇とは対照的な結果となっているが，これは先発グループをはじめとして製造業の主要産業が成熟化したことを反映したものであろう。そして，第3次産業はどの国においてもGDPと就業構造のいずれも上

第2章　産業構造の分析

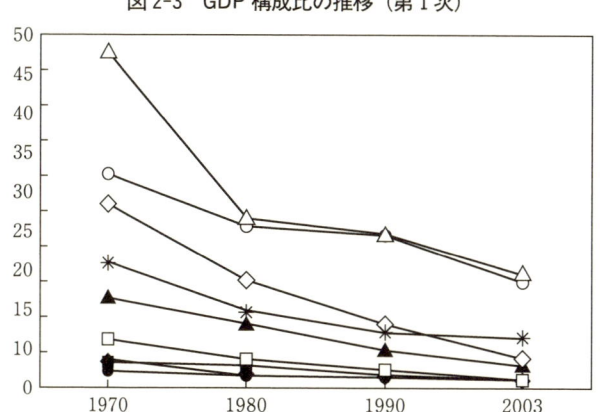

図 2-3　GDP 構成比の推移（第1次）

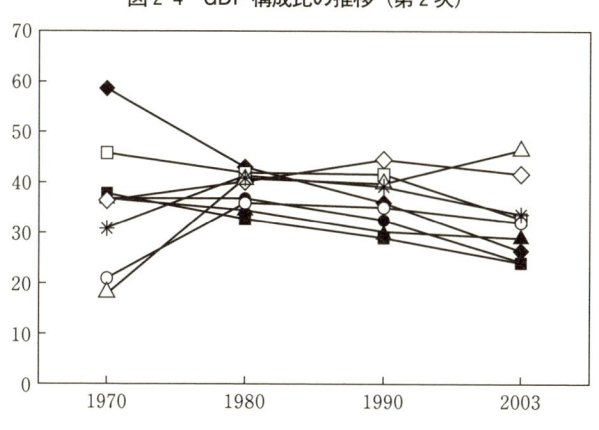

図 2-4　GDP 構成比の推移（第2次）

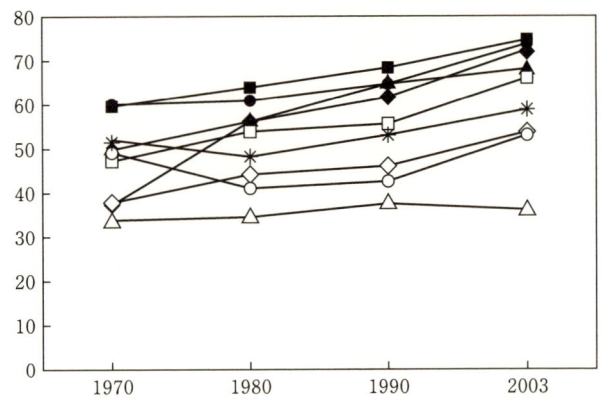

図2-5　GDP構成比の推移（第3次）

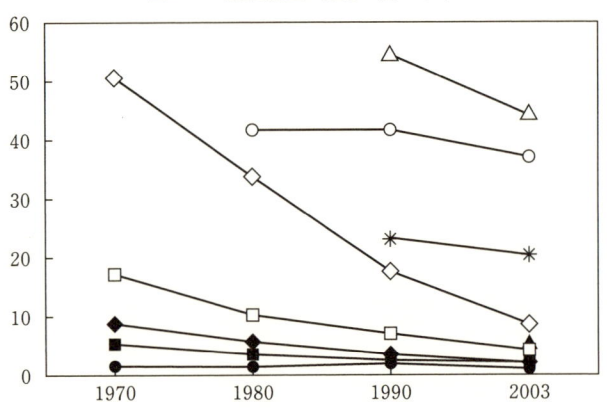

図2-6　就業構造の推移（第1次）

第2章　産業構造の分析

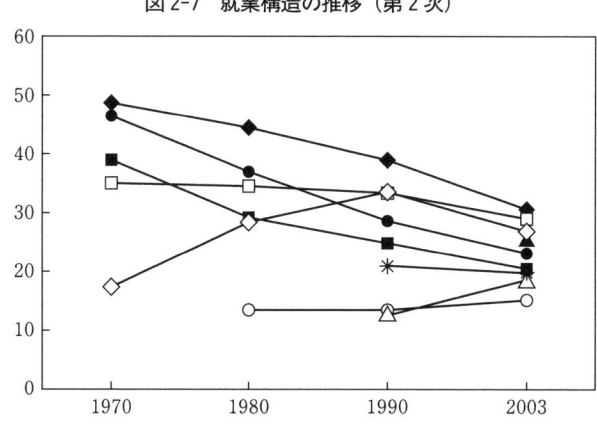

図2-7　就業構造の推移（第2次）

─□─日本　─■─アメリカ　─●─イギリス　─◆─ドイツ　─▲─フィンランド
─◇─韓国　─△─インドネシア　─○─フィリピン　─*─ブラジル

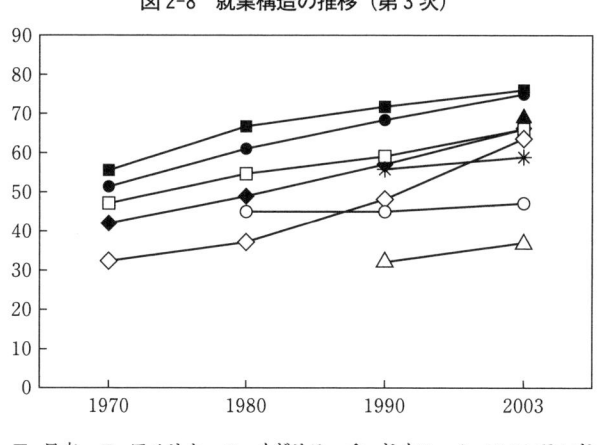

図2-8　就業構造の推移（第3次）

─□─日本　─■─アメリカ　─●─イギリス　─◆─ドイツ　─▲─フィンランド
─◇─韓国　─△─インドネシア　─○─フィリピン　─*─ブラジル

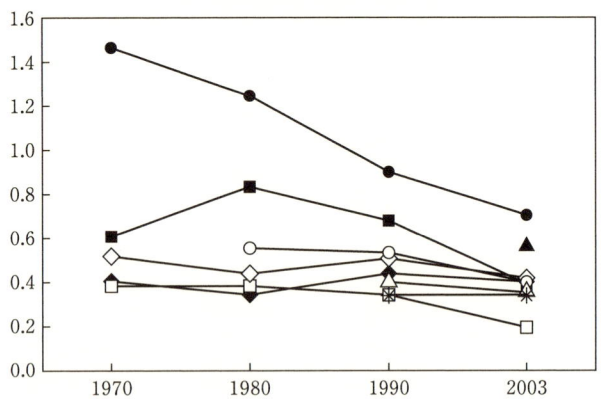

図2-9 相対所得の推移（第1次）

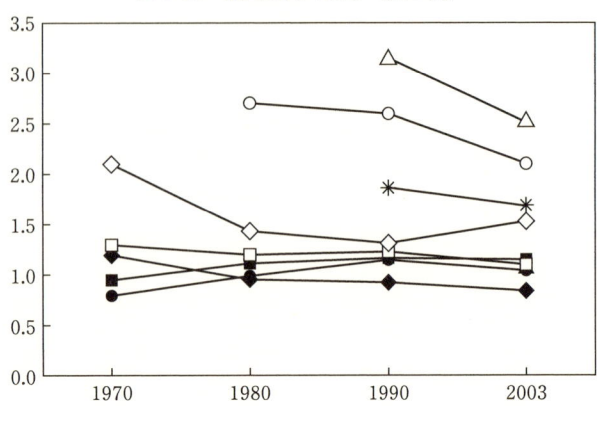

図2-10 相対所得の推移（第2次）

第2章　産業構造の分析

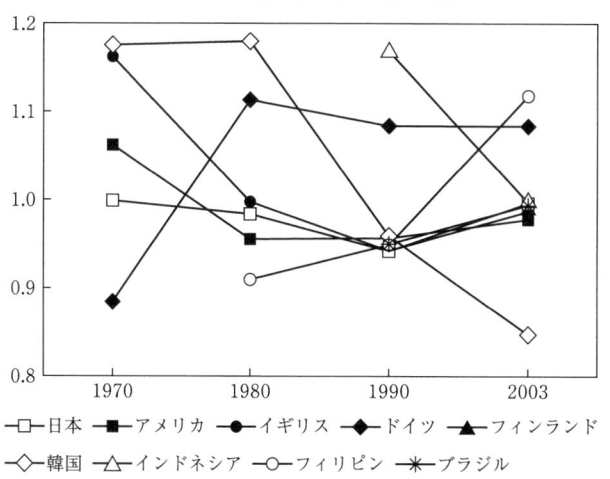

図2-11　相対所得の推移（第3次）

―□―日本　―■―アメリカ　―●―イギリス　―◆―ドイツ　―▲―フィンランド
―◇―韓国　―△―インドネシア　―○―フィリピン　―※―ブラジル

昇傾向にあるが，特徴的なのは90年代以降，先発グループにおいて相対所得が上昇傾向へと転じていることである。

このような時系列分析に対し，図2-12〜図2-14では横軸に2003年の各国の1人当たりGDPを対数で，縦軸に各産業のGDP構成比，就業構造および

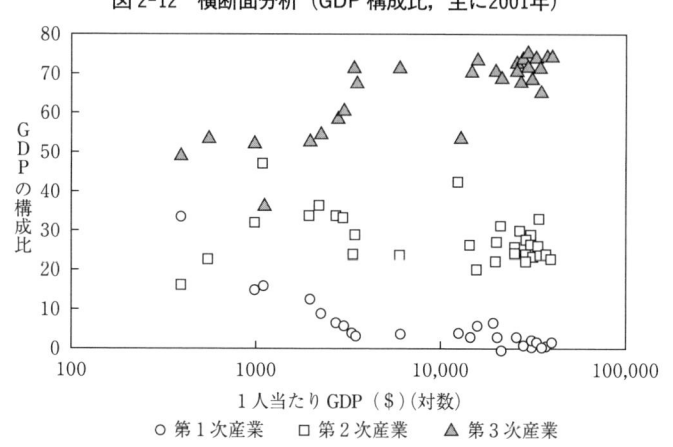

図2-12　横断面分析（GDP構成比，主に2001年）

○第1次産業　□第2次産業　▲第3次産業

35

図2-13　横断面分析（就業構造，主に2002年）

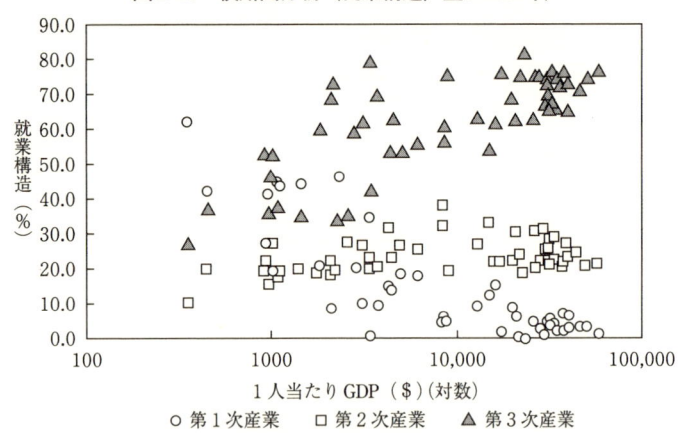

図2-14　横断面分析（相対所得）

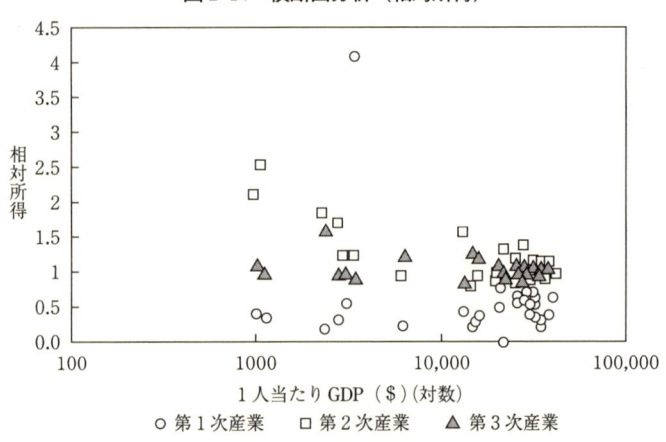

　相対所得をとって横断面分析を行っている。ここではGDP構成比と就業構造ではサンプル数が異なるが，傾向としては第1次産業の構成比の低下は就業者の構成比の方がGDP構成比より大きく，時系列とは逆に相対所得が上昇する傾向にあるというクズネッツの分析と類似の結果となる。これに対し，第2次産業ではGDP構成比と就業者の構成比のいずれについても，1人当たりGDPが比較的低い国の間では右上がりとなっているが，1人当たりGDPが

高くなるとGDP構成比と就業構造のいずれについてもはっきりした関係を見出すことはできない。第3次産業についてはGDP構成比と就業構造のいずれについても右上がりの関係にあるが，就業構造の方がより強い関係にあり，相対所得はやや右下がりの関係にある。

以上の3部門分割法でみた最近の産業構造の態様はクズネッツの分析といくつかの点で状況を異にしているが，これは，先発グループの諸国における第1次産業の就業者減の下げ止まり傾向や，製造業の主要産業の成熟化とサービス経済化，さらには新興工業国における急速な工業化といった新たな現象のなかで起こっているといってよい。

2-2　製造業内部の構造変化

(1)　ホフマン法則

クラークの分析は一国の産業体系を構成する産業を大きく3部門に分けて経済発展にともなうその変化の方向を検討したものであった。しかし，工業化の進展はさらに製造業内部での社会的分業の進展を呼び起こす。近代工業化へのテイクオフを最初に成し遂げた国はイギリスであり，1700年代後半の産業革命は紡績機や力織機のような機械の発明と，それにともなう工場制生産への変革過程であったが，産業分野としては主に綿工業のような消費財産業が産業体系の変化を主導していた。産業革命で形成された機械体系は人力以外の動力である原動機としての蒸気機関とその動力を伝達する伝動装置，および作業機からなる。工業化の進展はこのような機械体系全体の発展とともにあり，そのなかで，綿糸や綿布のような繊維の生産のための機械，そして，その機械の生産のための機械，さらには機械の生産のための金属といったように迂回生産が進展し，19世紀中期以降には機械，金属，さらには化学（武器としての火薬の発展と関連していた），電力，運輸といった産業が展開することになる。こういった迂回生産の進展を考慮に入れて経済発展にともなう製造業内部での産業体系の変化について定式化しようとしたのがW. G. ホフマン[6]であり，その定式はその名にちなんでホフマン法則と呼ばれる。

ホフマン法則は，工業化の諸段階をホフマン比率（消費財産業の所得／資本財産業の所得）で測定すると，工業化の高次の段階になるほどその比率が低下していくというものであるが，資本蓄積といった観点から生産手段生産部門と消費手段生産部門という2部門分割にもとづくK.マルクスの再生産表式を用いた分析でも，しばしば，生産手段生産部門の優先的発展ということがいわれた。ホフマンの工業化の段階指標としては，ホフマン比率が5±1の段階を工業化の第1段階，2.5±1を第2段階，1±0.5を第3段階，それ以下を第4段階とした。この分析の対象となった1920年代には欧米の先進諸国，イギリス，スイス，アメリカ，フランス，ドイツ，ベルギー，スウェーデンは工業化の第3段階に入っており，日本はオランダ，デンマーク，カナダ，ハンガリー，南アフリカ連邦，オーストラリアとともに第2段階にあるとされ，第1段階の国としてはブラジル，チリ，インド，ニュージーランドがあげられていた。

(2) 重化学工業化論

　ところで，ホフマン比率の算出に際して用いられた産業分類は，消費財は食料，繊維，木材，皮革であり，資本財は金属，機械，化学である。これは戦後，1960年代に産業構造の高度化として日本で盛んに論じられた重化学工業化論でいえば軽工業と重化学工業に相当する。元来，重化学工業という概念は，重工業・軽工業の重と軽はその産業で生産される製品の重量に由来があり，また，化学は化学反応という生産工程の特徴を示しており，概念そのものとしての意味は希薄であるけれども，19世後半以降の製造業のなかで産業体系の変化を主導してきた産業を包括的に表示するものとして便宜的に用いられてきた。

　重化学工業化論は，1960年代の日本では後で述べる産業政策論との関連で産業構造の高度化の方向を指し示すものとして論じられるとともに，国際的な視点では，クラーク流の分析を製造業内部の構造変化に適用しようとするものとして，1人当たり所得の上昇に対応した所得の構成比と労働力の構成比の変化を時系列（所得の構成比のみ）と横断面（所得の構成比と労働力の構成比）の両面から分析する試みがみられた[7]。ここでは，そういった分析の結論のみを簡潔に示せば，軽工業の低下傾向と重工業の上昇傾向は時系列と横断面で共

通であるのに対し，化学については時系列では上昇傾向を示す一方，横断面では1人当たりの所得水準の高低によるその構成比の違いは検出されていない。こういった化学産業での時系列と横断面の相違は先にみた第1次産業と第2次産業の相違と類似の事情による。つまり，化学産業では横断面分析でそれほどの違いがみられないのは，後発国における先端部門の急速な形成と先発国での相対価格の低さによると考えられる。

(3) 重化学工業の中身の変容―生活関連産業としての側面―

重化学工業化論の視点は，国際的にはホフマン法則が示すように，また，国内については後述する高度成長期の前半の過程での「投資が投資を呼ぶ」設備投資主導型の成長過程にみられるように，資本財としての重化学工業の優先的発展を想定していた。しかし，重化学工業化の進展は，一方で各種の耐久消費財の発明と商品化，そして，その大量生産を導き出す。エジソンが多くの発明の母体となった応用科学研究所を創設したのは1876年であり，アメリカでモータリゼーションを呼び起こすことになるT型フォードの生産開始は1908年であって，アメリカでは早くも1920年代にいわゆる大量生産・大量消費時代の幕開けを迎える。電気器具と乗用車は機械産業でありながらも，耐久消費財であり，それらの産業の発展は本来的にはホフマン比率の低下につながるわけではない。もともとホフマン比率で資本財とされているものは金属，機械，化学といった中分類あるいは中分類の集合としての諸産業であり，小分類でみた個々の機械製品，化学製品が果たして資本財なのか，消費財なのかは必ずしも問うているわけではない。耐久消費財の多くは機械であり，それらはホフマン比率の測定では資本財に分類される。もしそういった産業を厳密に用途で分類し，消費財として扱うとすれば，ホフマン比率はある段階までは低下していくとしても，ある段階からは横ばいあるいは上昇に転じることになる。その意味では，ホフマン法則は工業化の進展にともない迂回生産が進展していくその過程にある産業発展段階を定式化したものである。

そういった関係を日本の産業連関表を用いた諸産業の販路構成でみると，次のようになる。機械産業の販路構成は設備投資主導型の経済成長が典型的な形

で展開した時期である1960年でみると，電気機械では固定資本形成が26.3％であるのに対し民間消費支出は8.9％，輸送機械でも固定資本形成が43.0％，民間消費支出5.1％であり，機械産業全体では固定資本形成42.9％，民間消費支出6.1％であった。自部門内取引や輸出などの項目を除いた民間消費支出対固定資本形成の比率では，機械産業全体で1対7.03と圧倒的に固定資本形成の比率が高く，機械産業は資本財産業としての性格をもっていた。しかし，この比率は以後，徐々に低下し，2000年の販路構成では電気機械で固定資本形成が23.3％，民間消費支出12.2％，輸送機械で固定資本形成が14.2％，民間消費支出11.1％となっている。機械産業全体では固定資本形成が26.1％，民間消費支出9.5％で両者の割合は1：2.75であり，機械産業全体のなかで耐久消費財の占める割合は1960年当時と比べると約2.6倍に達している。

製造業内部の産業体系の変化という点では，成熟段階の経済では重化学工業のなかでも素材型の産業の構成比は低下しており，機械産業に代表される加工組立型の産業が主導するようになっているが，その機械産業のなかでも耐久消費財の役割が大きくなってきている。

2-3　サービス経済化と情報化

(1)　サービス経済化

クラークのペティの法則では，産業の中心が第1次（農林水産）から第2次（製造業）へ，そしてさらに第3次（商業，金融その他）へ移っていくことを示していた。この第3次産業の比重の増大ということは，とりわけ今日の産業発展の方向をみるうえで非常に重要であり，これをもってしばしばサービス・エコノミー化あるいはサービス経済化という言葉が使われている。サービスは通常，用役と訳され，物質的生産過程以外で機能する労働と考えられている。そして，そういった労働としては一般的に商業，金融を含む第3次産業全体が対象になるように思われるが，通常，第3次産業に含まれるものには運輸・保管といった物的流通（物流）や，電力・ガス・水道など，本来は物的生産といってよい産業であるにもかかわらず，配給との関連で自然独占となりやすく，

かつ公益事業としての性格をもつため，公営事業もしくは公的規制のもとで営まれるという理由で第3次産業に分類されるケースもある。そういった留保条件をつけたうえで，第3次産業の比重の増大といった指標をまず一次的なサービス化の指標とする。

日本における第3次産業の比重の増大を所得（GDP）の構成比でみると，次章の表3-5でみるように，戦前の1930年代から戦時の40年代前半にかけて低下したものの，戦後徐々に回復し，70年には47.3％と全産業のほぼ半分となった後，さらに一貫して上昇し，2000年には66.3％（2004年67.5％）に達している。また，就業者の構成も戦後一貫して上昇し，1970年が46.6％，2000年では64.0％（2004年67.6％）に達した。なお，GDPの構成と就業者構成はほぼ同水準となっており，相対所得は1近傍の数値を維持している。

しかし，今日のサービス化の二次的な，より実体のある指標は，第3次産業のなかでの対個人・対事業所サービスあるいは公共サービスの比重の増大，つまり，狭義のサービス化（第3次産業の比率の増大は広義のサービス化）にある。表2-2でみるように，GDPでみて卸売・小売業は1980年代から低下気味

表2-2 第3次産業の構成（GDP）

	電気・ガス・水道業	卸売・小売業	金融・保険業	不動産業	運輸・通信業	公共サービス	対事業所サービス	対個人サービス	第3次産業計
1970	2.2	15.0	4.5	8.3	7.2	1.7	1.8	6.7	47.3
1975	2.1	15.8	5.7	8.8	6.8	2.5	2.1	7.1	50.9
1980	2.9	16.4	5.6	10.1	6.6	2.9	3.1	6.5	54.1
1985	3.4	14.3	5.6	10.7	7.0	3.3	4.1	8.0	56.5
1990	2.7	14.2	6.2	11.4	6.9	2.2	5.3	8.0	57.0
1995	3.0	13.4	5.3	13.7	6.9	2.5	6.7	8.8	60.5
2000	2.9	15.1	6.5	12.3	7.4	5.0	9.0	7.9	66.3
2004	2.9	14.3	6.8	12.4	7.8	5.5	10.2	7.7	67.5

注）『数字で見る日本の100年』（第4版，国勢社，2000年）および『国民経済計算年報』平成18年版による。

であり，金融・保険業は90年代から横這いであるのに対して，対個人サービスは80年代から徐々に上昇（1980年6.5％から1995年8.8％へ）しており，さらに対事業所サービスは，70年にはわずか1.8％であったのに，以後急速に上昇，95年には6.7％と対個人サービスに近づき，さらに2000年には9.0％（2004年10.2％）と対個人サービスを超え，金融・保険業や運輸・通信業より比重が大きくなった。

　サービス産業の諸業種は2002年改定の標準産業分類では大分類でも1つの産業としてではなく，情報通信業，医療・福祉，教育・学習支援業，郵便局などの複合サービス業，サービス業（他に分類されないもの）といったように複数の産業に分類されているが，これを標準産業分類の中分類（カッコ内は小分類もしくは細分類）の諸項目でみてみると，対個人サービスに該当するものとしては，洗濯・理容・美容・浴場業，その他の生活関連サービス業（旅行業，家事サービス業，物品預り業，冠婚葬祭業など），娯楽業（映画館，興行場，スポーツ施設提供業，公園・遊園地，遊戯場など），専門サービス業（著述・芸術家業）があげられ，その多くは，対個人への直接的なサービスの提供として，生産と消費が同時に行われるという特性をもつ。また，それらの多くは，個人が生活の一部として自ら行っていた行為を市場をつうじて充足（外部化）するなかで産業化したものである。それとともに，例えばテレビと映画館や興行場の関係のように，しばしばサービスと物的財貨が代替関係にあることも注目される。そして，このような対個人サービスの増大の要因としては，国民生活の豊かさ（1人当たり所得の増大）とともに，女性の社会進出，余暇時間の増大をあげることができる。

　一方，対事業所サービスについては，物品賃貸業（リース業），情報サービス業（ソフトウェア業，情報処理・提供サービス業），広告業，専門サービス業（法律事務所・特許事務所，公認会計士事務所・税理士事務所，土木建築サービス業，デザイン・機械設計，経営コンサルタントなど），廃棄物処理業，機械等修理業，その他の事業サービス業（速記・ワープロ入力・複写業，商品検査業，ビルメンテナンス，警備業，労働者派遣業など）があげられる。近時の対事業所サービスの増大は，とくにアウトソーシング（業務の外部委託）の

影響を大きく受けている。アウトソーシングが盛んに行われることによって情報サービス業や労働者（人材）派遣業を含む各種サービス業が成長してきた。

　また，サービス産業の拡大だけではなく，製造業においても職種でみて，サービスにかかわる職業が増えていることもサービス化現象ということができる。つまり，産業レベルでのサービス化に対して，職業レベルでのサービス化ということも注目される。ただし，上述のアウトソーシングは社内のサービス業務を外部化することにより，職業レベルでのサービス化の独自性を相対化する面をもつことも否めない。

(2) 情 報 化

　コンピュータの普及にともなって急速に情報サービス業が成長してきた。そのような対事業所サービスとしての情報サービス業の比重の増大を狭義の情報化と考えることができる。表2-3により情報サービス業の規模をみてみると，売上高，事業所数，従業者数のいずれにおいても1980年代，とりわけその後半の時期に飛躍的に増大した。しかし，その後は90年代前半には停滞状態となり，その後は回復しつつあるものの，80年代ほどの飛躍的成長とはなっていない。また，その構成をみると，75年当時には情報処理サービスが37.6％と最も多く，次いで受注ソフトウェア開発とデータ書き込みが約15％で並んでいたが，その後は受注ソフトウェア開発の割合が増大し，80年代後半以降は情報処理サービスよりも受注ソフトウェア開発の方が多くなっている。これに対し，データ書き込みは90年代以降急速に減少した。これは企業が外部委託する情報サービスの種類が大きく変わってきたことを反映したものである。

　ところで，表2-3での情報サービス業は，日本標準産業分類における中分類の「情報サービス業」であって，これには「主に企業経営を対象として情報の処理，提供などのサービスを行う事業所」が分類されている。そして，「インターネット付随サービス業」は別の中分類に分類され，また，「ビジネス用の汎用ソフトウェアやゲームソフトウェアを大量に製造して卸売する事業所」は製造業の「情報記録物製造業」に分類されている。したがって，たとえ情報化をコンピュータに関連した情報サービスに限定してみるとしても，インターネ

表 2-3 情報サービス業の規模と構成

	事業所数	従業者数	年間売上高	構成比							
				情報処理サービス	受注ソフトウェア開発	キーパンチ等データ書き込み	マシンタイム販売	システム等管理運営受託	データベース・サービス	各種調査	その他
		人	100万円								
1975	1,276	57,164	275,090	37.6	15.3	15.0	5.0	8.9	5.2	8.1	4.9
1980	1,731	93,271	669,844	30.5	23.0	11.1	2.3	15.5	6.6	5.8	5.2
1985	2,556	162,010	1,561,829	25.0	42.1	7.0	1.2	7.5	6.5	3.6	7.1
1990	7,042	458,462	5,872,678	16.4	58.9	3.5	0.9	4.7	3.2	4.4	8.0
1995	5,812	407,396	6,362,183	15.3	58.1	2.8	0.5	5.6	3.1	3.8	10.7
1997	6,092	426,935	7,587,959	13.7	61.5	2.3	0.6	5.6	3.4	3.5	9.3
1998	8,248	535,837	9,800,606	12.1	61.5	2.2	0.6	7.0	3.0	3.5	10.1
1999	7,957	534,751	10,151,890	11.8	62.9	1.9	0.7	7.2	2.6	3.4	9.5
2000	7,554	515,462	10,722,844	15.0	53.2	—	—	7.4	2.7	2.7	9.7
2001	7,830	526,318	13,703,868	19.1	49.4	—	—	8.5	2.2	2.2	8.0

注）経済産業省『特定サービス産業実態調査報告書』による。

ットの普及や，ビジネス用に開発したソフトウェアの汎用化といった今日の情報化の目立った特徴を「情報サービス業」では把握できないことに留意する必要がある。さらに，中分類の「インターネット付随サービス」を考慮して情報サービスをみようとする場合でも，「インターネット付随サービス」は「インターネットを通じて，通信および情報サービスに関する事業を行う事業所であって，他に分類されない事業所」が分類されることに注意する必要がある。つまり，現在，急増しつつあるインターネット関連のビジネスの多くは小売業，金融業，広告業など多くの「他に分類」されるものである。このように標準産業分類では把握が困難であるが，既存の諸種の事業が，インターネットによってその業態を大きく変えつつあることも今日の情報化の1つの側面であることも無視できない。

　以上のコンピュータ関連の情報サービスに対し，情報をより広く一般にとらえて情報関連産業としてみた情報化を，広義の情報化という。そのような情

報関連産業としては，情報の生産にかかわる学術研究機関，広告および映画製作，情報の収集・提供としての新聞，出版，不動産仲介および情報提供サービス，情報の処理・加工にかかわる印刷，情報処理サービスおよび法務・財務・会計サービス，情報の伝達手段としての郵便・電気通信，放送および興行，さらにコンピュータやテレビ・ラジオを含む情報機器など，広範な産業が包摂される。

情報化についても，それを広義と狭義のいずれでみるとしても，サービス化と同様，産業レベルと職業レベルの両側面がある。つまり，情報サービス業あるいは情報関連産業に属さない産業においても職種としての情報化の進展をみることができよう。

(3) 脱工業化と空洞化

かつて，とくに 1970 年代のイギリスにおいて脱工業化（de-industrialization）ということが盛んにいわれたが，その論点は主に当時のイギリス製造業の国際競争力の弱化と雇用吸収力の低下を問題とするものであった[8]。しかし，それは一方では金融業を含む第 3 次産業の役割をどう評価するかという論点をも含んでおり，ポスト工業化社会論，あるいは，産業構造にかかわる議論としてはサービス経済化という方向での立論と結びついていた。

今日の日本において，この脱工業化と類似した議論としては国内産業の空洞化（hollowing）論がある。85 年のプラザ合意以後の急速かつ大幅な円高にともない国内生産の製品の輸出競争力が低下したため，日本企業が生産拠点を海外に移す動きが強まり，完成品メーカーのみならず部品部門ぐるみの海外移転により，日本の製造業の国内での生産が空洞化し，そのことが雇用問題にも深刻な影響を与えたとする。日本の場合，高度成長期以降，ものづくりの能力を高めることにより製造業の国際競争力を確保することが経済成長の支えとなってきただけに，生産拠点の全面的な海外移転により完成品・部品の生産においてのみならず，研究開発能力を含めてものづくりの能力を損なうのではないかという懸念がこの空洞化論の背景にある。

(4) 知識産業・創造産業

サービス経済化は，一方で医療や介護，教育といった社会的サービスとともに，対事業所・対個人サービスの比重の増大として進行している。その場合に注意すべき点は，サービス経済化を特徴づけるものとして，「知識 (knowledge)」や「創造的 (creative)」ということがキーワードとなってきていることである。まず，情報化がコンピュータを中心とした「知的技術」によって支えられているという意味では「知識」がキーワードとなる[9]。それとともに，サービスの生産ではさらに，コンピュータ技術にかかわる場合のみならず，芸術やスポーツといったことも含めて，創造的ということが重要な意味をもつ。イギリスで産業振興の対象として注目されている「個人の創造性，スキル，才能を源泉とし，知的財産権の活用を通じて富と雇用を創造する可能性をもった産業」としての「創造産業」[10]という概念も今日の脱工業化社会を考えるうえで大いに示唆を与えるものである。フィンランドをはじめ北欧経済の競争力の重要な決定要因となっている北欧デザインの意義もそのような側面から評価することができる。知的財産権（知的所有権）については，物的生産にかかわる場合でも，特許権，考案権としての実用新案，デザインにかかわる意匠権，商標権といった工業所有権の重要性が増しており，また，コンピュータ・プログラムを含む著作権が経済活動と多くの場面でかかわりをもつようになっている。

2-4　産業連関表と産業連関分析

これまでの産業構造の議論は，一国の経済を成り立たせている諸産業を大きく分類し，それらの産業の構成（産業体系）が経済発展にともないどのように変化するかを分析するものであった。それに対し，ここでは，産業間の取引関係を示すとともに，これを用いて諸産業における最終需要の増大にともない各産業の生産額がどのようになるか，あるいは，諸産業の構成と産業間の取引関係がどのようになるかという側面からみた産業構造の分析手法をみる。

（1） 産業連関表

産業連関表では諸産業における最終需要，諸産業で生産される付加価値，諸産業の間での取引関係が示される。産業連関表とは，ある経済について各部門間の財・サービスの一定期間の取引を縦横に広がる表に記載したものであり，1930年代にロシア生まれのアメリカの経済学者，W. レオンティエフによって考案された[11]。この表の作成に際しては産業分類の仕方は自由であるが，現在，日本では通常104部門表，32部門表，13部門表が用いられている。

ここでは，最も単純な例として，2部門（Ⅰ，Ⅱ），および消費（C）と投資（I）のみの最終需要（Y）を想定した産業連関表（表2-4）とそれにもとづく産業連関分析の基礎を説明する。つまり，この表の想定では貿易は無視されており，貿易のない封鎖経済であり，かつ，政府支出も無視している。

この表は行と列からなっており，行の側はそれぞれの部門で生産された財・サービスの販路構成を示しており，列の側はそれぞれの部門の生産における各部門からの投入額と当該部門で新たに生み出された付加価値，つまり，費用構成を表す。ここでは総投入額は産出額と等しくなる。概念図で示すと，行と列に販路構成と費用構成を表す形で中間生産物（中間財）の取引である中間需要，最終需要，付加価値を表示したものが産業連関表である。もし封鎖経済でなく貿易のある経済を考えるなら，経済全体でみると最終需要の合計マイナス輸入

表2-4 単純化された産業連関表

	Ⅰ	Ⅱ	C	I	産出額
Ⅰ	5	10	4	1	20
Ⅱ	10	30	5	5	50
付加価値	5	10			
総投入額	20	50			

図2-15 産業連関表の概念図

	販路構成	
費用構成	中間需要	最終需要
	付加価値	

が付加価値の合計と等しくなる。また，最終需要は実際には，家計外消費支出，民間消費支出，一般政府消費支出，国内総固定資本形成，在庫純増，および輸出からなる。なお，表2-4では各部門の最終需要（消費プラス投資）と付加価値が等しくなっているが，これは単純化のためであり，現実にはこの数値は異なる。

(2) 産業連関分析

産業連関分析は，特定の産業連関が実現した理由を説明し，あるいは将来の産業連関を予測することを主な内容とする。つまり，最終需要の変化が各部門間の取引関係をつうじて諸産業の間で波及需要を呼び起こし，各部門の総需要が変化し，そのことによって各部門の生産額が決まる。この関係を分析するための諸種の用語は次のようなものである。

投入係数

産業連関分析の第1歩は投入係数を求めることにある。投入係数（a_{ij}）は各部門の産出額1単位に要する投入額であり，各行をi，各列をj，各部門間の中間需要をX_{ij}，j部門の産出額をX_jとして，$a_{ij}=X_{ij}\div X_j$となる。ここでは，Ⅰを20単位生産するためにⅠは5，Ⅱは10必要であるから，Ⅰを1単位生産するためにはⅠは$5\div20=0.25$，Ⅱは$10\div20=0.5$だけ投入する必要がある。同じように，Ⅱを1単位生産するためにはⅠは$10\div50=0.2$，Ⅱは$30\div50=0.6$だけ必要となる。この係数を表にしたのが投入係数表である。

表2-5 投入係数表

	Ⅰ	Ⅱ
Ⅰ	$a_{11}=X_{11}\div X_1=5\div20=0.25$	$a_{12}=X_{12}\div X_2=10\div50=0.2$
Ⅱ	$a_{21}=X_{21}\div X_1=10\div20=0.5$	$a_{22}=X_{22}\div X_2=30\div50=0.6$

逆行列係数

逆行列係数（b_{ij}）は，j部門の最終需要1単位の増加に対するi部門の生産額の増加を示す係数，つまり，ある産業に対して1単位の最終需要が発生し

た場合，各産業の生産が究極的にどれだけ必要となるかという生産波及の大きさを示す係数であり，産業連関分析で用いられる最も基本的な係数である。この係数を求める作業は，まず投入係数を用いて産業連関表の各行を再現することから始まる。つまり，例えば，Ⅰに対するⅠ，Ⅱの中間需要はそれぞれ，$a_{11}X_1$，$a_{12}X_2$ であり，Ⅰの最終需要と産出額をそれぞれ Y_1，X_1 で表すと，産業連関表の第1行は $a_{11}X_1+a_{12}X_2+Y_1=X_1$ の関係となり，また，第2行は $a_{21}X_1+a_{22}X_2+Y_2=X_2$ で表すことができる。これを表2-5の投入係数表を用いて再現すると次の連立方程式となる。

$0.25X_1+0.2X_2+Y_1=X_1$
$0.5X_1+0.6X_2+Y_2=X_2$

これを X_1，X_2 について解くと，

$X_1=2Y_1+Y_2$
$X_2=2.5Y_1+3.75Y_2$

であり，「各部門の最終需要 Y_1，Y_2 の1単位の増加」に対する「Ⅰ，Ⅱ両部門の産出額の増加」を示す係数は，次の逆行列係数表で示される。

表2-6　逆行列係数表

	Ⅰ	Ⅱ	行和
Ⅰ	$b_{11}=2$	$b_{12}=1$	3
Ⅱ	$b_{21}=2.5$	$b_{22}=3.75$	6.25
列和	4.5	4.75	9.25

　この逆行列係数表には列和と行和を示しているが，これは後述する影響力係数と感応度係数にかかわっている。

生産誘発額

　生産誘発額（X_i）は，最終需要が誘発する国内生産額で，これを最終需要の項目別にみたものが最終需要項目別生産誘発額（$X(C)_i$，$X(I)_i$）である。

$$X_i = \sum_{j=1}^{n} b_{ij} Y_j$$

$$X(C)_i = \sum_{j=1}^{n} b_{ij} Y(C)_j$$

例題で解けば次のようになる。

$X_1 = 2 \times 5 + 1 \times 10 = 20$

$X_2 = 2.5 \times 5 + 3.75 \times 10 = 50$

$X(C)_1 = 2 \times 4 + 1 \times 5 = 13$　　$X(C)_2 = 2.5 \times 4 + 3.75 \times 5 = 28.75$

$X(I)_1 = 2 \times 1 + 1 \times 5 = 7$　　$X(I)_2 = 2.5 \times 1 + 3.75 \times 5 = 21.25$

表 2-7　生産誘発額

	C	I	計
I	13	7	20
II	28.75	21.25	50
計	41.75	28.25	70

生産誘発係数

　生産誘発係数は，項目別最終需要1単位による生産誘発額を示す係数，つまり，当該最終需要の何倍の国内生産が誘発されたかを示す係数であり，「各項目別最終需要計」に対する，「ある産業部門（あるいは産業計）における当該最終需要項目による生産誘発額」の比率で示される。

$$生産誘発係数 = X(C, I)_i \div \sum_{i=1}^{n} Y(C, I)_i$$

$13 \div 9 = 1.44$　　$7 \div 6 = 1.17$　　$20 \div 15 = 1.33$

$28.75 \div 9 = 3.19$　$21.25 \div 6 = 3.54$　$50 \div 15 = 3.33$

$41.75 \div 9 = 4.64$　$28.25 \div 6 = 4.71$　$70 \div 15 = 4.67$

第 2 章　産業構造の分析

表 2-8　生産誘発係数

	C	I	計
I	1.44	1.17	1.33
II	3.19	3.54	3.33
計	4.64	4.71	4.67

最終需要依存度

　最終需要依存度は，各産業部門（あるいは産業計）の生産がどの最終需要項目によりどれだけ誘発されたかを示す割合であり，「各産業部門（あるいは産業計）における生産誘発額」の最終需要項目別構成比で示される。

$$最終需要依存度 = X(C, I)_i \div X_i$$

　$13 \div 20 = 0.65$　　　　　$7 \div 20 = 0.35$

　$28.75 \div 50 = 0.576$　　　$21.25 \div 50 = 42.5$

　$41.75 \div 70 = 0.596$　　　$28.25 \div 70 = 0.404$

表 2-9　最終需要依存度

	C	I	計
I	65.0	35.0	100
II	57.5	42.5	100
計	59.6	40.4	100

影響力係数と感応度係数

　影響力係数（原材料投入率）は，第 j 部門に 1 単位の最終需要があった場合にそれがすべての産業に与える影響（総効果）が，全部門の平均値から乖離する度合いであり，逆行列係数表の各列和と列和の平均値の割合で示され，それが 1 より大きい部門は影響力が全産業平均より大きい。

$$第 j 部門の影響力係数 = \sum_{i=1}^{n} b_{ij} \Big/ \frac{1}{n}\sum_{i=1}^{n}\sum_{j=1}^{n} b_{ij} \quad (n = 部門数)$$

　　I　$4.5 \div (9.25/2) = 0.97$　　II　$4.75 \div (9.25/2) = 1.03$

　感応度係数（中間需要比率）は，各部門に 1 単位の最終需要があった場合に第 i 部門が受ける影響（効果）が，全部門の平均値から乖離する度合いであり，

逆行列係数表の各行和と行和の平均値の割合で示され，それが1より大きい部門は感応度が全産業平均より大きい。

第 i 部門の感応度係数 $= \sum_{j=1}^{n} b_{ij} / \frac{1}{n} \sum_{i=1}^{n} \sum_{j=1}^{n} b_{ij}$ （n＝部門数）

I $3 \div (9.25/2) = 0.65$ II $6.25 \div (9.25/2) = 1.35$

2000年の日本の32部門表により影響力係数と感応度係数を求めると，図2-16のように，影響力と感応度のいずれも大きいのはパルプ・紙，化学，鉄鋼であり，影響力の方が大きくなっているのは金属製品，一般・電気・輸送機械，感応度が大きいのは，その他製造業，商業，金融・保険，運輸，対事業所サービスである。感応度は対事業所サービスでとくに大きい。つまり，対事業所サービスは他の産業あるいは経済全体の動向の影響を受けやすく，機械関係の産業は逆に，他の産業あるいは経済全体の動向に影響を与えやすい。

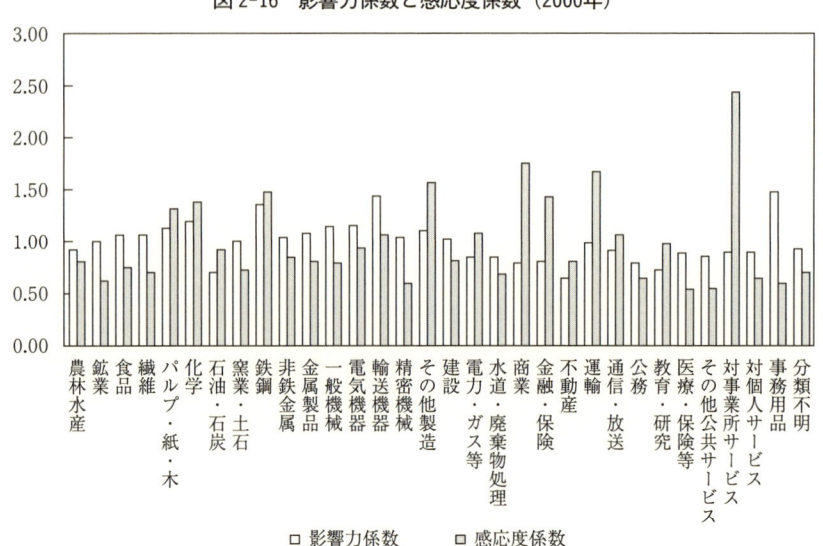

図2-16　影響力係数と感応度係数（2000年）

注）総務省『平成12年産業連関表―総合解説編―』（全国統計協会連合会，2004年）による。

1） 産業構造論の教科書的な著作が多く出版されたのは 1980 年代初頭までである。その代表的なものとしては，篠原三代平責任編集（1961），宮沢健一編（1966），篠原三代平・馬場正雄編（1973），金子敬生（1983）がある。最近の入門書としては小野五郎（1996），三橋規宏・内田茂男・池田吉紀（2006），鶴田俊正・伊藤元重（2001）がある。
2） Clark, C. (1951).
3） Petty, W. (1690). 同書の執筆は 1670 年代とされる。
4） 本書ではとくに断らない限り，鉱業と建設業は第 2 次産業，物流と電力・ガス・水道は第 3 次産業に分類する。
5） Kuznets, S. (1971).
6） Hoffmann, W. G. (1958).
7） Chenery, H. B. (1960) および Maizels, A. (1963).
8） Blackaby, F. ed. (1979).
9） Bell, D. (1973) および Delaunay, J. and J. Gadrey (1992) 参照。
10） その紹介は佐々木雅幸（2003）。
11） Leontief, W. (1941, 1966).

第3章
日本経済と産業構造の展開

　この章では明治維新以来の日本の経済発展との関連で産業構造および貿易構造の変遷を振り返る[1]。ここでは，日本の近代工業化へのテイクオフ（離陸）と戦間期の重工業基盤の形成，高度成長期の設備投資主導型の産業連関の形成，その後の輸出主導型の安定成長，そして，プラザ合意以後の内需主導型への転換とその破綻が主題となる。

3-1　戦後復興期までの日本経済と産業構造

(1)　日本の近代化と産業構造

『黒船前後』

　歴史家，服部之総の多くの著作のなかに『黒船前後』という短編の随筆がある。そのなかで彼は，イギリスで最初の鉄造船ができたのは1787年に遡るが，鉄の船が沈まないはずはないとか，鉄がコンパスを狂わせるといった迷信がその普及を妨げ，その後，二番目ができるまで20年かかり，英国海軍の鉄造船ができたのは1860年であるという。そして，1905年には早くも日本の汽船を含む総商船トン数に対する帆船トン数の比率は26.3％まで低下し，イギリス15.6％，ドイツ22.4％，アメリカ37.0％と並ぶに至っていることを指摘する[2]が，この事実は，第2章でみた産業別所得構成と就業構造について時系列分析と横断面分析を試みた場合に一定のずれを生み出す原因となる先発国と後発国の初期条件の相違に対応するものといってよい。日本に黒船が来航したのは1853年であるが，幕府はその年に浦賀で造船所を建設している。

明治政府は近代化策の一環としての殖産興業政策を進め，官営模範工場を建設し，それが軌道に乗った段で民間に払い下げる措置をとった。また，海外から機械設備を購入するとともに，人的資源の面でも，お雇い外国人のなかには近代工業の移植を助ける技師も数多くいた。そのようななかで製糸業，綿紡績業，綿布業などの繊維産業がまず産業基盤の形成に向かう。

　産業構造でみると，1878年（明治11年）の国民所得構成比は第1次産業62.5％，第2次8.6％，第3次29.0％であったが，1885年には第1次57.2％，第2次12.6％，第3次30.2％となり，繊維産業を中心として近代工業が根付きつつあることが分かる。貿易構造でみると，維新直後の1870年には食料品輸入の率が高いが，それを除けば1870年代，1880年代には輸出のほとんどは食料品・原料品・原料用製品であり，輸入は完成品がほぼ半数となっている。つまり，1次産品を輸出し，工業製品を輸入する構造であった。また，貿易の担い手としていち早く海運業を軌道に乗せた岩崎弥太郎の日本郵船は三菱財閥の土台を形成する。

表3-1　国民所得の産業別構成

	第1次産業	第2次産業	第3次産業
1878	62.5%	8.6%	29.0%
1880	67.8%	9.1%	23.0%
1885	57.2%	12.6%	30.2%
1890	62.8%	9.8%	27.4%
1895	52.4%	18.0%	29.7%
1900	46.5%	22.8%	30.7%
1905	41.7%	23.5%	34.7%
1910	39.2%	23.1%	37.7%
1915	32.6%	29.0%	38.3%
1920	34.3%	27.0%	38.7%
1925	28.8%	25.0%	46.2%

注）第1次産業＝農林水産業，第2次産業＝鉱業，製造業，建設業，第3次産業＝その他。
　　経済企画庁『基本日本経済統計』（至誠堂，1959年）および『数字でみる日本の100年』（第4版，国勢社，2000年）による。

表 3-2　貿易構造の変遷（1870—1960年）

輸出	食料品	原料品	原料用製品	完成品	その他
1870	39.9%	22.8%	32.8%	1.7%	2.8%
1875	46.0%	13.2%	32.1%	3.0%	5.8%
1880	37.5%	10.7%	35.4%	10.2%	3.2%
1885	31.7%	10.3%	44.5%	8.9%	4.7%
1890	22.0%	14.7%	40.1%	18.2%	4.9%
1895	16.1%	8.8%	43.6%	28.0%	3.4%
1900	11.1%	13.6%	43.8%	27.8%	3.6%
1905	13.4%	8.6%	42.3%	32.0%	3.7%
1910	11.2%	8.8%	49.1%	30.0%	1.0%
1915	11.3%	6.4%	45.7%	34.3%	2.3%
1920	7.3%	7.2%	34.8%	49.4%	1.3%
1925	6.4%	7.1%	47.3%	38.1%	1.2%
1930	8.8%	4.4%	35.7%	47.0%	4.2%
1935	7.9%	4.4%	26.9%	58.1%	2.7%
1940	10.7%	3.9%	25.9%	56.7%	2.9%
1945	19.2%	7.8%	4.6%	67.1%	1.2%
1950	6.3%	2.9%	25.6%	64.4%	0.8%
1955	6.9%	3.2%	30.9%	58.6%	0.4%
1960	6.5%	2.9%	19.8%	70.4%	0.4%

輸入	食料品	原料品	原料用製品	完成品	その他
1870	57.7%	2.6%	18.1%	20.1%	1.5%
1875	14.3%	3.5%	20.3%	58.5%	3.3%
1880	14.0%	4.4%	29.3%	49.6%	2.7%
1885	21.7%	5.6%	23.7%	47.4%	1.7%
1890	29.8%	8.3%	23.0%	37.5%	1.4%
1895	17.1%	23.5%	20.0%	35.6%	3.9%
1900	18.1%	28.0%	20.2%	32.1%	1.5%
1905	19.9%	32.7%	18.9%	26.8%	1.6%
1910	9.7%	49.8%	17.9%	22.1%	0.6%
1915	7.2%	63.8%	18.5%	9.7%	0.9%
1920	9.5%	53.9%	21.8%	14.1%	0.7%
1925	15.2%	58.0%	12.8%	13.6%	0.4%
1930	13.5%	53.6%	15.3%	16.5%	1.2%
1935	7.8%	61.0%	19.0%	11.6%	0.7%
1940	12.8%	47.3%	26.1%	13.0%	0.8%
1945	24.1%	52.6%	17.4%	5.8%	0.2%
1950	33.5%	42.0%	6.3%	18.1%	0.1%
1955	29.0%	47.4%	11.5%	12.0%	0.1%
1960	13.9%	58.5%	11.9%	15.5%	0.2%

注）1955年と1960年の原料用製品は鉱物性燃料，完成品は加工製品。

経済企画庁『日本の経済統計』（至誠堂，1964年），『数字でみる日本の100年』（第4版，国勢社，2000年）による。

表3-3 製造業の産業別生産額構成比

	軽工業	化学	重工業	(金属)	(機械)	計
1909	80.3%	10.1%	9.5%	4.1%	5.4%	99.9%
1914	74.6%	12.0%	13.5%	5.4%	8.1%	100.0%
1920	68.8%	11.9%	19.3%	7.6%	11.7%	100.0%
1925	75.3%	11.1%	13.5%	6.9%	6.6%	100.0%
1930	64.5%	15.3%	20.2%	9.6%	10.6%	100.0%
1935	52.2%	16.8%	31.0%	18.4%	12.6%	100.0%
1940	39.6%	15.1%	42.8%	20.5%	22.4%	97.5%
1945	39.5%	17.4%	41.5%	14.8%	26.7%	98.4%
1948	46.8%	13.0%	40.2%	14.9%	25.3%	100.0%

注) 職工5人以上の工場の生産額。
　　経済企画庁『日本の経済統計』(至誠堂, 1964年) による。

表3-4 製造業の就業構造

	軽工業	化学	重工業
1884	84.5%	7.7%	7.8%
1890	92.7%	2.4%	4.9%
1896	81.2%	13.3%	5.7%
1900	87.0%	5.7%	8.1%
1905	85.4%	6.1%	8.3%
1909	88.2%	3.5%	8.3%
1914	84.8%	4.3%	10.8%
1920	75.5%	6.1%	18.5%
1925	76.0%	6.2%	18.3%
1930	77.9%	3.5%	18.6%
1940	54.3%	5.4%	40.2%

注) 1925年までは職工数。1930年以降は国勢調査による。
　　1884年は就業日数×職工数と思われる。
　　経済企画庁『日本の経済統計』(至誠堂, 1964年) による。

日本経済のテイクオフと紡績業

　日清・日露の2つの戦争があった明治中期以降の時期には，富国強兵政策が唱えられ，そのなかで官営八幡製鉄所が設立され (1901年操業開始)，海運と造船の強化が図られる。この2つの戦争から第1次大戦中までの時期には日本電気，安川電機，東洋電機製造，明電舎，川崎重工業，石川島播磨重工業，大

隈鉄工所（現，オークマ・ホールディングス），東京製綱，横河ブリッジなど，電機，造船，金属製品関係の企業が相次いで設立されている。とはいえ，日本が近代工業国としてのテイクオフを成し遂げたこの時期の工業化の中心はあくまでも軽工業とりわけ繊維産業であり，この時期は基本的に紡績業の確立期である[3]。

1910年の国民所得の構成比をみると，第1次39.2％，第2次23.1％，第3次37.7％であり，工業化の進展が顕著であるが，14年の製造業の生産額構成比では軽工業が74.6％で，なかでも繊維産業が48.1％を占めている。14年の職工数の構成では軽工業84.8％で，繊維産業が62.0％に達する。

(2) 重化学工業化への動き

戦前日本の到達点

第1次大戦（1914年開戦）時にはアメリカ，中国向けの生糸，綿糸，綿織

表3-5 所得構成比・就業構造・相対所得の変遷

	所得構成比			就業構造			相対所得		
	第1次	第2次	第3次	第1次	第2次	第3次	第1次	第2次	第3次
1930	17.6	28.5	54.0	49.8	20.3	29.9	0.35	1.40	1.96
1940	25.1	37.5	37.5	44.6	26.2	29.2	0.56	1.43	1.42
1950	26.0	31.7	42.3	48.5	21.8	29.6	0.54	1.45	1.43
1955	21.0	36.8	42.3	41.1	23.4	35.5	0.51	1.57	1.19
1960	13.8	43.9	42.3	32.7	29.1	38.2	0.42	1.51	1.11
1965	10.3	43.5	46.2	24.7	31.5	43.7	0.42	1.38	1.06
1970	6.4	46.4	47.3	19.3	34.0	46.6	0.33	1.36	1.01
1975	5.9	43.2	50.9	13.8	34.2	52.0	0.42	1.26	0.98
1980	4.0	42.0	54.1	10.9	33.6	55.5	0.36	1.25	0.97
1985	3.4	40.1	56.5	9.3	33.2	57.5	0.36	1.21	0.98
1990	2.6	40.4	57.0	7.1	33.5	59.4	0.37	1.21	0.96
1995	2.0	37.5	60.5	6.0	31.8	62.2	0.33	1.18	0.97
2000	1.9	31.7	66.3	5.1	30.9	64.0	0.38	1.03	1.04
2004	1.7	30.8	67.5	4.6	27.8	67.6	0.38	1.11	1.00

注）第1次産業＝農林水産業，第2次産業＝鉱業，製造業，建設業，第3次産業＝その他。
所得については，1930～1950年は国内国民所得，1995年からはGDPで，産業計に対する割合。就業構造については第1次，第2次，第3次の計を100として分母とする（分類不能の扱いにより3産業の計が100に満たない場合があるため）。
『数字でみる日本の100年』（第4版，国勢社，2000年）および『国民経済計算年報』平成18年版による。

物などの輸出が急増し，戦争景気・戦争成金ということがいわれるが，その後の戦間期の日本は1920年の反動恐慌，23年の震災恐慌，27年の金融恐慌と，経済的に不安定な時期であった。しかしその間，産業基盤という点では，水力発電所の建設が相次ぎ，電動機が普及するなど，重化学工業化が進展する[4]。戦前日本の平時の到達点としての30年における産業構造は，所得構成比では第1次17.6％，第2次28.5％，第3次54.0％，就業構造で第1次49.8％，第2次20.3％，第3次29.9％であり，所得の構成比で第1次産業の割合が急速に低下し，第3次産業の構成比の高さが目立っている。しかし，製造業内部の構成でみると，生産額構成では重工業20.2％，化学15.3％，繊維38.0％，就業構造では重工業18.6％，化学3.5％，繊維38.6％であり，重化学工業化の進展をみることができる。さらに，30年の貿易構造をみると，輸出では原料用製品35.7％，完成品47.0％，輸入では原料品53.6％となっているが，その内容は綿花などの1次産品を輸入し，綿糸，綿織物などの繊維製品を中心とした軽工業品を輸出するという特有の貿易構造となっていた。

準戦時体制から第2次大戦期

　1929年10月24日のニューヨーク株式市場の暴落から始まる世界恐慌とその後の大不況は，30年1月に日本政府が金輸出・金兌換の解禁を断行したこともあり，日本経済を深刻な事態に陥れる。そのなかで，32年の5・15事件，36年の2・26事件を経て日本は準戦時体制となり，37年には日中戦争，41年には太平洋戦争に突入する。そして，国家総動員法の公布（38年），大日本産業報国会の創立（40年）など，戦時統制経済が全面化していく。

　この時期の産業構造を40年の数値でみると，所得構成比では第1次25.1％，第2次37.5％，第3次37.5％，就業構造は第1次44.6％，第2次26.2％，第3次29.2％，製造業内部の構成比でみると，生産額構成は重工業42.8％，化学15.1％，就業構造は重工業40.2％，化学5.4％となり，工業化・重化学工業化の進展が著しい。このような軍需による重化学工業化の急進展は資源配分の歪みを深刻化させ，設備と資材が不足する状態での人海戦術による重化学工業化といわざるをえない状態へと導く。

(3) 戦後復興

敗戦から復興へ

日本は敗戦により焦土と化し国富の3分の1を喪失する。この時点での日本の産業構造をみると、1946年の所得構成比は第1次38.8%、第2次26.3%、第3次34.9%、45年の製造業の生産額構成比は重工業41.5%、化学17.4%、軽工業39.5%であり、製造業の生産能力が著しく落ちたなかで戦時の軍需生産の残滓ともいえる重化学工業の高い割合が目立つ。

生産能力は多くの部門で壊滅的な打撃を受け、もの不足がインフレーションの進行を招く。そのなかで、政府は46年末に石炭・鉄鋼産業に重点的に資金・資材・労働力を投入する政策を決定したが、この政策は傾斜生産方式といわれ、その後、その他の部門にも適用されるようになる。復興の兆しがみえる50年には、所得構成比は第1次26.0%、第2次31.7%、第3次42.3%、就業構造が第1次48.5%、第2次21.8%、第3次29.6%となり、製造業の比率が回復する。また、製造業内部の構成では、所得構成比は重工業32.7%、化学14.9%、軽工業52.4%、就業構造は重工業27.5%、化学6.9%、軽工

表3-6 重化学工業化（所得構成比，就業構造，相対所得）

	所得構成比			就業構造			相対所得		
	軽工業	化学	重工業	軽工業	化学	重工業	軽工業	化学	重工業
1950	52.4%	14.9%	32.7%	65.6%	6.9%	27.5%	0.80	2.17	1.19
1955	52.2%	13.8%	34.0%	65.3%	6.1%	28.6%	0.80	2.26	1.19
1960	45.6%	11.0%	43.4%	58.7%	5.3%	36.0%	0.78	2.07	1.21
1965	46.3%	8.7%	45.0%	56.2%	5.2%	38.6%	0.82	1.68	1.17
1970	40.2%	8.4%	51.3%	51.6%	4.5%	43.9%	0.78	1.86	1.17
1975	42.2%	7.6%	50.2%	51.2%	4.7%	44.1%	0.82	1.61	1.14
1980	40.1%	7.6%	52.3%	50.7%	4.2%	45.1%	0.79	1.79	1.16
1985	39.6%	7.4%	53.0%	48.0%	3.9%	48.2%	0.82	1.91	1.10
1990	37.9%	7.7%	54.4%	47.1%	4.3%	48.7%	0.80	1.82	1.12
1995	39.2%	8.3%	52.5%	47.2%	4.2%	48.6%	0.83	1.96	1.08
2000	40.5%	8.1%	51.4%	45.7%	4.5%	49.8%	0.89	1.80	1.03

注）所得については、1960年までは『日本の経済統計』（上、1964年）の従業員4人以上の製造業の付加価値額、1965年は『経済要覧』1970年版の産業連関表における粗付加価値額、1970年以降は『数字でみる日本の100年』（第4版、国勢社、2000年）の国内総生産による。
　就業人口は国勢調査で、『経済要覧』1965年版、平成15年版および総務省『日本統計年鑑』（日本統計協会、2005年）による。

業65.6％となり，戦時中の重化学工業の異常に高い比重からの低下がみられる。

朝鮮特需による復興

そうしたなかで，1950年に朝鮮戦争が勃発し，戦争のための特殊需要（特需）と輸出の急増が特需景気をもたらし，日本経済の復興は本格的なものになり，56年の『経済白書』では「もはや戦後ではない」という言葉が用いられる。この時期には，50年制定の「外資に関する法律」（外資法）が外国からの技術導入の端緒となり，以後，重化学工業の多くの部門で技術導入が相次ぎ，「技術導入ブーム」が起こる。また，53年の川崎製鉄をはじめ，八幡・富士以外の大手鉄鋼メーカーも最新技術をもって銑鋼一貫体制を確立する。そういう意味では，この時期は60年代の高度成長への助走期といえるであろう。

55年の産業構造をみると，GDP構成比は第1次21.0％，第2次36.8％，第3次42.3％，就業構造が第1次41.1％，第2次23.4％，第3次35.5％，製造業内部の構成では，所得の構成比が重工業34.0％，化学13.8％，軽工業52.2％，就業構造が重工業28.6％，化学6.1％，軽工業65.3％であり，産業構造高度化（工業化・重化学工業化）の進展をうかがい知ることができる。

3-2　高度成長と産業構造の高度化

朝鮮特需により本格的な経済復興への手がかりをつかんだ日本経済は，1958年からの岩戸景気を経て高度成長期を迎える。58年からニクソン・ショックの前年である70年までの日本の年平均経済成長率（実質GDP対前年度上昇率）は10.3％の高さであり，その間に日本経済の規模は一気に3.4倍にまで拡大し，欧米諸国からは「驚くべき日本」と驚嘆の声を得るようになる。

この高度成長期の日本経済は，その発展パターンからみて大きく分けて，65年不況の前と後の2つの時期に分けることができる。

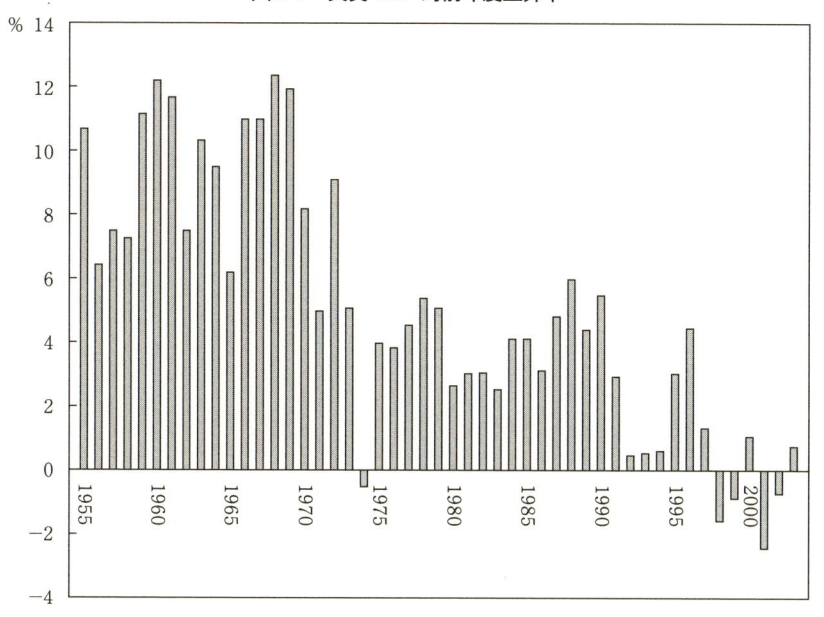

図 3-1 実質 GDP 対前年度上昇率

(1) 第1次高度成長―「驚くべき日本」―
設備投資主導型の高度成長

　第1次高度成長の発端は，1950年代後半からの3種の神器（電気洗濯機，電気冷蔵庫，白黒テレビ）をはじめとする消費財需要の高揚にあったが，そのなかで企業の設備投資が大々的に行われた。鉄鋼における銑鋼一貫工場の建設，石油化学コンビナートの形成や重電機部門での設備投資は50年代から進行しており，この設備投資ブームが経済成長を主導する要因となった。つまり，この期の経済成長は設備投資主導型の高度成長であり，「投資が投資を呼ぶ」という表現が当時の状況を言い表していた。

　池田勇人内閣の所得倍増計画（1960年）は10年間で所得倍増を図ろうというものであったが，実際にはこれをはるかに上回る経済成長テンポをみることになった。59〜64年のGDP年平均成長率は10.4％であるが，この時期に発表された各種の経済計画の年平均経済成長率と実績を比較すると，経済自立5

カ年計画 (56〜60年) 5.0％ (実績9.1％)，新長期経済計画 (58〜62年) 6.5％ (実績10.1％)，国民所得倍増計画 (61〜70年) 7.2％ (実績10.9％) と，いずれも大幅に実績が計画を凌駕していた[5]。

産業構造の高度化

この間の産業構造の変化ということでは，第1次産業のGDP構成比は1950年の26.0％，55年の21.0％から60年13.8％，65年10.3％へ急速な低下をみる。第2次産業は50年の31.7％，55年の36.8％から60年の43.9％，65年の43.5％へと推移し，50年代 (とくに後半) には上昇するが，60年代に入るとその割合はほぼ横ばいとなる。これに対し，就業構造では，第1次産業は50年の48.5％，55年の41.1％から60年の32.7％，65年の24.7％へと一貫して低下しているが，その構成比はGDP構成比に比べれば，比較的高い。また，第2次産業では，50年の21.8％から55年23.4％，60年29.1％，65年31.5％へと一貫して漸増している。

高度成長期は産業構造の変化という点ではしばしば，産業構造の高度化といわれ，重化学工業化の進展がその特徴であるとされた。これを所得構成比と就業構造でみると，製造業における重工業の比率は所得では，50年の32.7％，55年の34.0％から60年43.4％，65年45.0％へと上昇し，とくに50年代後半における重工業化の著しい進展をみることができる。しかし，化学の構成比は50年14.9％，55年13.8％に対し，60年11.0％，65年8.7％で，むしろ漸減しており，この数値でみる限り重化学工業化の進展は必ずしも顕著といえない。これは，肥料生産を中心とした戦後初期の化学産業の構成比が大きかったためである。重化学工業化にともなう産業構造の高度化という場合，化学産業については，むしろ石油化学コンビナートの形成にみられるその質的変化が問題となる。また，製造業における就業構造では重工業が55年の28.6％から60年36.0％，65年38.6％へ増大したが，とくに50年代後半の重工業の比重増大が顕著である。

相対所得でみると，重工業では50年1.19，55年1.19，60年1.21，65年1.17で1より高く，経年的にほとんど不変である。これに対し，化学は50年

2.17，55 年 2.26，60 年 2.07，65 年 1.68 といずれも著しく高いが，50 年代後半以降低下傾向をみせている。

　60 年の貿易構造では，輸出の加工製品 70.4％に対し，輸入は原料品 58.5％と，原料となる 1 次産品を輸入し，工業製品を輸出する構造という点では戦前の 1930 年当時と変わらないが，輸出の中心は重化学工業品に転換しつつある。

　この時期の急速な成長は，いろいろな形で経済に歪みをもたらした。そのなかでも当時最も注目されたのは，二重構造問題である。高度成長が続くなかで農業や中小零細企業を中心とする前近代的部門の立ち遅れが近代的部門の成長にとっても制約条件となってきたため，前近代的とされた部門の近代化が政策課題となってきた。この場合，二重構造問題とされたものの主な内容は，大企業と中小企業の賃金，労働生産性，資本装備率の格差の問題であり，63 年には中小企業の近代化を意図した「中小企業基本法」が制定された。また，当時の物価問題もこの二重構造に起因するものとして，生産性上昇率格差インフレーションの問題が議論された。

高い生産誘発効果と 5 系列の産業連関

　高度成長期の産業連関をみると，生産誘発係数は 1960 年に民間消費支出 1.893，一般政府消費支出 1.320，国内総固定資本形成 2.508，輸出 2.402，最終需要計 2.071，65 年には民間消費支出 1.769，一般政府消費支出 1.371，国内総固定資本形成 2.267，輸出 2.316，最終需要計 1.929 であり，最終需要は全体として諸産業部門での生産を誘発する効果を強くもっていた。とりわけ民間設備投資を中心とする国内総固定資本形成は 60 年 2.508，65 年 2.267 ときわめて高い数値となっている。

　この時期の産業連関について，60 年の諸産業（32 部門表の諸産業）の販路構成によって作成した産業連関図でみると次のようになる。

　60 年の時期は，この 5 つの系列からなる日本の産業連関の基本型が出来上がった時期である。後述するように，これ以降の産業連関はこの基本型のバリエーションの展開であった。この産業連関図から読みとれることはまず，第 1

図 3-2　1960年の産業連関図

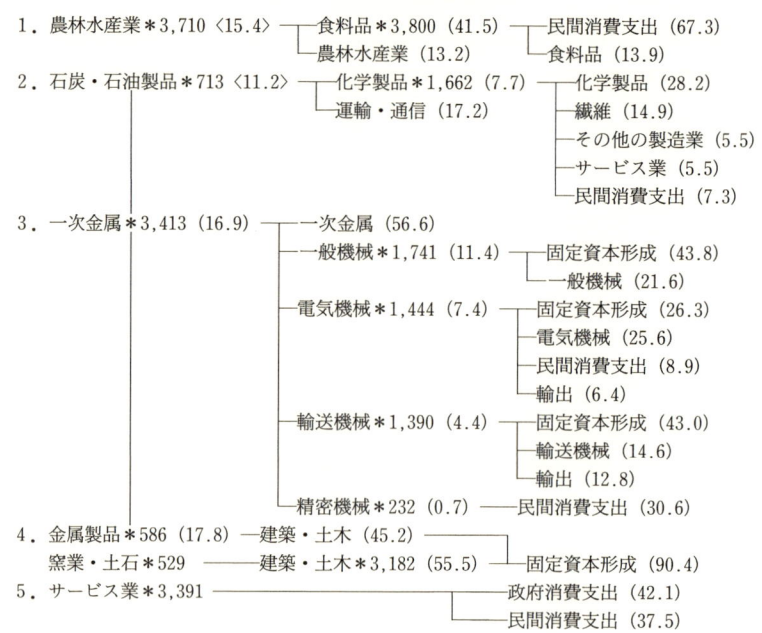

```
1．農林水産業＊3,710〈15.4〉──┬─食料品＊3,800（41.5）──┬─民間消費支出（67.3）
                              └─農林水産業（13.2）      └─食料品（13.9）
2．石炭・石油製品＊713〈11.2〉─┬─化学製品＊1,662（7.7）──┬─化学製品（28.2）
                              └─運輸・通信（17.2）      ├─繊維（14.9）
                                                        ├─その他の製造業（5.5）
                                                        ├─サービス業（5.5）
                                                        └─民間消費支出（7.3）
3．一次金属＊3,413（16.9）────┬─一次金属（56.6）
                              ├─一般機械＊1,741（11.4）─┬─固定資本形成（43.8）
                              │                        └─一般機械（21.6）
                              ├─電気機械＊1,444（7.4）──┬─固定資本形成（26.3）
                              │                        ├─電気機械（25.6）
                              │                        ├─民間消費支出（8.9）
                              │                        └─輸出（6.4）
                              ├─輸送機械＊1,390（4.4）──┬─固定資本形成（43.0）
                              │                        ├─輸送機械（14.6）
                              │                        └─輸出（12.8）
                              └─精密機械＊232（0.7）────民間消費支出（30.6）
4．金属製品＊586（17.8）──────建築・土木（45.2）──────┐
   窯業・土石＊529────────建築・土木＊3,182（55.5）─┼─固定資本形成（90.4）
5．サービス業＊3,391──────────────────────────────┬─政府消費支出（42.1）
                                                     └─民間消費支出（37.5）
```

注）＊＝需要合計（単位10億円）＝国内生産額＋輸入
　　（　）＝販路構成＝各販路／需要合計
　　〈　〉＝輸入比率＝輸入／需要合計
　『経済要覧』1966年版による。

の系列は農林水産業→食料品→民間消費支出，第2の系列は石炭・石油→化学製品→繊維であって，この2つの系列は国民の衣食住のうちの衣食を満たすものである。これに対し，第3の系列は一次金属→一般機械・電気機械・輸送機械→固定資本形成であり，これこそが，「投資が投資を呼ぶ」形での生産誘発を誘引した高度成長期の産業連関を最も特徴付ける生産系列であった。なお，精密機械は腕時計とカメラの比重が大きいため，民間消費支出が最終需要の主たるものとなっている。

　第4の系列は金属製品と窯業・土石→建築・土木→固定資本形成である。この系列は国民の住を満たすとともに，民間設備投資と社会資本の形成に資するものであった。

第5の系列はサービス→政府消費支出・民間消費支出である。この系列は当時は政府消費支出が中心であり，後のサービス経済化のなかでのサービスとはその内容が著しく異なっていた。なお，〈 〉は輸入比率であるが，当時においても農林水産業および石油・石炭製品では輸入が一定の比率を占めていた。

(2) 第2次高度成長―輸出主導型への転換―
再来した10％成長

1964年の東京オリンピックの後，日本は65年不況に見舞われ，山一證券，山陽特殊鋼，日本特殊鋼，サンウェーブなどの大型倒産が続いた。しかし，この時の経済の回復は早く，66〜72年の実質GDP年平均成長率は9.8％と，10％水準の高度成長状態に戻る。この時期の高度成長は設備投資の面では新立地でのスケール・メリットの追求に特徴があった。大分，鹿島などで巨大高炉や大規模石油化学プラントが操業を始める。また，60年以降には，3C（カー，

表3-7 貿易構造の変遷（1965年以降）

輸出	食料・直接消費財	工業用原料	資本財	非耐久消費財	耐久消費財
1965	4.0%	45.4%	27.7%	6.5%	14.9%
1970	3.3%	38.3%	31.1%	4.4%	21.3%
1975	1.4%	38.0%	38.8%	1.2%	18.8%
1980	1.2%	28.6%	40.1%	1.1%	27.4%
1985	0.8%	20.5%	46.5%	1.1%	29.9%
1990	0.5%	17.6%	54.0%	0.9%	25.1%
1995	0.4%	18.4%	61.6%	0.8%	16.5%
2000	0.4%	17.4%	60.2%	0.7%	17.4%
輸入	食料・直接消費財	工業用原料	資本財	非耐久消費財	耐久消費財
1965	21.5%	67.4%	8.8%	0.6%	1.3%
1970	16.1%	68.3%	11.7%	1.3%	1.9%
1975	17.1%	72.0%	6.6%	1.7%	1.9%
1980	11.5%	77.1%	6.5%	1.9%	1.7%
1985	13.1%	70.0%	8.9%	2.6%	2.3%
1990	13.8%	54.3%	14.0%	6.0%	8.8%
1995	15.0%	43.5%	20.5%	8.8%	9.3%
2000	11.9%	41.8%	27.7%	8.1%	8.2%

注）『数字でみる日本の100年』（第4版，国勢社，2000年）および『経済要覧』平成16年版による。

クーラー，カラーテレビ）時代といわれ，モータリゼーションが進行し，自動車のライン生産が拡充される。このように，この時期の高度成長も「投資が投資を呼ぶ」構造を維持していたが，そのうえで，以後の日本経済の体質ともなる輸出主導型への転換が成長を下支えすることになった。

　この時期の産業構造をみると，GDP 構成比では，70 年が第 1 次 6.4％，第 2 次 46.4％，第 3 次 47.3％，75 年が第 1 次 5.9％，第 2 次 43.2％，第 3 次 50.9％，就業構造では 70 年が第 1 次 19.3％，第 2 次 34.0％，第 3 次 46.6％，75 年が第 1 次 13.8％，第 2 次 34.2％，第 3 次 52.0％であり，また，製造業の GDP 構成比では，70 年が重工業 51.3％，化学 8.4％，軽工業 40.2％，75 年が重工業 50.2％（機械 33.7％），化学 7.6％，軽工業 42.2％，製造業の就業構造では，70 年が重工業 43.9％，化学 4.5％，軽工業 51.6％，75 年が重工業 44.1％（機械 28.4％），化学 4.7％，軽工業 51.2％である。このように，60 年代後半にはさらなる工業化と重化学工業化の進展をみるものの，70 年代に入ると，それらの比重はあまり変わらないようになっている。また，70 年当時の貿易構造は，輸出の構成では食料・直接消費財 3.3％，工業用原料 38.3％，資本財 31.1％，非耐久消費財 4.4％，耐久消費財 21.3％，輸入では食料・直接消費財 16.1％，工業用原料 68.3％，資本財 11.7％，非耐久消費財 1.3％，耐久消費財 1.9％となっており，工業用原料を輸入し，資本財と耐久消費財を輸出するという貿易構造が明確にみられる。

輸出主導型への転換と産業連関

　1970 年代前半の生産誘発係数をみると，70 年には民間消費支出 1.727，一般政府消費支出 1.407，国内総固定資本形成 2.208，輸出 2.234，最終需要計 1.917，75 年には民間消費支出 1.668，一般政府消費支出 1.515，国内総固定資本形成 2.079，輸出 2.281，最終需要計 1.841 であり，全体として 60 年当時に比べその数値は低くなっている。なかでも国内総固定資本形成は 60 年当時の高い数字から相当程度の低下となり，低下度合いが小さかった輸出より低くなっている。このような最終需要全体としての生産誘発係数の低下と輸出の相対的に高い数値は，図 3-3 でみるように，80 年までの一般政府消費支出が低

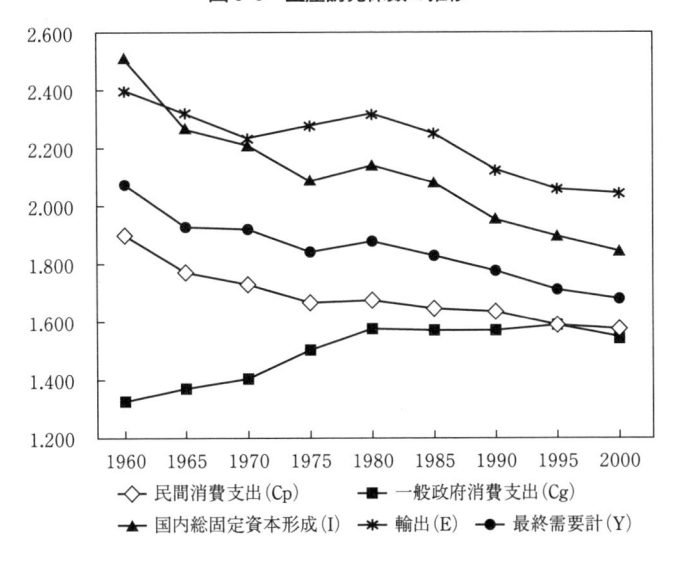

図 3-3 生産誘発係数の推移

凡例：―◇― 民間消費支出(Cp)　―■― 一般政府消費支出(Cg)　―▲― 国内総固定資本形成(I)　―＊― 輸出(E)　―●― 最終需要計(Y)

いながらも上昇傾向にあったことを例外として，70年代以降の日本の産業連関の一般的傾向となっている。

　75年の産業連関図（図3-4）をみると，農林水産業→食料品→民間消費支出という第1の系列と建設→固定資本形成という第4の系列は60年当時と変わらないが，他の系列についてはその後の変化につながる微妙な変化が見出される。つまり，第2の系列については，化学製品の販路としては繊維の比重が低下し，サービス，輸出，民間消費支出，その他の製造業と，販路が多様化しつつある。そして，高度成長期以降の日本の産業連関の基軸となってきた第3の系列では，一般機械，電気機械，輸送機械における固定資本形成の役割の大きさという点では変わらないが，その程度はやや低下し，その分は一般機械では輸出に，電気機械では民間消費支出と輸出に，輸送機械では輸出の大幅増と民間消費支出にとって代わっている。それに対し，精密機械では民間消費支出が低下し，固定資本形成が一定の割合を占めるようになる。そして，第5の系列であるサービスでは，民間消費支出が政府消費支出を凌駕するに至っている。

図 3-4　1975年の産業連関図

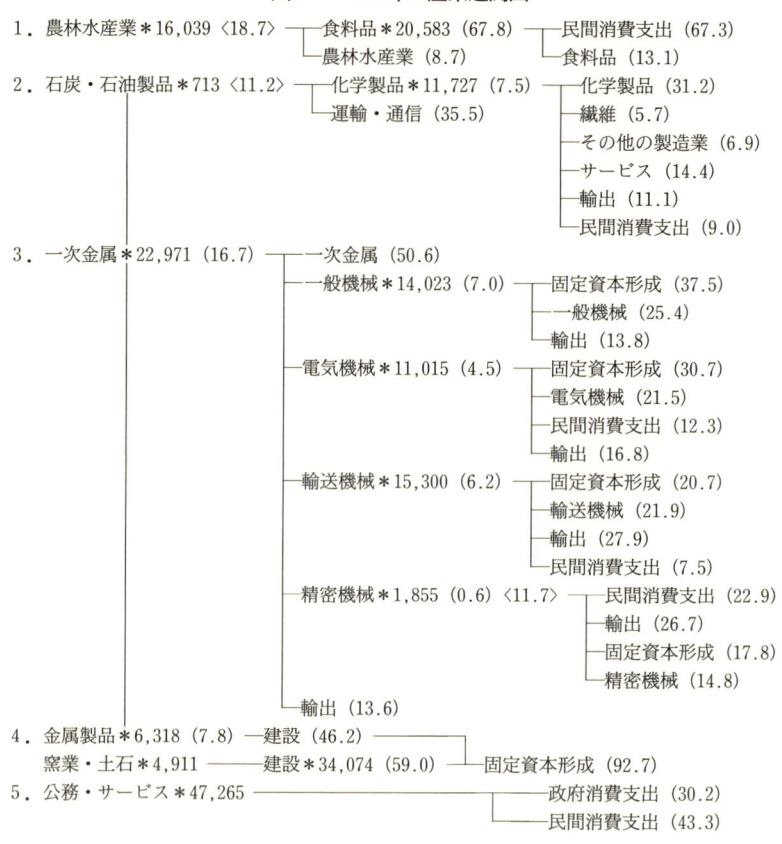

```
1．農林水産業＊16,039〈18.7〉──┬─食料品＊20,583（67.8）──┬─民間消費支出（67.3）
                              └─農林水産業（8.7）        └─食料品（13.1）
2．石炭・石油製品＊713〈11.2〉──┬─化学製品＊11,727（7.5）──┬─化学製品（31.2）
                              └─運輸・通信（35.5）        ├─繊維（5.7）
                                                          ├─その他の製造業（6.9）
                                                          ├─サービス（14.4）
                                                          ├─輸出（11.1）
                                                          └─民間消費支出（9.0）
3．一次金属＊22,971（16.7）──┬─一次金属（50.6）
                            ├─一般機械＊14,023（7.0）──┬─固定資本形成（37.5）
                            │                          ├─一般機械（25.4）
                            │                          └─輸出（13.8）
                            ├─電気機械＊11,015（4.5）──┬─固定資本形成（30.7）
                            │                          ├─電気機械（21.5）
                            │                          ├─民間消費支出（12.3）
                            │                          └─輸出（16.8）
                            ├─輸送機械＊15,300（6.2）──┬─固定資本形成（20.7）
                            │                          ├─輸送機械（21.9）
                            │                          ├─輸出（27.9）
                            │                          └─民間消費支出（7.5）
                            ├─精密機械＊1,855（0.6）〈11.7〉─┬─民間消費支出（22.9）
                            │                               ├─輸出（26.7）
                            │                               ├─固定資本形成（17.8）
                            │                               └─精密機械（14.8）
                            └─輸出（13.6）
4．金属製品＊6,318（7.8）──建設（46.2）
   窯業・土石＊4,911────建設＊34,074（59.0）──固定資本形成（92.7）
5．公務・サービス＊47,265────────────┬─政府消費支出（30.2）
                                      └─民間消費支出（43.3）
```

注）『経済要覧』昭和55年版による。

3-3　石油ショック以降の日本経済と産業構造

(1)　石油ショックと安定成長

『油　断』

1964年の軍事介入以来，長期化・泥沼化したベトナム戦争（和平協定は73年1月）によって双子の赤字（財政と国際収支）を抱えることになったアメリ

カは，71年に金・ドル交換停止（ニクソン・ショック）に踏み切る。この状況のもとで日本では，ドル流入による国内資金の「過剰流動性」が問題となるなかで，田中角栄首相が「列島改造論」を唱え，財政膨張と低金利政策が景気過熱と土地投機を導く。また，73年2月には1ドル＝360円の固定レート制から変動相場制へ移行する。第1次石油ショックが起こったのはこのような状況下であった。73年10月に勃発した第4次中東戦争でOPEC加盟のアラブ産油国が原油大幅減産と対米禁輸といった政策を発動し，大幅な原油価格の上昇が起こる。

堺屋太一がこの石油ショックの寸前に発表した小説『油断』[6]は，「絶対にあり得ないとはいえない危険」に対する認識の必要性と "現にあるもの" が欠如することの恐ろしさ」を訴え，石油ショックの現実を目の前にした多くの読者を得た。この石油ショックの時期には，買い占めと売り惜しみ，消費者の買い急ぎで「狂乱物価」が発生するが，その後は，減量経営，省エネ，省資源，省力，減量作戦が広くいきわたり，78年の第2次石油ショック（イラン革命）の際には，大きな混乱はなかった。

日本的システムの再評価

2つの石油ショックを経過した時期には，日本経済は1974年にいったんマイナス成長となるものの，72年からプラザ合意のあった85年まで13年間にわたって年平均3.8％という安定成長期に入り，諸先進国に比べ相対的に良好なパフォーマンスを維持する。そして，この良好なパフォーマンスを成り立たせた条件として日本的経営の再評価がなされる。そして，終身雇用のもとでの配置転換・出向などの内部労働市場を活用した柔軟な雇用調整や，トヨタ生産システム，さらに下請関係・企業グループといった企業間関係が国際的な議論の対象となった[7]。80年代に入ると，さらに中小企業を含む広範な企業でME（Micro Electronics）革命，OA革命が進行し，日本企業の国際競争力が際立ってくる。85年にはアメリカが債務国へ転落し，日本は世界最大の債権国となり，アメリカでは日本車たたき（ジャパン・バッシング）が横行する。

サービス化の兆候と重化学工業の内部構成の変化

この時期の産業構造を先の表3-5によってみると，第2次産業が低下傾向に転じ，第3次産業がGDP構成比では1970年の47.3％から75年の50.9％，80年の54.1％，85年の56.5％へ，また，就業構造では70年の46.6％から75年の52.0％，80年の55.5％，85年の57.5％へと，それぞれその比重を大きくしている。第3次産業内部の構成では前章の表2-2でみたように，対個人・対事業所サービスの比重上昇の兆候がみられるが，対事業所サービスに関する限りその比重は85年でも4.1％とまだ小さい。製造業内部の構成（表3-6）では，重化学工業はGDPの構成で70年の59.7％から75年の57.8％，80年の59.9％，85年の60.4％へ，就業構造では70年の48.4％から75年の48.8％，80年の49.3％，85年の52.1％へと微増にとどまっている。この時期の重化学工業については，80年代に入ってから目立つようになったその内部構成の変化が注目される。つまり，製造業全体に占めるGDPの構成比（カッコ内は就業構造）をみると，金属産業は70年の17.3％（15.5％）から75年の16.5％（15.7％），80年の17.3％（15.2％）と横ばい状態になった後，85年には13.2％（13.6％）と急速にその比重を低下させたのに対し，機械産業は70年の34.0％（28.4％），75年の33.7％（28.4％），80年の35.0％（29.9％）から85年の39.8％（34.5％）へと，80年代になってからその比重を高めている。これは，いわゆる重厚長大離れ，あるいは素材産業から加工組立型への重化学工業の構造変化であった。

また，日本の国際競争力の強さが目立ったこの時期の貿易構造をみると，80年と85年にはそれぞれ，輸出では資本財が40.1％と46.5％，耐久消費財が27.4％と29.9％，輸入では工業用原料が77.1％と70.0％と，工業用原料を輸入し，資本財と耐久消費財を輸出するというこれまでの貿易構造がさらに顕著となる。

(2) プラザ合意とバブル経済

円高・内需主導型経済への転換・バブル景気

日本の集中豪雨的輸出というようなことがいわれるなかで，1985年9月に

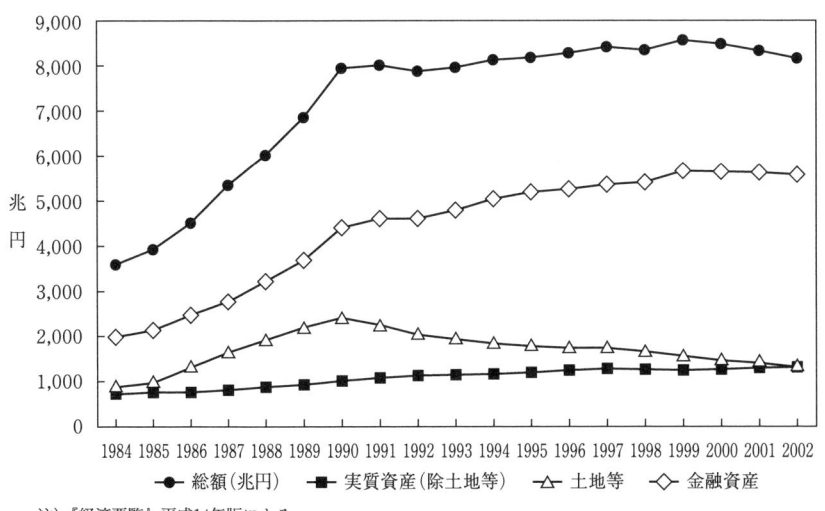

図3-5 国民総資産の推移

注)『経済要覧』平成14年版による。

ニューヨークのプラザホテルで開催された先進 5 カ国蔵相会議（G 5）でドル高是正が合意される。この合意後の円高傾向はすさまじく，84 年末の 1 ドル 251.58 円から 85 年末には 1 ドル 200.60 円，86 年末には 1 ドル 160.10 円，さらに 87 年末には 1 ドル 122.00 円にまで円が 2 倍余り高くなる。こういった円高による輸出環境の悪化により日本経済は 86 年に円高不況に陥るが，政府の緊急経済対策のもとで，内需主導型経済への転換が進められ，86〜91 年の実質 GDP 年平均成長率は 4.5 ％と，それまでの安定成長期を上回った。その結

表3-8 海外生産比率

年度	製造業	海外進出企業
1985	3.0	8.7
1990	6.4	17.0
1995	9.0	24.5
2000	13.4	32.0
2001	16.7	40.9
2002	17.1	41.0

注)『海外事業活動基本調査結果概要』
（経済産業省ホームページ）による。

果，ドル表示の日本の国民1人当たりGDPは1989年にアメリカを抜くことになる。しかし，景気拡大のもとで輸入価格の低下した消費財の輸入が増大するようになっただけでなく，株式投機・土地投機の動きが加熱し，実体のないバブル景気に突入していく。85年から90年までの5年間の国民総資産の変化をみると，土地等は2.3倍，株式を含む金融資産は2.1倍の増大となっている（図3-5）。

生産拠点の海外移転の本格化

一方，急激な円高は日本国内で生産された製品の輸出競争力に打撃を与える。輸出の生産誘発係数はこの時期以降，1985年の2.245から90年の2.117，95年の2.054，2000年の2.037へと，時の経過とともに低下していく。それとともに，87年度の対外直接投資額は対前年度比49.5％増と激増し，生産拠点の海外移転が本格化し始める。海外生産比率は85年には3.0％であったが，90年にはその倍以上の6.4％に達した（海外進出企業のみでみれば，8.7％から17.0％に増えた）。また，海外からの逆輸入もカメラからさらに自動車や家電製品へと拡がる。

貿易構造の微妙な変化

1990年当時の産業構造は，第3次産業の比重の増大，そのなかでも対事業所サービスの成長が本格化したこと，および重工業のなかでは機械，とくに電気機械と輸送機械が比重を増したという点では80年代に入ってからの傾向を引き継いでいる。むしろこの時期の構造変化で特徴的なのは，円高以降の生産拠点の海外移転の影響が早くも貿易構造に出ていることである。90年の貿易構造では，輸出は資本財54.0％，耐久消費財25.1％と，耐久消費財の割合が若干低下したものの，これまでの傾向と変わらないが，輸入は工業用原料が54.3％とかなり低下したのに対し，資本財が14.0％と約5ポイント増加し，非耐久消費財6.0％と耐久消費財8.7％を合わせると，消費財の輸入は約10ポイント増となっている。

90年の産業連関図をみると，第2の系列では，石油製品の販路としての民

図 3-6　1990年の産業連関図

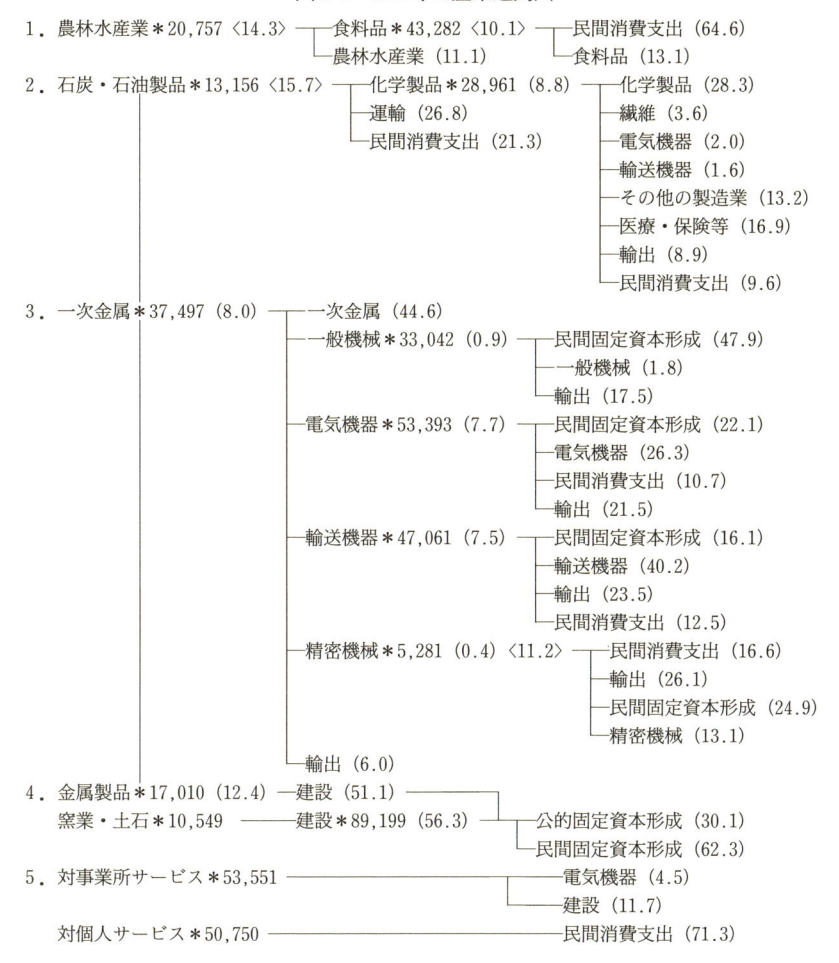

```
1．農林水産業＊20,757〈14.3〉─┬─食料品＊43,282〈10.1〉─┬─民間消費支出（64.6）
                              │                          └─食料品（13.1）
                              └─農林水産業（11.1）
2．石炭・石油製品＊13,156〈15.7〉─┬─化学製品＊28,961（8.8）─┬─化学製品（28.3）
                                  │                          ├─繊維（3.6）
                                  │                          ├─電気機器（2.0）
                                  │                          ├─輸送機器（1.6）
                                  │                          ├─その他の製造業（13.2）
                                  │                          ├─医療・保険等（16.9）
                                  │                          ├─輸出（8.9）
                                  │                          └─民間消費支出（9.6）
                                  ├─運輸（26.8）
                                  └─民間消費支出（21.3）
3．一次金属＊37,497（8.0）─┬─一次金属（44.6）
                            ├─一般機械＊33,042（0.9）─┬─民間固定資本形成（47.9）
                            │                          ├─一般機械（1.8）
                            │                          └─輸出（17.5）
                            ├─電気機器＊53,393（7.7）─┬─民間固定資本形成（22.1）
                            │                          ├─電気機器（26.3）
                            │                          ├─民間消費支出（10.7）
                            │                          └─輸出（21.5）
                            ├─輸送機器＊47,061（7.5）─┬─民間固定資本形成（16.1）
                            │                          ├─輸送機器（40.2）
                            │                          ├─輸出（23.5）
                            │                          └─民間消費支出（12.5）
                            ├─精密機械＊5,281（0.4）〈11.2〉─┬─民間消費支出（16.6）
                            │                                ├─輸出（26.1）
                            │                                ├─民間固定資本形成（24.9）
                            │                                └─精密機械（13.1）
                            └─輸出（6.0）
4．金属製品＊17,010（12.4）─建設（51.1）─┐
   窯業・土石＊10,549─────建設＊89,199（56.3）─┬─公的固定資本形成（30.1）
                                                  └─民間固定資本形成（62.3）
5．対事業所サービス＊53,551─┬─電気機器（4.5）
                            └─建設（11.7）
   対個人サービス＊50,750─────民間消費支出（71.3）
```

注）総務省『平成12年産業連関表―総合解説編―』（全国統計協会連合会，2004年）による。

間消費支出の増大，および化学製品の販路の一層の多様化が特徴的である。そして，第3の系列では，内需転換と言いながらも80年代前半の集中豪雨的輸出の余波として一般機械・電気機器・輸送機器での輸出割合の増大が目立つ。また，内需では固定資本形成の割合が電気機器・輸送機器で低下する一方，精密機械では増大している。なお，第5の系列では，対事業所サービス・対個人

サービスの規模が大きくなったことにともない,「産業連関表」(32部門表)においてそれらが独立した項目とされている。

(3) バブル崩壊後の低迷期とサービス化
バブル崩壊後のゼロ成長

実体のないバブルが弾け,地価や株価がいったん下がりだすと,その下落は長期にわたった。前出の図3-5の国民総資産でみても土地等の評価は1990年から2002年までの12年間でほぼ半分まで下がり,株式を含む金融資産も12年間でわずか2割あまりの増でしかない。地価の下落は融資のための担保物件の評価の下落となり,不良債権問題が露出すると,その影響は実体経済にも深刻な影響を与え,日本経済は92年からゼロ成長時代に入る。92年から2003年までの12年間の日本の実質GDP年平均成長率は0.5％で,その間,98〜99年と2001〜2002年はマイナス成長(2001年は−2.4％)となる。

長期の経済停滞は財政基盤の脆弱化にもつながり,75年度以来常態となっていた経常費の赤字を埋めるための赤字国債の新規発行が90年度にゼロになったにもかかわらず,90年代後半以降,その発行額が累増した。建設国債と赤字国債を合わせた国債残高(カッコ内は赤字国債)は90年度の166兆円(65兆円),95年度225兆円(67兆円)から2000年度の364兆円(161兆円)に増え,2005年度末には538兆円(286兆円)に達している。

港湾整備や,携帯電話のポータビリティー(2006年秋にやっと実現)などの情報通信分野の制度整備といった国際競争力を支えるインフラストラクチャーの整備の立ち遅れが目立ちつつある。例えば,港湾別コンテナ取扱量では,1994年には神戸が世界で6位,横浜10位,東京15位であったが,2004年には東京22位,横浜27位で,神戸は35位に落ち,上位6位までは香港,シンガポール,上海(中国),深圳(中国),釜山(韓国),高雄(台湾)とアジアの周辺の都市が並んでいる。このようなインフラストラクチャーの整備や少子高齢化への積極的な対応は脆弱な財政基盤のもとでは困難であり,長い目でみた国の競争力を損ないかねない。

産業空洞化の進展とアジア諸国の追い上げ

 日本経済の長期にわたる停滞は，直接的には，生産拠点の海外移転が進んで日本企業の国内生産の比率が低下したことが影響している。製造業の海外生産比率（カッコ内は海外進出企業のみ）は1990年の6.4％（17.0％）から95年9.0％（24.5％），2000年13.4％（32.0％），2002年17.1％（41.0％）へと急速に上昇した。アジアでは海外移転は当初は東南アジアが中心であったが，そのウェイト増は中国へ，さらに最近はインド（とくに自動車）に移ってきた。また，海外移転の多くは製品生産から始まるが，それにともない部品メーカーの移転も広範囲にわたった。

 それとともに，アジアの企業，とりわけ韓国と台湾の企業が電子機器やデジタル家電，半導体といった分野で国際競争力を高めている（自動車では韓国の現代自動車が輸出競争力を高めただけでなく，中国・インドでの現地生産でも日本企業とライバル関係になりつつある）ことが注目される。また，インドはIT関連産業の成長が目覚しい。このようなアジア諸国の追い上げのバックには，先にみた港湾整備のようなインフラストラクチャーの整備のほかにも，台湾の新竹や，インドのバンガロールのような新しい大規模な産業クラスターの形成といった官民学連携の成果をもみることができる。

欧米の経営革新

 1990年代以降の日本の国際競争力を考える場合，一方で80年代以降の欧米企業の経営革新の成果をも評価しておく必要がある。80年代のアメリカ企業ではリストラクチャリング（事業の再構築）が大々的に行われる。極端なまでにコングロマリット化した多角化展開の見直しが事業の売却をともなって進められるとともに，継続する部門では事業の絞り込みや間接部門の整理が進められた。また，84年に生産が開始されたトヨタとGMの合弁工場NUMMIの実験以来，日本的リーン生産システムの移植を試み，リエンジニアリングからサプライ・チェーン・マネジメントに至る経営手法の革新のなかで，サプライヤーの利用（部品の外注化）と絞り込み，自社部品部門の独立化，外注先との情報の共有化，情報システムのアウトソーシング（業務の外部委託），相互の

表3-9　自動車・電機・電子機器メーカーの1人当たり売上高の日米欧比較

	1973	1980	1990	1993	1996	1998
トヨタ自動車	1.00	1.00	1.00	1.00	1.00	1.00
日産自動車	0.59	0.48	0.47	0.48	0.61	0.72
ホンダ	0.76	0.90	0.52	0.50	0.65	0.80
GM	0.45	0.26	0.25	0.24	0.36	0.50
フォード・モーターズ	0.50	0.29	0.40	0.43	0.55	0.77
クライスラー	0.44	0.33	0.37	0.44	0.68	—
ダイムラー・ベンツ	0.37	0.31	0.22	0.21	0.34	0.65
フォルクスワーゲン	0.31	0.23	0.24	0.23	0.35	0.47
ルノー	0.28	0.27	0.29	0.27	0.35	0.55
プジョー	0.30	0.23	0.28	0.23	0.34	0.44
フィアット	0.21	0.24	0.24	0.17	0.29	0.43
日立製作所	1.00	1.00	1.00	1.00	1.00	1.00
松下電器産業	1.31	1.32	1.26	1.17	1.10	1.11
東芝	0.85	0.92	1.22	1.18	1.14	1.10
三菱電機	0.83	1.15	1.37	1.25	1.28	1.34
GE	0.75	0.69	1.13	1.32	1.45	1.80
ジーメンス	0.46	0.58	0.60	0.62	0.73	0.83
NEC	1.00	1.00	1.00	1.00	1.00	1.00
富士通	0.92	0.96	0.74	0.79	0.82	0.93
IBM	1.44	1.24	0.87	1.05	0.97	1.19
コンパック・コンピュータ			1.55	2.92	3.28	1.63
インテル		0.87	0.78	1.31	1.46	1.72

注）各部門の日本の代表的企業を1とする。
　　安喜博彦（2000）99ページより。

コア技術を補完する経営資源の獲得のための戦略的提携などの動きがみられた。そして，90年代に入ると，このような経営革新の波はヨーロッパにも波及する。

　表3-9により，自動車・電気機器・電子機器メーカーの従業員1人当たりの売上高の日米欧比較によってこの時期の経営革新の成果をみると，フォード，クライスラー，GEといったアメリカ企業が80年代末から徐々に日本企業との差を詰め，90年代に入ると各業種とも逆転傾向が見受けられることが注目される。また，90年代半ばからはヨーロッパ企業の数値の上昇が目立つ。この数値は，生産現場における労働生産性の高さと管理部門の圧縮だけでなく，部品の外注化をも反映した数値であり，そういう意味での経営革新の成果を表

している。

　要するに，90年代の日本は生産の海外移転による国内産業の空洞化とともに，アジア諸国の追い上げと欧米の経営革新の挟み撃ちに合った時期ともいえる。

対事業所サービスの増大と重工業の停滞

　1990年以降の国内の産業構造をみると，表3-5のGDP構成比と就業構造のいずれにおいても第2次産業の比重の低下と第3次産業の増大がはっきりと見出される。また，第3次産業の内部構成では，第2章の表2-2でみたように，この時期には対事業所サービスの伸びが著しいが，これはアウトソーシングの影響が大である。サービス化の進展はまた，情報サービス業の比重の増大を生み出しているが，インターネットと携帯電話の普及は情報サービス業のなかでも受注ソフトウェアの比重を高めるとともに，金融・商業等，旧来の事業についてその業態変化を呼び起こしていることも無視できない。

　製造業の内部構成では，GDPでみると，重工業の比重は90年の54.4％から95年52.5％，2000年51.4％へと一貫して低下し，逆に軽工業の比重が90年の37.9％から95年39.2％，2000年40.5％へと大きくなっている。これは，製造業全体の生産規模が伸び悩むなかで，これまでの重化学工業化の傾向が逆転し，「食」を含む生活関連の軽工業の比重の増大という現象があらわれたといえよう。これに対し，就業構造では，重工業の比重は1999年の48.7％から2000年49.8％へと微増し，軽工業は1990年の47.1％から2000年45.7％へと若干減少している。その結果，相対所得で軽工業が2000年の0.89へと1近傍にまで上昇している。

　貿易構造では，2000年でみて，輸出では資本財が60.2％，耐久消費財が17.4％と，高い割合を占めていることは変わらないが，輸入では工業用原料が41.8％と低下し，資本財の27.7％と耐久消費財の8.2％がこれにとって代わりつつある。非耐久消費財も8.1％と，1980年代後半の円高時以降，相当程度の水準を維持している。

図3-7 2000年の産業連関図

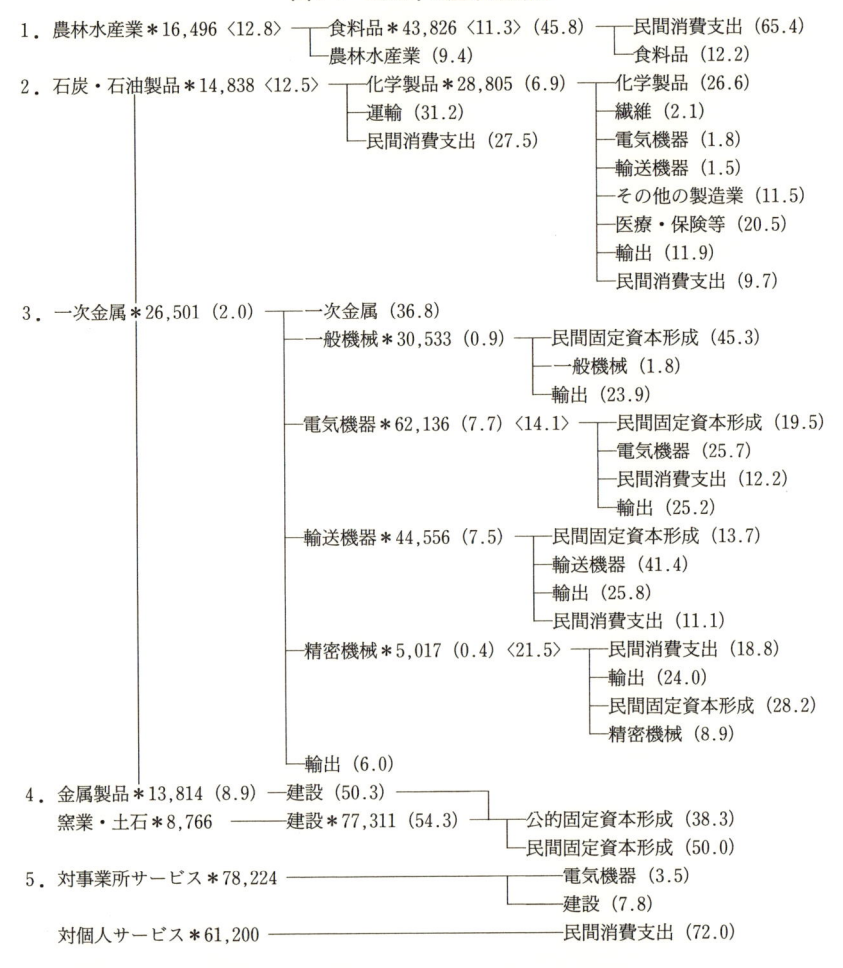

```
1. 農林水産業＊16,496〈12.8〉──┬─食料品＊43,826〈11.3〉(45.8)──┬─民間消費支出 (65.4)
                              └─農林水産業 (9.4)              └─食料品 (12.2)
2. 石炭・石油製品＊14,838〈12.5〉─┬─化学製品＊28,805 (6.9)──┬─化学製品 (26.6)
                                ├─運輸 (31.2)              ├─繊維 (2.1)
                                └─民間消費支出 (27.5)      ├─電気機器 (1.8)
                                                           ├─輸送機器 (1.5)
                                                           ├─その他の製造業 (11.5)
                                                           ├─医療・保険等 (20.5)
                                                           ├─輸出 (11.9)
                                                           └─民間消費支出 (9.7)
3. 一次金属＊26,501 (2.0)──┬─一次金属 (36.8)
                          ├─一般機械＊30,533 (0.9)──┬─民間固定資本形成 (45.3)
                          │                        ├─一般機械 (1.8)
                          │                        └─輸出 (23.9)
                          ├─電気機器＊62,136 (7.7)〈14.1〉──┬─民間固定資本形成 (19.5)
                          │                              ├─電気機器 (25.7)
                          │                              ├─民間消費支出 (12.2)
                          │                              └─輸出 (25.2)
                          ├─輸送機器＊44,556 (7.5)──┬─民間固定資本形成 (13.7)
                          │                        ├─輸送機器 (41.4)
                          │                        ├─輸出 (25.8)
                          │                        └─民間消費支出 (11.1)
                          ├─精密機械＊5,017 (0.4)〈21.5〉──┬─民間消費支出 (18.8)
                          │                              ├─輸出 (24.0)
                          │                              ├─民間固定資本形成 (28.2)
                          │                              └─精密機械 (8.9)
                          └─輸出 (6.0)
4. 金属製品＊13,814 (8.9)──建設 (50.3)──┐
   窯業・土石＊8,766──建設＊77,311 (54.3)──┬─公的固定資本形成 (38.3)
                                          └─民間固定資本形成 (50.0)
5. 対事業所サービス＊78,224──┬─電気機器 (3.5)
                            └─建設 (7.8)
   対個人サービス＊61,200──民間消費支出 (72.0)
```

注）総務省『平成12年産業連関表―総合解説編―』(全国統計協会連合会, 2004年) による。

産業連関図でみた産業構造の変化

2000年の産業連関図を図3-7でみると、まず第1の系列、第2の系列、および第4の系列は1990年時点と基本的に変わらない。これに対し、第3の系列は一般機械の輸出が増えているが、これは生産拠点の海外移転にともない、

設備および部品の輸出が増えたことによる。電気機器・精密機械の輸入割合がそれぞれ14.1％，21.5％に達していることも海外生産の増大の結果である。電気機器・輸送機器・精密機械の輸出は90年とほぼ同様である。一方，最終需要のうちの民間固定資本形成の割合は電気機器と輸送機器では低下傾向，精密機械では増大傾向を続けている。第5の系列では，対事業所サービスが対個人サービスとの差を広げるとともに，両サービスのいずれもその需要合計の数値が相対的に大きくなった。

1）明治以降の長期にわたる日本産業の展開を知るうえで，有沢広巳監修（1994）は手元にあると至便である。また，三橋規宏・内田茂男・池田吉紀（2006）第9章は産業構造の変遷に焦点を当てており，初心者にとっては一読の要がある。日本経済を構成する諸産業の展開過程を詳細に追う集団作業は高度成長期まで多くなされたが，1990年代では産業学会編（1995）がある。
2）服部之総（1966）。同書の初版は1933年。服部は1890年の数字も記しているが，それによると，帆船トン数の比率はイギリスが36.8％，日本が33.8％に対し，中国が28％（1905年30％）とさらに低いという。
3）この時期の日本の工業化については越後和典・安喜博彦（1968）参照。
4）安喜博彦（1971）は，戦間期の電動機の普及と日本の機械産業の展開を再生産構造とそのなかでの中小企業問題の形成史という視点でみた。
5）日本経済新聞社編（1992）による。
6）堺屋太一（1975）。
7）このうち雇用調整の形態と企業グループの実態・実証分析は安喜博彦（1995）第5章と第8章参照。企業グループについては，その実証結果からすればその役割は石油ショック以前の時期に限定されるといえよう。

第4章
反トラスト政策の歴史と産業組織論の理論構成

産業内の構造分析の方法論を産業組織論の名で体系化したのは，J. S. ベインの『産業組織論』[1]であった。彼の研究はアメリカにおける反トラスト政策の経験と個別産業の実証研究とに支えられたこれまでの産業分析の蓄積のうえに立ったものであるとともに，価格理論のそれまでの研究成果に依拠しその応用理論として展開されたものであり，また，当時の反トラスト政策に理論的根拠を与えようとするものであった。本章では 4-1 において，産業組織論の成立に至る経緯と，その後，今日までの反トラスト政策の歴史を簡単に振り返ることによって，産業組織論の研究対象となる問題とその変遷をみておきたい。そして，4-2 では，産業組織論における基本的な諸概念とそれにもとづく理論的フレームワークを概観する。

4-1 独占問題の展開と反トラスト政策

(1) 反トラスト政策の成立

アメリカの反トラスト政策は，1880 年のシャーマン法（Sherman Act）成立以来，100 年を優に超える歴史がある。これに対し，日本で独占禁止政策が導入されるのは敗戦後の経済民主化措置の一環として 1947 年に独占禁止法（私的独占の禁止及び公正取引の確保に関する法律）が制定されてからであり，ヨーロッパ諸国の独占禁止政策（多くの場合，競争政策といわれる）の導入も第 2 次大戦後のことであった。

シャーマン法成立の背景としては，いわゆるジェファーソン民主主義といわ

れる「強大な権力・支配力は個人の自由の敵」という精神的風土のもとで拡がった初期巨大トラストに対する農民，中小企業者，消費者の反発があった。19世紀末から20世紀初頭の頃は欧米の先進資本主義諸国では独占への移行期とされ，マルクス主義の立場からはV. I. レーニンの『帝国主義論』といった著書が出ており，そのなかには当時のこの問題についての膨大な研究・調査資料が引用されている。その当時の独占分析では独占形態は基本的に次の諸形態からなるものとされてきた。

同一業種の水平的結合 ┤ カルテル＝協定にもとづく結合
　　　　　　　　　　　│ プ ー ル ＝利潤分配カルテル
　　　　　　　　　　　└ トラスト＝資本結合

コンツェルン＝異業種の資本結合

　ここで同一業種での水平的な資本結合はトラストと呼ばれているが，これは，この時期にアメリカで盛行した資本結合が，当時，トラスト形態をとっていたためである。これは本来のトラスト (trust proper) ともいわれ，受託者方式 (trustee device) による企業結合で，代表例としてはスタンダード・オイル（1879年のoriginal Standard Oil Trust in Ohio, 1882年のStandard Oil Company）のケースがよく取り上げられる。このケースでは，石油精製能力の90％以上をもつ40社の株式がトラスト証券と引き換えにロックフェラー (J. D. Rockfeller) 等9人の指定受託者に依託され，支配の一元化が実現し，石油精製業において部分独占が形成された。このほか，モルガン (J. P. Morgan) が相次いで行った鉄道改組でも議決権信託の方式が株式購入等，他の手段と合わせ用いられている。シャーマン法はこのトラストとカルテルの一形態としてのプールを禁じたものである。

　しかし，シャーマン法の成立により本来のトラストが禁止された後も，持株会社 (holding company) への改組，もしくは，合併した企業がさらに合併する単一大会社への合同が相次ぎ，とくに1897～1903年には「大持株会社の時代」あるいは「トラストのトラスト」といわれる事態が起こる。そして，これに対し議会産業委員会 (Congressional Industrial Commission) の調査

(1899〜1902 年), 商務省内の会社局 (The Bureau of Corporations) の設立 (1903 年), マネー・トラスト調査 (Money Trust Investigation) (13 年) など, 独占問題の調査が進むなかで, 14 年にクレイトン法 (Clayton Act) と連邦取引委員会法 (Federal Trade Commission Act, FTC Act) が成立し, 今日の反トラスト政策の基礎が出来上がる。アメリカではこの時期はトラスト形成期あるいは第 1 次合併運動の時代と言いならわされているが, それは, この独占問題に対応する政策としての反トラスト政策の形成期でもあった。

以後, アメリカでは長期にわたる反トラスト政策の展開がみられることになるが, これに対する理論的実証的裏付けの必要性に支えられて, 独占問題の視点からするアメリカ産業の実証的研究が進展した。これは後でみるように, 産業組織論という研究がもともときわめて政策志向性の強い分野であることにも結び付いている。

(2) 大企業体制・寡占体制の定着期―1920 年代―

クレイトン法の成立後も, 1920 年代にはいわゆる第 2 次合併運動の波が押し寄せる。この時期の合併件数はそれがピークに達した 28 年には 221 件であり, これによる被合併企業数は 1,038 社に上った。しかし, この合併運動は第 1 次合併運動の時期のような一部の産業での部分独占の形成とは異なり, 水平的合併は非集中産業での合併あるいは下位企業同士の合併であり, 反トラスト政策に抵触する部分独占ではなく寡占の形成につながるものであった。その結果, 主要産業の多くが寡占化し, 寡占的諸産業がアメリカ経済において支配的な位置を占めることになるという意味で寡占体制・寡占経済が成立する。

また, この時期の合併には GM による部品メーカーの吸収合併のように生産の継続的諸段階を統合する垂直合併も含まれるのであって, アメリカ経済全体を少数の垂直統合型の寡占的大企業が支配するようになる。このような寡占的大企業の支配について, A. A. バーリと G. C. ミーンズ[2]は, アメリカの製造業上位 200 社の資産保有率が 09 年の 41 ％から 29 年には 62 ％にまで上昇したとして, 一国経済のなかで少数の巨大企業に経済力が集中しているという大企業体制論を展開した。彼らの大企業体制論は一方で, そのように経済力の集

中を果たした大企業では株式所有の分散化が進展し，その結果，所有と経営の分離という現象が起こることを指摘した。この経営者革命論は，以後，企業行動の評価をめぐる論点を提示することになる。

(3) 1930年代の大不況と管理価格論争

1930年代の大不況のもとでのフランクリン・ルーズベルト大統領のニューディール政策は，TVA（テネシー河域公社，The Tennessee Valley Authority）による大規模な公共事業や社会保障制度，労働者保護の制度改革で知られるが，それとともに，その一環として制定されたNIRA（全国産業復興法，33年）とNRA（全国復興局）は反トラスト法の適用除外による産業の組織化をも意図していた。そして，この産業の組織化の根拠の1つとなったのはG. C. ミーンズの管理価格論であった。ミーンズは，不況にもかかわらず企業の管理的行為によって価格が変動しないこと，そして，そのことがさらに不況の延引の原因となっていることを指摘した[3]が，それに対する対応策は，彼らの経営者革命論に従えば，企業経営の実権を握っている経営者を「善導」して，管理価格と国民の福祉の調和を図ることにある。つまり，反トラスト政策ではなく，価格規制がその政策手段となる。

しかし，ミーンズのこの管理価格論には，当時，多くの批判が提起され，いわゆる管理価格論争を引き起こす。そのなかで，E. S. メイソンは，諸産業の市場機構と価格ビヘイビアの関連性についての研究を行い，大企業の管理的行為ではなく，諸産業の市場構造に問題があることを指摘した[4]。その後，産業組織の理論を体系化したJ. S. ベインおよびC. ケイゼン[5]はこのメイソンの教え子であり，メイソンの研究は産業組織論成立の先駆けとなった。

(4) 管理価格論争の再現と1960年代のコングロマリット合併

第2次大戦後の1950年代後半から60年代にかけて，好況期には諸産業の価格が上昇するが，不況期には価格低下がみられず，結果として，物価がじりじりと上昇し続けるいわゆるクリーピング・インフレーション（しのびよるインフレ）が問題となった時期がある。この原因をめぐり，アメリカ議会では，

57〜63年に小委員会で管理価格に関する公聴会が開催され，実に多くの研究者や財界人からのヒアリングが行われた。この公聴会の記録は26巻，16,505ページに及び，さらに4つの報告書が残されており，この問題に対する当時の関心の大きさを示している[6]。この公聴会でミーンズは1930年代の彼の分析と類似の手法で管理価格の分析を行った。こういう背景のなかで，当時の物価対策は各国ともおおむね，所得政策あるいは賃金・価格のガイドラインの設定といったような価格決定に対する政府の関与に傾斜したものであったが，これに対し，メイソンを継承した産業組織論者は諸産業の市場構造に決定要因があるとして，反トラスト政策に構造規制としての寡占規制を導入することを求めた。また，60年代は第3次合併運動の時期ともいわれ，合併・買収（M＆A）が続出するが，その多くはまったく関連性のない異業種の多角化合併であるコングロマリット合併であった。

　以上のような50年代末から60年代の事態の進展のなかで，価格の直接的規制ではなく，反トラスト政策の強化を求める提言をしたのが69年のニール・レポート[7]である。これまでの反トラスト政策は協定あるいは資本的結合による市場支配を規制してきたが，企業の内部成長によるIBMのような部分独占あるいは高位集中寡占による市場支配はその対象となっておらず，ニール・レポートは，そのような寡占の規制（企業分割）とコングロマリット合併により形成された多角化巨大企業の規制を可能にする法改正を求めた。アメリカではこの提言を受けて有力議員による法改正の提案がなされたものの，結局，成立することはなかったのに対し，日本では73年の石油ショック時の狂乱物価を受けて寡占規制を導入した独占禁止法の改正が行われた。

(5) 独占規制の緩和と1980年代のM＆A＆D

　1980年代には，レーガン政権の規制緩和策の一環として反トラスト規制にも緩和の動きが出てくる。70年代には新シカゴ学派や新オーストリア学派といわれる新自由主義の経済学が台頭し，伝統的な産業組織論に対して，その構造主義的な視点はアメリカ経済の競争力を損なうものであるとして，大々的な批判が行われる。これを受けて，寡占規制を避けるだけでなく，合併規制を含

む他の反トラスト政策についても見直すという方向への反トラスト政策の転換がみられた。

それとともに，この時期（とくに84～88年）には大型の合併・買収（M＆A）が相次いだ。この時期の合併買収運動は，しばしばM＆A＆Dと呼ばれ，合併（merger）と買収（acquisition）だけでなく，営業譲渡（divestiture）をともなっていた点で従来の合併運動と異なっていた。この時期のアメリカ企業は各企業の戦略により，一層の多角化展開を進めながら，当該企業の事業展開にとって不要となった事業を売却・分離したり，あるいは，場合によっては自社の本業に回帰すべく，多角化部門を整理したのであって，経営資源の再分配・集中としてのリストラクチャリング（事業の再構築）が進展した。

(6) 高度情報通信化時代の独占問題

1990年代初頭の頃からアメリカでは，インテルやマイクロソフトなど，情報通信分野で独占的地位にある企業に対する訴訟が多出する。マイクロソフトの場合，原告は司法省と州のほかにも，関連業種の企業や消費者のケースも含めた多数の訴えがなされた。そのうち98年になされた司法省と20州（1州は取り下げ）による提訴は，マイクロソフトがウィンドウズの独占的地位を濫用し，また，その独占的地位を防禦するために，ウィンドウズとエクスプローラの抱き合わせ販売や，エクスプローラの略奪的価格切り下げ（ゼロ価格戦略）といった反競争的行動を行ったというものである。この訴訟は2001年の控訴審の後，司法省と9州の和解によってひとまず決着するが，この訴訟の過程で反トラスト政策のあり方をめぐる議論が過熱し，その議論は反トラスト政策の存在意義に及ぶまでに至っている。とくに独占的地位の認定については，関連市場を画定したうえで，その市場での市場シェアをもってこれを認定するといったこれまでの反トラスト政策上の判断基準に対する強い疑念が提示されている。また，反競争的とされる企業慣行についてもその判断は多様である。

この時期の動向としては，マイクロソフト等の比較的若い企業の攻撃的な行動に対する批判的な雰囲気もあり，当初は反トラスト政策の強化に向かう動きが目立ったが，結果としては，控訴審の判決にみられる実務面の判断でみても，

また，諸論者の理論展開という点でも，反トラスト政策の適用の困難性が際立つことになった。また，この時期の議論では知的財産権と反トラスト政策の関係という論点が前面に出てきたことも特徴的である[8]。

　以上のように，産業組織論は，反トラスト政策とかかわって個別産業を分析するためのフレームワークとして成立した。しかし，これまで独占問題として扱われてきた企業戦略や企業慣行をすべて反競争的行動とみることには各種の批判があり，歴史的にみても，反トラスト政策の基盤ができた時期，1910年代半ばからの反トラスト政策が緩和に向かった時期，30年代半ばからの反トラスト政策が強化の方向に向かった時期，70年代初頭以降の規制緩和の時期，そして，90年代初頭以降の反トラスト規制の拡充論と緩和論，あるいは，その不要論をめぐり，その判断が大きく分かれる現在へと，時代による変遷がある。そのなかで，個別産業の分析手法としての産業組織論は，論点の多くが反トラスト政策とかかわって提起されたとしても，反トラスト政策上の判断に直結させて考えるよりはむしろより一般的に，企業戦略・企業慣行とその効果を分析するうえで活用されるものとして再評価されてよいであろう。

4-2　産業組織論の基本概念と理論的フレームワーク

　この節では，産業組織論で用いられる諸概念とその理論的フレームワークについて，その概要を示しておきたい。以下の各章では，産業組織論の内容について伝統的な議論（TIO）の仕方とともに，それに対する批判的な視点，あるいは，理論面と実態面でのその後の展開を反映した議論の仕方をも紹介するが，ここではその前提となる諸概念と理論的フレームワークをできる限り簡潔に述べておきたい[9]。

(1)　産業組織論における産業概念と産業分類

　産業の定義は，産業分類の基準をどのように設定するかという問題とかかわっているが，その際，産業の一義的な規定を与えることは必ずしも適切でなく，

むしろ分析の目的に応じて，相応の規定を与える方が有効であるということは第1章で述べたとおりである。産業組織論における産業は，J. S. ベインによれば，「売り手の側からとらえた市場」としての産業とされるのであって，市場を「密接に関係しあった売り手と買い手の集団」と考えるならば，産業は「密接な代替関係にある売り手の集団」であるとする。経済学では一般的に，市場は交換のプロセスないしこのプロセスの生じる場と定義されるが，ベインの定義は，この抽象的な定義を産業分析という目的に合わせて「売り手と買い手の集団」という形で具体化したものであり，産業はそういった市場を売り手の側からとらえたものとされる。

この場合，「密接に関係しあった」という表現は，売り手と買い手が市場で交換する財にかかわっており，売り手の供給する財が買い手にとって同じ性格をもった財とみなされるということを示している。つまり，市場の範囲は需要の代替性（substitutability of demand）の大きさによって決まるのであり，需要の代替性の大きい財の売り手の集団が産業となる。この需要の代替性が大きいということは需要の交差弾力性が大であるということである。一般的に，2財の需要の交差弾力性は

$$需要の交差弾力性 = \frac{X財需要の変化率}{Y財価格の変化率}$$

という関係で示され，これが∞（無限大）であれば両財は完全に代替的であるが，たとえ1つの産業を構成する財であっても各売り手の製品が完全に代替的であることはありえない。また一方，いろんな産業で生産される多くの財は間接的代替性ということも考慮すれば，何らかの程度，代替性があると考えられる。1つの産業を構成する財は，あくまでもその交差弾力性が一定水準以上であるということになる。

また，後述する製品差別化は，同じ産業に属する売り手の製品に対する買い手の選好に差があり，代替性が不完全なケースであり，各売り手の製品が別の産業・市場の製品とみなされるか，製品差別化の程度が大であると考えるのか，その判断が微妙な場合がある。

アメリカでは合併規制のガイドライン（Horizontal Merger Guidelines）において関連市場を画定する場合に，SSNIP（small but significant and nontransitory increase in price，小幅ではあるが有意かつ一時的でない価格の引き上げ）との関係で交差弾力性を判断基準としているが，イノベーションによる新製品の導入や差別化，市場の細分化のなかで関連市場があまりにも狭く画定される傾きがあることが指摘されている。ウィンドウズといったパソコンのOSの場合でも，マイクロソフトに対する訴訟で司法省はインテル対応のパソコン用OSを関連市場としたが，OS市場の分析をしようとすればマッキントッシュ用OSやリナックスを無視することができないことも明らかである。

また，産業の定義は通常は製品の物理的性質による代替性によっているが，その地理的市場範囲における代替性を考慮すれば，例えば，A地域における同一財の価格の変化率に対するB地域における需要の変化率という形で交差弾力性をみることも可能であり，産業分類上同一産業であっても，全国市場が成立していなければ別産業とみなしてよい。とくにアメリカでは地域市場の重要性が高く，同一業種の企業が別の地域の企業と合併した場合にこれを多角化合併としてとらえるケースがしばしばある。日本でも，電気・ガスの配給業や，小売業，対個人サービスでは地域市場を考慮した分析が必要となる。

このように需要の代替性が大である財の売り手の集団として産業を定義するとすれば，標準産業分類を用いた産業組織の分析では，分類の水準としてはすでにみたように，小分類・細分類，さらには品目レベルでの分類によることになる。また，分類の基準としては需要の代替性，つまり製品の用途が基準となるであろう。標準産業分類は製造工程，原材料，技術など，供給面の共通性が分類基準となっているケースが多く，用途が共通の項目が別の産業に分類されていたり，あるいは，その逆に用途の異なる項目が同一の産業に分類されていたりする。したがって，『工業統計表』など，標準産業分類に従って分類された統計表を用いて産業組織論的分析をしようとすれば，まず産業分類そのものの再検討から始めざるをえないケースが多い。

しかし，市場・産業の定義という点では需要の代替性が産業分類の基準となるとはいえ，このような需要の代替性と供給の代替性の不一致は，産業組織の

分析においてそれなりの意味をもっている。需要面の代替性では別の産業に分類されていながらも供給面の代替性が大であるということは，そういう産業への参入が相互に容易であるということになる。企業が多角化展開する場合も，多くは技術的基盤の共通性ということがその条件となっている。

(2) 市場構造

市場構造（MS, Market Structure）は，市場を形成している売り手グループ相互間，買い手グループ相互間，および売り手・買い手両グループ間の関係を規定する諸要素であり，TIOでは産業組織の競争的性格を基本的に決定するものとされてきた。市場構造の諸要素としては，基本的に市場集中（market concentration），製品差別化（product differentiation），および参入条件（condition of entry）の3つの要素がある。

市場集中

市場構造を構成する諸要素のなかでも市場集中がその中心的指標とされる。市場集中は特定市場における売り手もしくは買い手の規模構造のことであり，その場合，規模構造はその産業における企業の数（少数性）と企業規模（多くの場合，各企業の市場シェア）の分布で表される。市場集中は売り手集中と買い手集中の両側面からなっているが，このうち売り手集中のことを産業集中という。集中度が最も高いのは企業が1つしかない独占状態であるが，企業数が少ない寡占状態ではその少なさの程度や各社の市場シェアの偏り具合によってさまざまな寡占のタイプを考えることができる。また，特定時点において集中度の高い産業でも市場シェアをめぐる寡占企業間の激しい競争がみられるケースがあり，その点で，集中度の安定性や，各社の市場シェアの変動，上位企業の順位変動という側面をも合わせて産業集中を考察する必要がある。

製品差別化

製品差別化は同一市場内における様々な売り手の生産物の間の差別である。この差別の内容は買い手の選好の違い（例えば，特定のブランドに対する選

好）にあり，ここでは同一市場内において，諸製品間の代替可能性は不完全である。差別化という表現は，大量生産した標準製品を大量販売するために企業が広告宣伝等の意識的行動（製品差別化政策）をとること，そして，その結果，買い手の選好に差異が生じることに留意したものである。伝統的な差別化概念は，特定の売り手の製品に対して買い手がより強い選好をもつことを意味しているが，一方で，今日，消費者のニーズの多様化のなかで顧客層によって選好に違いが生じること，そして，特定の顧客層に絞り込んだブランド戦略のなかで市場の細分化（segmentation）が進展することも論点となる。

参入条件

参入条件は既存企業と潜在的参入企業の間に条件の差異がある状態のことを言っており，通常，その条件の差は，既存企業が潜在的参入企業に対して優位にあるとされる。したがって，参入条件は潜在的参入企業が市場に参入する場合の難易の程度ということになる。参入条件の決定要因（参入障壁，barrier）は需要面・費用面での既存企業の優位性にあり，この参入障壁との関係で，既存企業が潜在的参入者の参入を誘因することなしに設定できる最高の価格（参入阻止価格）および，この価格と最小の平均費用との差（価格決定との関係でみた参入条件）を説明することが参入条件をめぐる伝統的な議論の仕方である。

しかし，参入障壁は必ずしも固定的なものではない。とくに技術の変化が急速であり，消費者のニーズが多様化する条件のもとでは，ときに既存企業より参入者の方が優位に立つ可能性もある。また，参入障壁の有無にかかわらず，参入の脅威に対し既存企業が前もって報復手段を用意するといった戦略的行動の有効性（戦略的行動の信頼可能性（credibility），あるいは，それと逆に空脅しの可能性）といったことも論点となろう。

産業・市場の類型化

以上のように，市場構造は基本的に，市場集中，製品差別化，および参入条件の3つの要素からなっているが，諸産業の分析に際しては，この3つの要素

表 4-1 諸産業の市場類型

産業集中	製品差別化	参入条件	市場タイプ
1社独占	なし	参入封鎖	独占
少数（高位集中あるいは低位集中）	あり なし	困難あるいは容易	寡占 （差別化寡占あるいは非差別化寡占） （高位集中型あるいは低位集中型）
多数	あり	参入自由	独占的競争
	なし		完全競争

の組み合わせにより，表4-1のようにいくつかの市場類型（市場タイプ）を摘出することができる。

　参入封鎖のもとでの1社独占の具体例としては，自由化以前の電力配給業やガス供給業のような地域独占をあげることができる。今日では多くの産業は寡占状態にあるが，産業集中の程度によって乗用車のような高位集中型寡占産業と多くの家電製品のような低位集中型寡占産業に分けることができる。さらに乗用車の場合は高位集中型差別化寡占であるのに対し，鉄鋼業などの素材産業の多くは非差別化寡占である。また，対個人サービス業の多くはしばしば市場が地域性を帯びているにもかかわらず，地域市場においても企業は多数である。しかし，その場合でも差別化の要素が強く働くケースでは完全競争ではなく，独占的競争に分類されよう。

業界構造

　産業組織論のフレームワークを企業戦略論に応用することによって「競争戦略論」を提起したM.E.ポーター[10]は，諸産業における競争構造の分析を市場構造から始めるのではなく，それぞれの企業が属している業界のなかでの同業者の対抗性や参入の可能性とともに，代替品の可能性や，当該業界に対する供給業者および買い手との交渉力といった要素をも考慮した業界構造という概念を用いている。これは，諸産業の競争性を判断する場合，市場構造概念における市場類型がしばしばその産業を取り巻く競争環境を十分把握することができないことを念頭においたものである。さらに，ポーターは業界内の各企業が

必ずしも互いに標準品の価格競争をしているのではなく，製品ラインの選択，市場セグメントの絞り込みや，顧客サービスの特性などのいろいろな面で戦略的ポジショニングを構築するなかで競争していることを重視している。

(3) 市場行動と市場成果

TIOのフレームワークに従うと，市場構造のあり方に対応して市場行動 (MC, Market Conduct) があり，また，この市場行動の結果として市場成果 (MP, Market Performance) がある。このように産業組織の3つの構成要素としての市場構造・市場行動・市場成果について基本的に MS → MC → MP という規定関係を想定する視点は MS・MC・MP（市場構造・市場行動・市場成果）パラダイム，あるいは構造主義的視点といわれてきた。

市場行動

市場行動は，通常，一定の市場構造を前提とした市場における企業の行動とその調整形態とされる。その場合，協定にもとづくカルテル行為といった協調行動とともに，とくに寡占的相互依存関係にもとづく協調行動の可能性が問題となる。高位集中寡占のもとでは企業の行動は互いに目にみえる影響を与えるのであって，各企業はその行動にあたって相手のリアクション（ときに報復）を想定したうえで行動せざるをえない。そういった一定の市場構造を前提とした企業行動の方法とその調整形態として市場行動をとらえる場合，これを適応的行動と呼ぶことがある。

これに対して，企業はときに，ライバルの意思決定に影響力を行使できるような行動をとることにより，市場構造を自己に有利な方向に変化させたり，あるいは，参入を妨げることで現在の市場構造を維持しようとしたりする。そういった市場構造への積極的働きかけという側面をもつ企業の行動は戦略的行動と呼ばれる。上位企業が市場シェアをさらに拡大して市場支配力を確立しようとする行動，あるいは現在の市場支配力を防禦しようとする行動はプレデーション（略奪的行動，predation）といわれ，とくに略奪的価格切り下げ（predatory pricing）は往々にして反トラスト政策上の論点となってきた。

また，市場行動に関しては，再販売価格維持や抱き合わせ販売など，流通段階あるいは関連分野での取引制限である垂直的制限（vertical restraint）も論点となる。

市場成果

市場成果は市場行動の帰結の総体であって，ここでは市場行動の帰結として生じる特定産業の価格・生産量・コスト・利潤，製品の品質，あるいは技術進歩の状態など，いろいろな側面での多面的な産業の成果が問われるが，主要には，価格・生産量・コスト・利潤の決定をめぐる議論となっている。とくに配分効率は，資源の最適配分という観点から価格決定の歪みと超過利潤の発生が問題とされ，先述のMS・MC・MPパラダイムのもとでは，それが産業集中をはじめとする市場構造・市場行動の諸決定要因に起因するものとされてきた。これに対し，いわゆる新シカゴ学派の批判のなかでは，企業の効率追求の結果としての成果であるとして構造主義批判が展開された。

また，コスト面の成果としての技術的効率では，すべての生産要素の投入量（とくに設備規模）の調整が行われる期間を長期として，長期と短期の平均費用最小ということが成果基準となる。つまり，短期平均費用 SAC 最小の水準より低い生産水準では余剰能力が発生することになり，また，長期平均費用 LAC が最小の生産水準では最適規模が達成されているとされる。

(4) 産業組織論の構成と政策志向性

MS・MC・MPパラダイムにもとづく産業組織論の理論的フレームワークは，その反トラスト政策への適用を意識した政策志向性の強いものであった。図4-1にみるように，そこでは市場成果を判断基準として公共政策の必要領域を確定したうえで，市場成果の決定要因である市場構造と市場行動の諸要因のなかにその政策手段を求める。例えば，1950年代後半から60年代のクリーピングインフレの時期には諸産業の価格上昇を直接規制しようとする所得政策が提起されたが，これは市場成果そのものの規制であるとともに，企業の意思決定に対する政府の介入という側面をもっていた。これに対し，当時の産業組織

第 4 章　反トラスト政策の歴史と産業組織論の理論構成

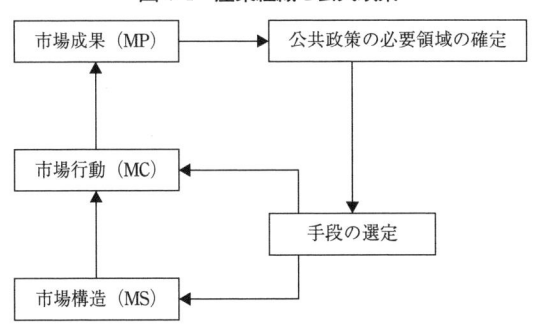

図 4-1　産業組織と公共政策

```
市場成果（MP）  →  公共政策の必要領域の確定
    ↑                      │
市場行動（MC）  ←           │
    ↑              手段の選定
市場構造（MS）  ←
```

論の立場に立った政策論は，市場構造と市場行動の諸要因に政策手段を求め，それまでのカルテル規制と合併規制を中心とした反トラスト政策の限界を指摘し，高位集中寡占の規制という構造規制を提起した。

　現行の日本の独占禁止政策との関連でこの政策手段を示せば，まず市場行動の規制としては，「不当な取引制限」としての価格協定（カルテル）の規制のほかに，再販売価格維持，略奪的価格設定，抱き合わせ販売などの「不公正な取引方法」の規制があげられる。また，市場構造の規制としては，市場構造を変更させようとする企業行動としての合併の規制とともに，1977 年の改正独占禁止法による高位集中寡占の規制があげられる。ただし，高位集中寡占の規制としては「独占的状態に対する規制措置」としての企業分割は法施行以来，その措置が講じられたことはまったくなく，その他の「高位寡占品目」では「価格の同調的引き上げに関する報告の徴収等」を講じるにとどまっている。

1) Bain, J. S. (1968). 初版は 1959 年。
2) Berle, A. A. and G. C. Means (1932).
3) Means, G. C. (1935, 1936).
4) Mason, E. S. (1938). なお，同論文は Mason, E. S. (1957) に所収。
5) Kaysen, C. (1960) は集中問題についての 1960 年当時の基本文献である。
6) この公聴会のうちの主要なヒアリングは，Subcommittee on Antitrust and Monopoly of the Committee on the Judiciary, United States Senate (1963) によって知るこ

とができる。
7) Neal, P. C. (1969).
8) マイクロソフト訴訟などの近年のIT関連の分野での反トラスト訴訟をめぐる議論は多岐にわたるが，安喜博彦（2002, 2003, 2004）は，反トラスト政策の歴史的評価という点をも含めそれらの整理を試みている。
9) 産業組織論の日本への導入は越後和典（1965）によるJ. S. ベインの紹介をもって始まる。この時期の産業組織論のテキストには，今井賢一・宇沢弘文・小宮隆太郎・根岸隆・村上泰亮（1972），越後和典編（1973），翻訳書としてはCaves, R. (1967) などがある。その後，1980年代以降に刊行された新しい視点をも加味したテキスト（翻訳書を含む）は植草益（1982, 1987），植草益編著（1995），小西唯雄編（1990），西田稔・片山誠一編（1991），Clarke, R. (1985), Jacquemin, A. (1985) というように限られていた。しかし，2000年代に入る前後から長岡貞男・平尾由紀子（1998），堀内俊洋（2000），井出秀樹・廣瀬弘毅（2001），小田切宏之（2001），植草益・井出秀樹・竹中康治・堀江明子・菅久修一（2002），新庄浩二編（2003）など，テキストの刊行が相次いでいるが，その視点と構成は多様化する傾向にある。また，伊藤元重（2004）も，産業組織論に関連した読みやすいテキストである。なお，最近の産業組織論の展開においてゲームの理論やインセンティブの経済学を活用しようとする傾向があるが，本書ではこの方向での議論は取り扱っていない。この方向で書かれたテキストとしては，水野敬三・新海哲哉・石黒真吾（2002），清水克俊・堀内昭義（2003）などがある。
10) Porter, M. E. (1980, 1998).

第5章
市場集中

市場集中は伝統的な産業組織論（TIO）においては市場構造を決定する中心的指標と考えられてきた。本章では，市場集中，産業集中および一般集中といった集中概念とその測定をめぐる問題を論じたうえで，産業集中の決定要因について，規模の経済性を基本的な決定要因とするTIOにおける説明とそれに対する批判，そして，これまでに論じられてきた多様な見解をフォローする。

5-1 集中概念

(1) 産業集中と買い手集中

市場集中は，特定市場における売り手もしくは買い手の規模構造と定義され，その場合，規模構造については，数（少数性）と分布（市場シェアの偏り，格差）の両側面でとらえることができる。産業集中は本来，市場集中の1側面である売り手集中と同一の概念である。産業集中を測定する場合に用いられるデータとしては生産集中度を用いることが多いが，国内の製品供給者の生産集中度は，輸出入，自己消費・自家使用の効果を無視していることに注意する必要がある。これに対し，出荷集中度は，生産から自己消費・自家使用，輸出を除き，輸入を加えた国内向け出荷についての集中度であり，理論上，売り手集中と同一概念である産業集中の測定にはこの出荷集中度の方がより適切である。

一方，買い手集中は，企業行動の決定という点で売り手集中の方が重要と考えられるだけでなく，データの収集の便という点でも通常，軽視されがちである。とくに消費財の最終的な買い手は不特定多数であり，買い手集中度はきわ

めて低い。売り手集中度が高い市場で買い手集中度も高い（双方寡占）とすれば，それは売り手企業の市場支配力に対する拮抗力となる。そのような市場としては，生産財の市場や，メーカーと流通業者（大型専門店）の双方寡占が考えられる。ただし，そのような市場でも，例えば複数の用途のある生産財ではそのような生産財を使って生産する企業がそれぞれの産業で少数であっても，その生産財の市場の買い手としては相対的に多数となり，売り手集中の方が重要となる。

(2) 市場の範囲と集中度

　市場の範囲は，需要の代替性の程度をどのようにみるかによって異なる。一般的に市場の範囲を狭くとるほど集中度は高くなる。マイクロソフト訴訟の際には司法省と地裁はインテル互換の OS 市場のみを関連市場としてウィンドウズの独占的地位を認定したが，もしマッキントッシュ用 OS をも関連市場に含めば，ウィンドウズのシェアをより低くみることになったであろう。乗用車の市場でも普通車や小型車のみでみる場合に対し，普通車と小型車の両方を含める場合，軽乗用車を含める場合，さらに軽商用車やトラックを含める場合というように，市場の範囲を広くとるほど，集中度は低くなる。

　また，通常，市場シェアのデータは全国市場を前提にして公表されるが，前述のように市場が地域性を帯びている場合，製品・サービスの性質が同一であっても，必ずしも同一市場，つまり同一産業とはみなしえない。電力とガスの配給業者は全国で各 9 社あるが，例えば関西在住の個人は今のところ東京電力から電力を購入できるわけではなく，それらの産業は地域独占に近い。そのほかにも，ホテル業等の対個人サービス業では市場の地域性を考慮した分析が必要となる場合が多い。

(3) 一般集中

　市場集中のように個別産業単位ではなく，一国経済全体のなかで企業の規模構造を問題にする場合，それを一般集中（overall concentration）という。一般集中は経済力の集中を表現するものとされる。つまり，高い一般集中度は一

国の経済的資源の多くを少数の巨大企業の自由裁量的支配のもとにおくことを示しており，そのもとでは，巨大企業の経済的意思決定が一国経済に対して強い影響力をもつ。一般集中は大企業体制論の論点であり，産業組織論では市場集中・産業集中が論点となる。ただし，同じ寡占産業でもそれが巨大企業性の（巨大企業中心の）産業なのか，中小企業（あるいはベンチャー）中心の市場規模の小さい産業（あるいは新産業）なのかで，そのもつ意味が異なることに注意する必要があり，一般集中を無視するわけにはいかない。

　一般集中度は通常，一国の法人企業全体，あるいは，製造業（もしくは非金融業）法人企業全体の総資産に対し上位100社または200社の総資産が占める割合として測定される。この場合，総資産によって測定するのは，企業が利用する経済的資源の代理変数とみなされるからである。

　公正取引委員会による一般集中度調査は1992年度までしか利用できないが，これによると，同年の非金融業総資産上位100社の総資産集中度は19.2％（子会社を含むと24.3％）で，80年度の21.4％（25.2％）から相当程度の低下をみている（『公正取引委員会年次報告』平成8年度版）。一般集中度の低下は上位100社とその他の企業の間の規模格差が拡大しているにもかかわらず，法人企業数増大の効果がより大きいためである。

5-2　産業集中の測定

(1)　上位 k 企業のシェア

　産業集中の測定は出荷集中度によることが望ましいが，生産集中度を用いることが多いことは前述したとおりである。そして，出荷集中度や生産集中度の測定に際して用いられる指標としては上位 k 企業の占めるシェアで示すことが多い。この指標は，X＝産業全体の出荷額，n＝企業数，k＝定数として，

$$C_k = \frac{\sum_{i=1}^{k} X_i}{X} = \frac{k}{n} \times \frac{\frac{\sum_{i=1}^{k} X_i}{k}}{\frac{X}{n}} = \frac{k}{n} \times \frac{\text{上位 } k \text{ 社の平均規模}}{\text{当該産業全企業の平均規模}}$$

表5-1　上位5社シェアとハーフィンダール指標

カラーテレビ	シェア	2乗	パソコン	シェア	2乗
国内出荷台数（2004年）			国内出荷台数（2004年度）		
シャープ	19.8	392	NEC	21.3	454
ソニー	18.0	324	富士通	19.6	384
松下電器産業	18.0	324	デルコンピュータ	11.2	125
東芝	13.5	182	東芝	9.1	83
日本ビクター	4.3	18	ソニー	6.7	45
計	73.6	1,241	計	67.9	1,091
デジタルカメラ	シェア	2乗	小型乗用車	シェア	2乗
販売台数（2004年度）			販売台数（2004年度）		
キヤノン	18.9	357	トヨタ自動車	50.8	2,581
ソニー	15.2	231	日産自動車	22.5	506
カシオ計算機	14.0	196	ホンダ	12.7	161
富士写真フイルム	12.0	144	マツダ	4.7	22
松下電器産業	9.6	92	富士重工業	3.2	10
計	69.7	1,020	計	93.9	3,281

注）各社のシェアは『東洋経済統計月報』2005年12月号および2006年1月号による。

という関係からも分かるように、企業数と規模格差の両者を反映する。表5-1の計は上位5社シェア（$k=5$）である（この表では台数でみているが、できれば金額がよい）が、この指標ではkの数値の選択が問題であり、しばしばkの数値として1，3，5，10など、いくつかの数値を併用している。

(2)　集中曲線

　上位k企業のシェアという指標におけるkの数値の選択問題に対応するための1つの工夫として集中曲線がある。最大シェアをもつ企業から2番目、3番目というように順次、企業シェアの順位を横軸に、累積シェアを縦軸にとったグラフを集中曲線という。表5-1の例で集中曲線を作成すると、図5-1のようになる。この集中曲線では上位1社から5社までのいずれをとってもここに示した諸産業のなかでは小型乗用車の累積シェアが高く、その集中度が高いことが分かる。それに対し、他の産業はよく似た形となっているが、そのなかでカ

図5-1 集中曲線

累積集中度/企業数
カラーテレビ　パソコン　デジタルカメラ　小型乗用車

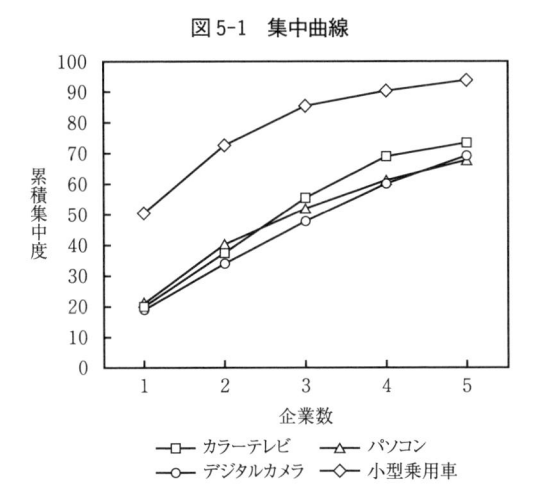

ラーテレビでは上位4社がほぼ同一シェアで並んでおり，パソコンと比べると，累積シェアは上位1社と2社ではより低く，上位3社，4社でより高い。

　集中曲線は視覚に訴える形でいろいろな産業の集中状態を示すことができるが，集中度としてそれを数字に表すことができない。そのため，集中曲線ではいろいろな産業の間でいずれの産業が集中度が高いかといった産業間比較や，特定の産業でどちらの国の集中度が高いかといった国際比較は不可能である。

(3) ハーフィンダール指標

　すべての企業のシェアを反映し，かつ，数値で表すことにより産業間・国際間の比較が可能な指標としてハーフィンダール（Herfindahl）指標（H）がある。ハーフィンダール指標は各企業のシェアを2乗したうえですべて加算したもので，第 i 企業のシェアを S_i，企業数を n として，

$$H = \sum_{i=1}^{n} S_i^2$$

となる。この指標では，2乗することで上位企業により大きなウェイトがかかるようになっている。

　実際に H を計算しようとする場合，すべての企業のシェアを反映するといっ

ても個々の企業のシェアが公表されているのは大体5社であり,表5-1はその範囲内で個々の企業のシェアを2乗したものの計としてHを求めている。なお,表5-1のHは公正取引委員会方式のHであって,本来のHを10,000倍したものである。例えば小型乗用車におけるトヨタ自動車のシェアの2乗は$0.508^2=0.2581$であって,上位5社の各シェアの2乗を加算すると$H=0.3281$であるが,公正取引委員会方式ではこれを10,000倍して3,281になる。また,Hは1社独占の場合に1であり,企業数がどんなに多い場合でも0より大きく,$1\geqq H>0$である。

ところで,ハーフィンダール指標が分布(散らばり)と数の両方の関係を表す指標であることは,次のように変動係数を用いて説明することができる。

X＝全企業の総出荷額,X_i＝第i番目の企業の出荷額,n＝企業数として,

$$\bar{X}(\text{平均})=\frac{X}{n}=\frac{\sum_{i=1}^{n}}{n}$$

σを分散として,

$$\sigma^2=\frac{\sum_{i=1}^{n}X_i^2}{n}-\bar{X}^2$$

変動係数 $c=\frac{\sigma}{\bar{X}}$

$$c^2=\frac{\sum_{i=1}^{n}X_i^2}{n\bar{X}^2}-\frac{\bar{X}^2}{\bar{X}^2}=n\sum_{i=1}^{n}\left(\frac{X_i}{X}\right)^2-1=nH-1$$

$$H=\frac{c^2+1}{n}$$

となり,ハーフィンダール指標Hはcとnで表される。

この場合,もし$c=0$(すべての企業が同じ規模)であれば,

$$H=\frac{1}{n},\quad n=\frac{1}{H}$$

となり,この場合のnを均等規模企業数という[1]。

もし,$c=0$で$H=0.5$なら,$n=1\div 0.5=2$となる。

また,$n=5$で$H=0.5$のときは,$0.5=0.3+0.2$であり,Hの0.5のうち0.3

は c の効果であり，0.2 は n の効果ということになる。

　ハーフィンダール指標は公正取引委員会が高位集中寡占産業の類型化に際して用いているということでも重要である。公正取引委員会はかつては上位企業数 (k) をいく通りかとることにより上位 k 企業のシェアをもって産業集中の類型化を行っていたが，現在は基本的にハーフィンダール指標をもって諸産業を次のように類型化している。

　　高位集中型（Ⅰ）$H>3,000$　　　高位集中型（Ⅱ）$3,000 \geq H>1,800$
　　低位集中型（Ⅰ）$1,800 \geq H>1,400$　低位集中型（Ⅱ）$1,400 \geq H>1,000$
　　競争型（Ⅰ）$1,000 \geq H>500$　　　競争型（Ⅱ）$500 \geq H$

　ところで，この類型化は1977年改正の独占禁止法にもとづく寡占規制と関連したものである。つまり，第6章で述べる寡占規制で企業分割の対象となるのは上位1社の市場シェアが50％を超え，かつ上位2社で75％超とされており，その判断の基準とされているのが，高位集中型（Ⅰ）の $HI>3,000$ である。1位企業50％，2位企業25％のシェアを想定して H を計算すると，$50^2+25^2=3,125$ で，ほぼ高位集中型（Ⅰ）の基準に相当する。また，価格の同調的引き上げが行われた場合に「価格の引き上げ理由」の報告義務が求められるのは上位3社のシェアが70％を超えるケースである。上位3社が同じシェアをもち，合わせて70％になるとすると，

$$3 \times \left(\frac{70}{3}\right)^2 = 1,633$$

であり，このケースは，高位集中型（Ⅱ）の $H>1,800$ に相当する。

(4) 集中度の変動，順位変動，およびハイマー・パシジャン指標

　産業集中の高い水準は第6章でみるように高位集中寡占のもとでの相互依存関係を生み出し，意識的並行行為といった競争を阻害する企業行動に導くことが問題とされる。しかし，一定時点で高い集中水準がみられても，その集中度の変動が激しかったり，上位企業の順位に変動がみられる場合，あるいは，各社のシェアがそれぞれ激しく変動している場合があり，それらはいずれも，高

表5-2 ハイマー・パシジャン指標

	シェア			$|S_i - S_i'|$	
	1985	1995	2004	85〜95	95〜04
カラーテレビ（1985年生産台数，1995・2004年出荷台数）					
松下電器	27.0	16.3	18.0	10.7	1.7
ソニー	16.0	11.6	18.0	4.4	6.4
東芝	15.5	11.9	13.5	3.6	1.6
日立製作所	14.7			14.7	0.0
三洋電機	10.5	8.7		1.8	8.7
シャープ		12.0	19.8	12.0	7.8
日本ビクター			4.3	0.0	4.3
合計	83.7	60.5	73.6	47.2	30.5
パソコン（1985年販売台数，1995・2004年出荷台数）					
NEC	50.0	52.6	21.3	2.6	31.3
富士通	16.0	16.1	19.6	0.1	3.5
日本IBM	7.0	8.9		1.9	8.9
シャープ	4.0			4.0	0.0
三菱電機	4.0			4.0	0.0
アップルコンピュータ		11.2		11.2	11.2
コンパック		3.0		3.0	3.0
デル			11.2	0.0	11.2
東芝			9.1	0.0	9.1
ソニー			6.7	0.0	6.7
合計	81.0	91.8	67.9	26.8	84.9
小型乗用車（1985年生産台数，1995・2004年販売台数）					
トヨタ自動車	33.9	42.7	50.8	8.8	8.1
日産自動車	22.2	26.0	22.5	3.8	3.5
ホンダ	13.8	7.8	12.7	6.0	4.9
マツダ	11.4	6.0	4.7	5.4	1.3
三菱自動車工業	7.2	7.8		0.6	7.8
スズキ			3.2	0.0	3.2
合計	88.5	90.3	93.9	24.6	28.8

注）各社のシェアは『東洋経済統計月報』1986年10月，1997年2月，2005年12月，2006年1月の各号による。

位集中産業での競争の厳しさを表している。カラーテレビ，パソコン，小型乗用車の1985年，95年，2004年の上位5社の各社別シェアをみた表5-2によると，カラーテレビでは85〜95年に，パソコンでは95〜2004年に上位5社集中

度が大きく低下している。また，テレビではシャープが 85～95 年に一気に 2 位に上がり，2004 年には松下電器を抜き首位になり，パソコンでは 1995 年にアップルコンピュータ，2004 年にデルが 3 位に入っている。なお，小型乗用車ではこの表には出していないが，2001 年に日産自動車がいったん 2 位の座をホンダに譲っている。このような集中度の変動と順位変動に対し，各社のシェア変動を測定する手法としてのハイマー・パシジャン指標（HP）では，各期間の変動の大きさを一定の数値で表すことにより，産業間，期間間での比較が可能になる点で便利である。

ハイマー・パシジャン指標は，

$$HP = \sum_{i=1}^{n} |S_i - S_i'|$$ （S_i＝期首の各企業のシェア，S_i'＝期末の各企業のシェア）

で表されるが，要するに各社のシェア変動の絶対値（上昇も低下もいずれもプラスとする）の総和を計算したものである。表 5-2 では 6 位以下の企業のシェアを 0 として計算したものであるが，カラーテレビではシャープのシェア上昇と松下電器のシェア低下を反映して 85～95 年の HP が高くなっている。また，パソコンでは NEC のシェア低下を受けて 95～2004 年に HP が著しく高くなっている。

5-3　産業集中の決定要因としての規模の経済性
―TIO における集中要因―

(1)　最小最適規模と市場規模

　産業集中の基本的な決定要因は規模の経済性と市場規模の関係にある。ここでいう規模の経済性は，長期平均費用曲線 LAC が右下がりの関係にあることをいうのであって，すべての生産要素の投入量の調整が行われるほどの長期の期間（通常，設備規模可変となる期間）において生産量が大きいほど単位当たりコストが低くなるような関係のことである。もし，当該産業においてその産業の市場規模 M に相当する生産量まで規模の経済性が作用する（LAC が右下がりである）とすれば，この産業では 1 社で市場規模に相当する量を生産す

るのが最も効率的である（この状態を自然独占という）。しかし，このような自然独占状態にある産業は実際にはごく限られており，多くの産業では一定の生産量までは規模の経済性が働くとしても，この生産量を超えた場合，規模の不経済性が作用するか，あるいは，費用最小となる生産水準が一定程度持続すると考えられる。図5-2でみると，長期平均費用曲線が abc の場合，企業規模が最小最適規模 Q_{min} に達するやいなや規模の不経済性が生じはじめるのであって，この場合は Q_{min} が企業にとって単一の最適規模となる。これに対して，$LAC=abde$ の場合は，Q_{min} から Q_{max} までの生産水準において費用最小となり，$LAC=abdf$ であれば Q_{max} は存在せず Q_{min} を超える生産量ではすべて費用最小となる。産業集中の決定要因としての規模の経済性と市場規模の関係というのは，

$$\text{市場規模に占める最適規模の比率} = \frac{Q_{min}}{M} \sim \frac{Q_{max}}{M}$$

あるいは，

$$\text{最適規模を満たす企業数} = \frac{M}{Q_{max}} \sim \frac{M}{Q_{min}}$$

のことであり，ここでは，$LAC=abc$ では $Q_{min}=Q_{max}$ であり，$LAC=abdf$ では市場規模に占める最適規模の比率は，Q_{min} の占める比率より大きいすべての比率となり，最適規模を満たす企業数は M/Q_{min} より少ないすべての数となる。

　ところで，TIO の議論では一般的に高位集中寡占の弊害が問題にされるのであって，そのような問題を生じる高位集中状態が規模の経済性を反映したものであるとすれば，それは「規模の経済性と寡占の弊害のジレンマ」を表すとされてきた。この視点からすれば，この最適規模と市場規模の関係についてとくに注意すべき点は，図5-3でみるように Q_{min} と M の関係にあるということになる。つまり，1社当たりの市場シェアが Q_{min}/M となる市場シェアまでは規模の経済性で説明される部分ということになる。また，産業集中の決定要因としての規模の経済性の役割についてはさらに，図5-3の ab の部分の形状，つまり Q_{min} に達するまでの生産水準での LAC の勾配に注意する必要がある。

図 5-2 長期平均費用曲線（LAC）の諸形状

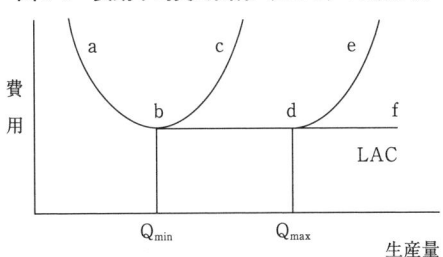

図 5-3 Q_{min} と M の関係，および，ab の勾配

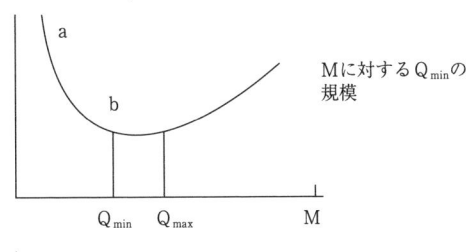

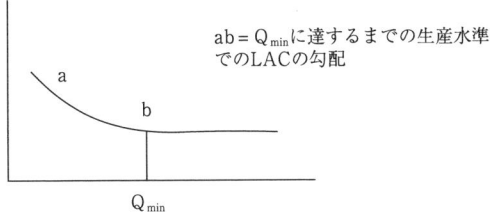

M に対する Q_{min} の規模

$ab = Q_{min}$ に達するまでの生産水準での LAC の勾配

もしこの勾配が図 5-3 下図のように非常に緩やかである場合，Q_{min} 未満の生産水準でかかるコストは最適規模でのコストと大差なく，小規模生産企業でも生存可能である。このような産業では産業集中は比較的低くなる傾向がある。

(2) 産業集中の長期的変化

長期平均費用曲線という場合の長期は，あくまでも，すべての生産要素の投入量（通常，設備規模）の調整が行われるほどの期間という意味での長期と短期の区別であって，その前提として技術は一定とされる。5 年とか 10 年といったような比較的長い期間にわたる産業集中の変化をみようとすれば，その間

の市場規模の変化とともにその間の技術的条件の変化をも考慮しなければならない。通常、経済成長にともなって諸産業の市場も成長する（市場規模が拡大する）が、一方で技術の変化にともない最小最適規模も変化するのであって、この市場成長のテンポと最小最適規模の大きさの変化によって産業集中が決まる。図5-4でみると、第1期と第2期の最小最適規模を OQ_1、OQ_2、両期の市場規模を OM_1、OM_2 として、

$$\frac{OQ_1}{OM_1} < \frac{OQ_2}{OM_2}$$

の場合には集中度が上昇し、その逆の場合には集中度が低下する。

なお、これまでの技術進歩はいずれかといえば最小最適規模がより大きくなる方向での技術進歩、あるいは、巨大設備による生産を有利にする方向での技術進歩であったが、これに対し、技術の変化により小規模設備でコストが低下するという図5-4右図のケースを考えることもできる。例えば、最近ではくず鉄を使った消費地に近い立地での小規模な電炉による鉄鋼生産がコスト面の優位性をもつといったケースがあり、1980年代にはそのような電炉メーカーがH形鋼でシェアを拡大し、新日本製鐵をはじめとする一貫メーカーがシェアを大幅に落とすというようなことがあった。このような場合、市場成長の効果のみならず、技術の変化も集中度低下の方向に作用する。

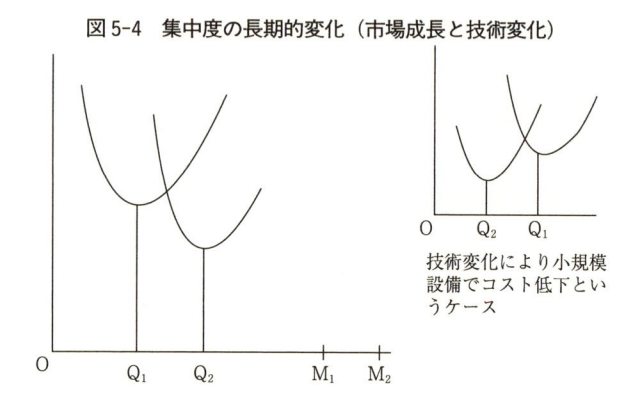

図5-4 集中度の長期的変化（市場成長と技術変化）

技術変化により小規模設備でコスト低下というケース

(3) 規模の経済性の決定要因

いろんな産業で規模の経済性が働くのは，一般的にいえば資本設備や労働などの諸生産要素とその機能が不可分割性（indivisibility）をもつことにある。しかし，その具体的な表れ方はさまざまである。ここでは，そのなかの代表的なケースをみておこう[2]。

労働と設備の専門化

これまで規模の経済性の働きを最もよく表すものとされてきたのは，工場内分業の進化の過程における労働と設備の専門化ということであった。よく知られている A. スミスの分業では，ピンの生産工程について，針金を引き伸ばし，切り，とがらせ，頭をつけるなど 18 の作業に分割し，それぞれの専門化された工程における労働の単純化によって労働生産性が飛躍的に向上することが語られている[3]。このような労働の専門化はさらに機械制工業の発展にともなって機械設備の専門化へ，そして，20 世紀に入るとフォード方式のもとでの流れ作業方式（コンベヤ・システム）へ，さらに第 2 次大戦後になると自動化システムへと進化していく。

もっとも，今日の生産システムではニーズの多様化に対応した多品種少量生産のための新たなシステムが求められている。単能工に依存するフォード生産システムに対して，トヨタは多能工を活用した生産システムによりニーズに対応した柔軟な生産の道を拓いた。また，FMS（フレクシブル生産システム）がコンピュータ制御により多品種少量自動化生産を可能にした一方で，ニーズの多様化に対応しようとする多品種多仕様化が進むなかで，これまでのライン生産をやめて，セル（細胞）生産方式という小ロット生産を採用する動きもみられる。

経営・人事管理の専門化

生産現場のみならず，企業組織の大規模化にともない，経営管理や人事管理においても職能を専門化することによる経済性を認めることができる。また，経営上の効率という点では，生産技術・生産方法の選択，販売促進，研究開発，

大量販売・大量購入による交渉力，流通経費の節減など，広い範囲にわたって規模の経済性が作用する。ただし，後述するが，J. S. ベインの場合，規模の経済性の推計において工学的推計法を用いるといったように，「非金銭的な経済性」にこだわっており，経営・人事管理に関する経済性は考えていない。

容積増加の経済性

とくに装置型産業で規模の経済性を生み出す要因となっているものに容積増加の経済性がある。鉄鋼や非鉄金属，石油精製，石油化学，窯業土石，飲料といった装置型産業における装置は，容器に計器が付属した生産設備である。そこでは建設費用と生産量の関係は表面積対容積の関係にある。通常，装置型産業における装置の形状は円柱あるいは円であるが，単純化のため1辺がaである立方体を考えると，建設にかかる費用は表面積$6a^2$であるのに対し，生産量は容積a^3である。要するにコストは2乗，生産量は3乗の関係であり，装置の規模が大きいほど生産単位当たりのコストは低くなる。高度成長期の日本の装置型産業での相次ぐ巨大化投資は，このような容積増加の経済性を狙ったものであった。ただし，これはあくまでも技術一定としたうえでのことであり，装置の巨大化にはその時点における技術の制約があることも無視できない。

大量予備の経済性

どの産業でも故障の危険性や，需要予測の困難性，ピーク時の需要に対応するために何らかの予備が必要となる。なかでも電力や鉄道といった産業では生産能力全体に対する予備の割合が大きいだけでなく，予備が不十分であった場合のダメージは決定的である。このような予備は稼働中の設備との関係で一定割合である必要はなく，いずれかといえば全体の規模が大きくなると予備は相対的に少なくてよい。つまり，予備にかかるコストは全体の規模が大きくなるほど相対的に低くなる。

生産諸工程の均衡

生産工程が複雑になり，その工程数が多くなると，各工程の諸設備の最適生

産量の相違から生じる経済性が問題となる。例えば，3つの工程においてそれぞれ6単位，8単位，10単位の生産量が最適であるとすれば，それらの工程のすべてにおいて最適生産量を確保しようとすれば，6・8・10の最小公倍数である120単位の生産量が必要となる。

(4) 工学的推計法と独占化要因

工学的推計法

規模の経済性をもって産業集中の基本的決定要因としたうえで，J.S.ベインは諸産業の実際の集中水準がどの程度，最小最適規模で説明されるのかということを実証すべく，工学的推計法を用いて諸産業の最小最適規模の推計をした。つまり，異なる規模の仮想プラントを想定し，設備費，維持費，原材料費，労務費など，現実にかかる費用を生産現場にいるエンジニアによる推計によって算出した。この場合，推計の対象となっているのは基本的にプラント・レベルの経済性であって，規模の経済性を純粋に技術的（非金銭的）なものとしてとらえようとしたために，企業（複数プラント）レベルでの経済性では経営上の効率や大量購入によるコスト削減は考えず，物流（輸送，包装，保管）にかかるコストと大量予備の経済性のみが考慮されている。ここでは，例えば重量のある消費財であるビールのように，輸送費の大きさから各地の消費地周辺に複数プラントをもつ必要があり，プラント・レベルの経済性に加えて複数プラント・レベルの経済性が大きく働くといったケースが考えられている。

独占化要因等

J.S.ベインは工学的推計法を用いて最小最適規模を推計した結果，当時のアメリカ産業の多くにおいて集中度が最小最適規模によって説明される水準を超えているとして，さらに規模の経済性以外の決定要因を列記したが，そのなかで彼がとりわけ強調したのは独占化要因である。つまり，合併，とくに同一業種での水平的合併やプレデーションあるいは排他的行動といった市場支配・参入阻止・競争相手排除のための企業行動が集中水準を高める要因になっている。そのほかには，同一業種の企業を比較すると一般的に対売上高・広告宣伝

費は大規模企業ほど低く，上位企業ほど有利であるといった広告宣伝の効果や，金融機関がしばしばM＆Aのプロモーターの役割を果たすといった金融的要因，あるいは，特許や著作権といった知的財産権は，独占化要因とともに集中促進要因と考えられる。制度的要因としては知的財産権のほかにも保護関税，直接投資規制，政府発注，税制上の優遇措置はしばしば集中促進要因となりうる。これに対し，制度的要因でも反トラスト政策は集中阻止要因であり，また，企業の構成員である経営者や従業員が自社の企業文化に執着しM＆Aに反対する傾向があるという企業主権要因も集中を妨げる要因として働く。

5-4　TIO批判と集中要因の多様性

　規模の経済性を産業集中の基本的決定要因とするTIOの集中論は結局のところ，MS・MC・MPパラダイムのなかで，規模の経済性のみでは説明できない現実の高い集中度と，それにもとづく寡占の弊害という構造主義といわれる見解[4]に導く。これに対して，1970年代以降，このような構造主義的見解に対する批判がいわゆる新自由主義の経済学を標榜する新シカゴ学派（シカゴ大学を中心とする研究者たち）や新オーストリア学派（オーストリアからの亡命者が源流となっている学派）の研究者から提示される[5]。それとともに，産業集中の決定要因について，規模の経済性や独占化要因のほかにも，劣化法則や経験曲線といったコストについての別の見方や，確率過程論と先行者の優位性，あるいは，ネットワーク効果といった諸要因に関する議論が展開されてきたが，これらの諸要因は，諸産業の特性とその展開の諸局面に応じてそれぞれその重要性が異なること，また，規模の経済性を含めて互いに排除し合う関係にはないことに注意しておきたい。

(1)　適者生存手法と均衡集中水準論―新シカゴ学派―

適者生存手法

　産業集中の基本的決定要因としての規模の経済性の推計法では，前述の工学的推計法に対しG. J. スティグラーは適者生存手法という推計法を提示したが，

この試みは推計法の問題という形をとりながら,そのことによって構造主義的な見解を全面的に否定しようとするものであった[6]。「存続企業」を手がかりにするこの推計法では,企業を規模階層別に分け,階層別にみた生産量が産業全体の生産量に占める割合の一定期間における変化によって効率的な企業の規模を推計する。つまり,もしある規模階層のシェアが低下しているとすれば,その規模階層は相対的に非効率であると考える。

しかるに,このような推計法のもとでは,実際の集中度が最適規模(効率)によってどの程度説明されるかという問題設定そのものを否定しているといってよい。ここでは,最適規模の推計法の相違という形をとりながら,結局,現実の産業集中が常に効率性で説明されることになる。言い換えれば,それは現実の集中度が効率性の反映であることを前提にした推計法である。そして,このような推計法の妥当性の根拠としては,最適規模概念に関するスティグラー自身の次の考え方がある。「最適規模の企業の基本的な定義は,他の規模の企業と競争しても,それは自らをいつまでも維持していけるということである。最適性に関するこのテストは,きわめて包括的である。つまり,それは財を効率的に生産するという企業の能力だけでなく,適度な速さで新技術を導入し,消費者の嗜好の変化に対処し,生産物や資源の地理的変化に適応していく,等々の能力も考慮しているのである」[7]。

均衡集中水準論

スティグラーの適者生存手法は規模の経済性あるいは最適規模の推計法の問題という形をとりながら,産業集中は経営面の効率性ということをも含む企業の効率追求の結果であるということを示した。そのような集中論をよりストレートに展開したのは,Y.ブローゼンである[8]。ブローゼンの場合,伝統的な産業組織論のMS・MC・MPパラダイムとは逆に,成果が構造を決めるという視点をとる。つまり,集中はそれが効率的な構造である場合に発生し,かつ持続する(「効率的集中水準」あるいは「最適集中水準」)。その場合,この効率概念は,生産にかかわる規模の経済性のみならず,資本調達面での経済性,流通面の経済性,広告における経済性,学習効果,リスクの軽減,経営能力とい

った要因まで包含された包括的な概念である。そして、企業合併などの独占化要因とされる企業行動がある場合でも、このような最適集中水準に向かう傾向が常に作用するとし、構造的均衡への移行過程としての均衡集中水準という考え方を提示する。そして、構造的均衡そのものの変化は、産業成長、賃金率の変化、制度的要因の変化、消費者の嗜好の変化、技術の変化といった諸要因の作用に求められる。

この均衡集中水準論では、支配的企業の寡占的行動があれば他企業の生産高増大もしくは参入によって市場がより競争的になること、水平的合併等により集中度が上昇し市場支配にもとづく価格上昇があっても、その結果、支配的企業の市場シェアが低下し、集中度が低下することを指摘する。ブローゼンによれば、19世紀末から20世紀初頭のトラスト形成期においても、たとえ反トラスト法が成立していなかったとしても、それが効率に反するものであったとすれば独占企業のシェアは低下したはずであるとする。日本における1970年の合併による新日本製鐵の成立後の経緯をみても、その後の同社をプライス・リーダーとする価格の同調的引き上げが下位企業のシェア上昇と参入を呼び起こし、同社が粗鋼生産で70年の36.0％から83年には27.7％までそのシェアを低下させているが、このこともこういった構造的均衡への移行過程という見方ができるかもしれない。

(2) 市場過程論―新オーストリア学派―

新自由主義の経済学には、新シカゴ学派のほかに新オーストリア学派の議論があり、その代表的論客であるI.カーズナーの市場過程論[9]では、絶えず不均衡状態にある市場のなかで先見性をもって行動する企業家の役割を重視する。彼の議論の原点は重農主義時代のR.カンティヨンの商業論[10]にあり、異なった時間・空間での鞘取り（arbitrage）の能力がその出発点とされ、先見性はアラートネス（抜け目のない機敏さ、alertness）といった言葉で表現されている。つまり、異なった空間と時間の間で安く買って、高く売る行為がその原点とされる。もっとも、今日の経済活動において企業家が現実に直面するのは、技術の変化やニーズの変化などのさまざまな企業環境の変化であるが、ここで

は鞘取りに原点を求めることで機会をとらえる能力としての先見性の性格を際立たせている。このような企業家は例外的な個人的力量と組織化能力をもつ特異な人物であり，それを財とみるなら「唯一の，あるいは標準化が不完全な財」とみなされる。このような機敏性をもった企業家の行動により企業が独占的地位を得たとしても，それはあくまでも市場における競争機能が有効に作用した結果でしかないということになる。なお，ここでいう機敏性は「潜在的に価値のある目的に対する機敏性」と「今までに知られていない潜在的に有用で入手可能な資源に対する機敏性」という目的と手段の認識に関する機敏性とされる。

(3) 劣加法的な費用関数と経験曲線

費用最小の生産規模をもって最適規模とする説明に対して，コスト要因を少し別の角度からみる考え方がある。ここでは，劣加法性と経験曲線について述べる。

劣加法性

規模の経済性を産業集中の決定要因と考えると，企業の最適規模は費用最小の領域とされる。しかし，図5-5では，1社で生産した場合，生産量 q_0 を超えると規模の不経済性が働くが，もしこれを2社で生産したとすれば2社の平均費用は生産量 $2q_0$ で最小であり，これより小さな規模では各企業の生産量は最適規模未満の規模となり，生産量 q_1 までは1社で生産した方が平均費用は低い。このような関係のもとで市場規模がもし q_1 より小であるとすれば，生産量 q_0q_1 の間では規模の経済性が働いているわけではないにもかかわらず，その産業全体の生産量はすべて1社で生産した方がよいという意味では自然独占となる。

このように一定の生産量の一部ずつを別の企業が生産する場合と，全体をまとめて生産する場合の比較考量という視点で費用関数を考案したものが劣加法的な（subadditive）費用関数であり，そこでは総生産水準 $\bar{q}$ において，すべての $q<\bar{q}$ について次の不等式が成立するとき，この費用関数は劣加法性が

図 5-5　1 社の平均費用と 2 社の平均費用

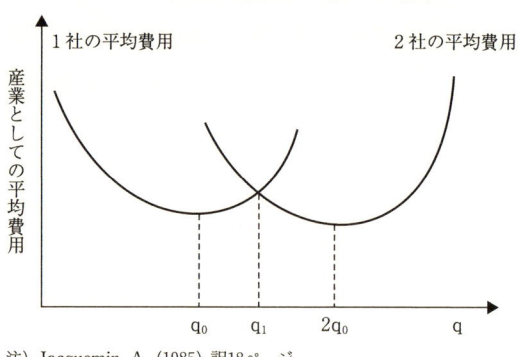

縦軸：産業としての平均費用
横軸：q_0, q_1, $2q_0$, q

注）Jacquemin, A. (1985) 訳18ページ。

あるとされる。

$$c(q) < c(x) + c(q-x) \qquad 0 < x < q$$

そして，このような劣加法性が作用している産業では自然独占状態が生じる。なお，subadditive の sub は上位に対する下位，全体に対する部分を指し，これを加える（additive）というのが劣加法的ということである。つまるところ，劣加法的な費用関数という考え方は，最適規模を超える規模での生産の効率性を一定程度認めることで，自然独占成立の条件を緩和することになる。

経験曲線

これまで論じてきた費用曲線は1日，1カ月あるいは1年間といった一定期間での生産規模とコストの関係をみたものである。これに対して，一定の種類の製品についてこれまでにどれだけ生産経験を積んできたかということを累積生産量で表して費用曲線を描いたものが経験曲線であり[11]，累積生産量が倍になるとコストが20％低下するという80％経験曲線（80％ experience curve）が多くのケースで検出されてきた。このような経験曲線は図5-6左図のように累積生産量の増大にともなって生産開始の初期に生産コストが急激に低下する曲線状となるが，両辺を対数でとると右図のように右下がりの直線となる。

ところで，このような経験曲線は複雑なアセンブリー工程をともなう労働密

図 5-6　80%経験曲線

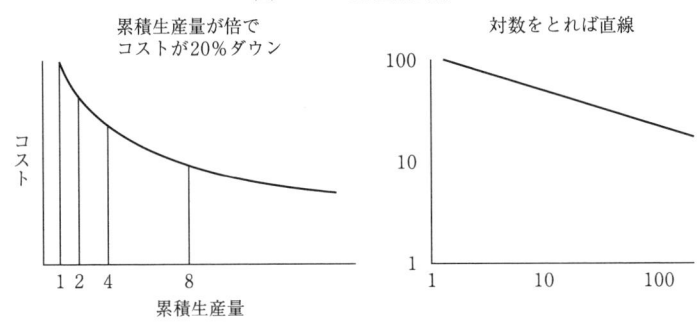

累積生産量が倍で
コストが20％ダウン

対数をとれば直線

度の高い加工組立型産業で重要とされ，学習効果（あるいは習熟効果，learning effect）によって生じるとされる。学習効果はよくいわれる例としては自転車に乗る練習を重ねることでどんどんうまく乗れるようになるといったように，何らかの行為を繰り返すことで学習する（learning by doing）ということであるが，ここでは，単に個々の労働者が一定の作業を繰り返すことで熟達するということだけでなく，作業方法の改善，工場のレイアウトの改善，機器・工程の開発，製品設計の変更，あるいは流通分野まで含むいろいろな側面での組織としての学習と考えられる。

このような産業では経験曲線にもとづくコスト面のリーダーシップを狙う企業戦略が有効とされる。先行企業は業界の進展の初期段階において累積生産量をできる限り多く確保するために積極的な投資を行い，ときに将来のコスト低下を先取りした低価格をつける戦略（フォワード・プライシング）を採用する。つまり，市場シェア・リーダーが経験を最も早く累積させるのであって，産業集中の高い水準が実現する傾向がある。最近の事例では，薄型テレビの分野で液晶およびプラズマの先行企業が設備を相次いで増設し，世界市場におけるシェア確保を急ぐのもコスト・リーダーシップ戦略である。

(4)　確率過程論と先行者の優位性

産業集中あるいは企業の規模をコスト要因によって説明しようとする以上の議論に対し，いずれかといえば自然現象・社会現象に普遍的にみられる偶然的

要素や慣性といったものにその根拠を求める見方がある。

確率過程論的アプローチ

通常，確率（probability）はコインを投げて表が出る確率は2分の1であり，サイコロの6が出る確率は6分の1であるというように，ある事柄が起こる確からしさを表すものとされる。しかし，1回目にコインを投げて表が出る確率は2分の1であり，2回目に投げたときも表の確率は2分の1であるが，このことは，1回目が表で2回目も表，3回目も……ということが起こりうることを否定するものではない。いろんな産業で高い産業集中水準が生じることを，こういったいわば偶然現象として説明しようというのが確率過程（stochastic process）論的アプローチである。

この議論は通常の確率論とは逆に，正規分布でいえば，その両端部分がわずかでもその可能性があるということに着目する。つまり，たまたま高い成長率を持続した企業が残存し，高位集中状態を生み出すということになる。

産業集中についての確率過程論的アプローチというのは，企業の規模分布がこのような企業成長に関する確率モデルを用いて説明できるとする考え方である。そのシミュレーションは，エクセルなどの表計算ソフトを用いて簡単に実験できる。例えば，第1期を100として1期平均0.5％の成長を想定し，個々の企業の毎期の成長率にランダムを入れて長期間にわたる企業成長の結果をシミュレーションすると次のようになる。まず第1期（第1行）の第1番目の企業（第1行第1列の欄）に「100」を入力し，これを第1行の第2列以下に任意の数だけコピーする。そして，第2期の第1番目の企業（第2行第1列）に，「前期＋5＊(RAND()−0.4)」を入力する。ここでは0＜RAND()＜1で，RND()の平均は0.5であり，1期の平均成長率は0.5％となる。そして，第2行第1列の計算式を第2行・第1列以下のすべての欄にコピーすればこのシミュレーションは完成するのであって，これをグラフで表すと図5-7のようになる。1期をどのような期間と考えるかは自由であるが，これを1カ月とすれば10年後は120期である（このグラフは120期の期間をとっている）。もちろん，第2行以下へのコピーをやり直すと，このグラフはまったく異なった形を

図 5-7 企業成長の確率過程

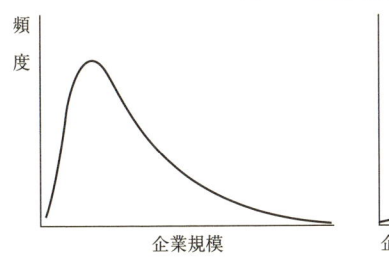

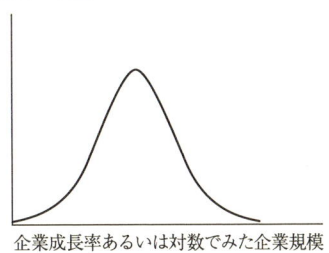

図 5-8 企業規模と頻度

とるが，いずれにしても最後的な企業規模は平均1期0.5％の成長率に見合った部分の周辺で最も頻度が高く，ごく少数の企業が極度に高成長する一方で，若干の企業が著しい低成長あるいはときにマイナス成長となり，産業集中ということで言えば，高成長を続けるごく少数の企業のシェアが高くなり，高位集中状態が実現する。このシミュレーションでは，最後的な企業規模の分布は図5-8左図のように左の方に（小規模の方向に）偏った分布となっているが，これを成長率の分布あるいは最後的な企業規模の対数でみるとその分布は正規分布（図5-8右図）となる。

このアプローチでは仮想上のシミュレーションにより産業集中を説明しているが，実際の諸産業での産業集中ということになると，すでに寡占化した産業内の各企業をサンプルとしたシミュレーションはそのサンプル数の少なさとい

う制約があり，困難である。ただし，特定の産業に限らず相当数の企業の成長プロセスをシミュレーションすることは可能であり，1980 年度の製造業上位 100 社のうち 90 年度までに合併対象あるいは清算対象となった企業を除く 95 社について 10 年間の各企業の年平均成長率の分布をみると，それはほぼ正規分布となり，確率過程論的な説明がほぼストレートな形で妥当性をもつことになる[12]。

先行者の優位性

どのような理由であれ産業の成長段階で支配的となった企業は成熟段階でもその地位を守るということ，つまり一種の慣性の法則によって支配的企業の地位が保全され高位集中状態が持続するというのが先行者（first mover）の優位性である。いわば先手必勝の考え方といってよい。O. ウィリアムソンは産業のライフ・サイクルとの関連でこの先行者の優位性について次のように説明している。「支配的企業をもつ成熟した産業における不確実性の程度は，(1)同じ産業が中間の発展段階で経験した不確実性の程度，(2)同じ産業が成熟段階で，ただし支配的企業がないとした場合に経験するはずの不確実性の程度，のいずれよりも小さいということが予想できる。……一つの産業がいったん高度の発展段階に到達すれば，（産業の中間の発展段階でいくつかの偶然事象が偶然に結びつくことを含め，どのような手段によって獲得されたにせよ）ある企業が支配的な地位につけば，その地位は解消を妨げるものとなる」[13]。

なお，先行企業の優位性は，先にみた経験曲線にもとづくコスト面のリーダーシップや，第 8 章でみる各種の参入阻止戦略によってさらに強められるが，ここでいう先行者の優位性は本来，そのような企業の戦略的行動を考慮していない。

(5) ネットワーク効果

規模の経済性はコスト面つまり供給面で生じる経済性であるのに対し，需要面の要因が作用して生じる経済性がネットワーク効果あるいはネットワークの経済性である。今日，高度情報通信化の進展によりこのネットワーク効果の役

割がより注目されるようになっている。

　ネットワークは互いに何らかの形で連結されている諸単位の統一体のことをいい，地域のネットワーク等，いろいろな使い方がされているが，ここでは同じネットワークに属する利用者が多いほど，個々の利用者の利便性が高まることをネットワーク効果という。もともとネットワーク効果が働く代表例とされているのは電話通信で，電話機をもっている者が1人であれば通話は成り立たず，2人であれば双方向に，3人であれば$3×2$，4人であれば$4×3$というように，電話の所有者をnとして通話可能性は$n(n-1)$となり，利用者の増大につれてその利便性は高まる。よく似たことは鉄道や郵便でもいえ，鉄道ではレールがつながっており直接移動できる範囲が広いほど利便性は大である。このような分野では利用者の多いネットワークに属するほど利便性が大きく，電話通信でもその実用化の初期には複数の会社が競い合ったが，結局，より多くの参加者を得たネットワークのみが残存する。ただし，固定電話では各ネットワーク内は回線により連結されていたため他のネットワークとの接続可能性はなかったが，携帯電話ではネットワーク間の通話が可能であり，従来のような形ではネットワーク効果は働かなくなっている。

　このようなネットワーク効果が今日，通信のような分野のみならず，広い領域で作用している。パソコンやVTRでは，互換機であればファイル等の交換が可能で利用者が多い機種ほど利便性が高いというだけでなく，利用できるアプリケーションや市販・レンタルのテープ等も多くなる。このようにハードとソフトが相互にその利用を促進し，ネットワークの利便性を高めていく関係をハード・ソフト・パラダイムという。パソコンの場合，今日ではPCそのものの互換性ではなくウィンドウズのようなOSを中心にそのようなネットワーク効果が強く働いている。また，よく例示されてきたVTRでは当初有力視されていたソニーのベータに対し，松下・ビクター連合のVHSがいったん優勢となる（録画時間の長さが決め手であったといわれる）と，一気にシェアを拡大し業界標準の地位を得ることになる。この関係を図5-9でみると，例えば横軸をVTRにおけるVHSとベータの現在のシェアとし，縦軸をVHSの新しい売り上げのシェアであるとすると，VHSの現在のシェアの拡大にともなって，

図5-9 ネットワーク効果とチッピング・ポイント

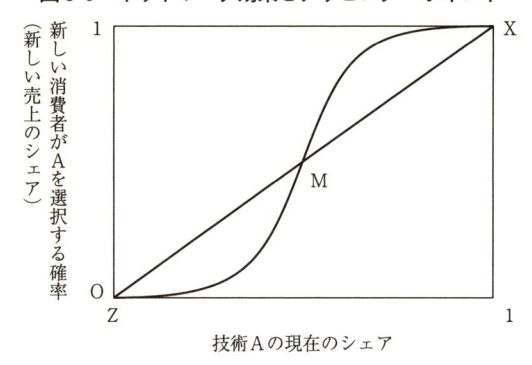

縦軸：新しい消費者がAを選択する確率（新しい売上のシェア）
横軸：技術Aの現在のシェア

新しい消費者がVHSを選択する確率（あるいはVHSの新しい売り上げのシェア）はS字状に変化し、現在のシェアがMを超えると新しい売り上げのシェアが一気に高まり、結局、Xが新たな均衡点となり、ベータの方は全面的にシェアを失う。ここではMはチッピング・ポイント（tipping point）といわれ、一定のネットワークがそれを越えると自己増殖的に成長し、ライバルの市場が縮小する。

ところで、このようなネットワーク効果による1人勝ち現象については、それがたとえ「劣った標準」でもロックインされるのか否かについて議論[14]がある。そのなかでS. J. リーボヴィッツとS. E. マーゴリスは、たとえ「劣った標準」にロックインされても、それは「優れた標準」によってアンロックされることを指摘している。彼らは、S字型曲線と対角線の交点（不安定均衡点）の位置がその標準の質によって異なること、不安定均衡点からのシフトを左右するものが、技術レースに勝利したり、良好な製品を購入したりしようとする企業と消費者の選択であること、標準を設定し、ネットワークを構築し、技術を確立するなかでの企業の競争によって、ネットワーク市場が構成されていることに注意を喚起する。

また、ロックイン現象についてはそれがスィッチング・コスト（切り替え費用，switching cost）によるという説明もありうる。スィッチング・コストについては、有名な「QWERTYの経済学」による説明では、タイプライター

のキーボードの配列（QWERTY はタイプライターの左上部分の配列）は印字のために隣り合ったキーを続けて叩くと非常に絡みやすいことに対応したものであって，必ずしも優れたものではないにもかかわらず，利用者がその配列に慣れ親しんでおり，配列を変えると大きな学習費用がかかる（スィッチング・コストがかかる）ため，現在のコンピュータ時代になってもキーボードの配列は変わらないという。パソコンの世界ではこのようなスィッチング・コストは，機種や OS に対応したアプリケーションや周辺機器について，機種・OS の変更にともないコストがかかるという形でいわれる。しかし，この点についても，スィッチング・コストは絶対的なものではなく，それを超える魅力があれば切り替えの可能性があることも否定できない（タイプライターの QWERTY 配列についても，当初はやむをえず採用された配列であったかもしれないが，使用頻度の高い文字が隣接していないことがかえって使いやすい配列になっている可能性がある）。

　なお，ウィンドウズや，かつての VTR の VHS が 1 人勝ちとなり，それぞれの製品における標準の地位を確保するが，このような場合の標準はデファクト（de facto）・スタンダード（事実上の標準）といわれ，その製品が市場に出た後に市場において事実上の標準となるケースである。これに対し，デジュール（de jure）・スタンダード（公的標準）は公的な標準化機関が定める標準であって，例えば JIS マーク（㊜）[15] で知られる日本工業規格はその代表例である。また，これらの標準は，ウィンドウズの場合はマイクロソフト社の有する標準であるのに対し，VHS は松下・ビクター連合による技術の標準であり特定の企業の製品について標準化されたわけではない。

1) Clarke, R. (1985) 訳 19 ページ。
2) 主に Robinson, E. A. G. (1958) 第 2 章の最適企業に関する記述による。
3) Smith, A. (1950) 第 1 編第 1 章。
4) 第 4 章でみたように，この構造主義的見解を受けて，1960 年代末から 1970 年代初頭にかけて寡占規制（企業分割）を求めるニール・レポートのような政策提言や有力議員による法改正提案が相次ぐ。

5)「新」がついているのはそれぞれの伝統のもとでの第2次大戦後の展開を指す。
6) Stigler, G. J. (1968, 1987).
7) Stigler, G. J. (1987) 訳 193-194 ページ。
8) Brozen, Y. (1982a, 1982b). 彼の議論は安喜博彦 (1995) 補論 A 参照。
9) Kirzner, I. (1973). 新オーストリア学派の集中論については越後和典 (1985) 第 3 章第 2 節参照。
10) Cantillon, R. (1755).
11) 経験曲線あるいは学習・習熟効果は第 2 次大戦中に航空機の機体製造にかかわる経験法則として見出され，生産管理に活用されてきたが，これを産業組織論に導入した議論は西田稔 (1987) 参照。
12) 安喜博彦 (1995) 54 ページ。
13) Williamson, O. (1975) 訳 355 ページ。
14) Arthur, W. B. (1989) および，それに対する批判は Liebowitz, S. J. and S. E. Margolis (2001)。
15) JIS マーク表示は戦後長い間，鉛筆での表示が代表例とされてきたが，1998 年に日本鉛筆工業共同組合が表示を止める決定をしたため，現在，市販の鉛筆には JIS マークはない。

＃ 第6章
寡占と市場行動

　市場行動とは，一定の市場構造に規定された企業行動と市場におけるその調整形態のことをいう。寡占企業は，寡占的相互依存関係の認識のもとでしばしば価格の同調的引き上げなどの意識的並行行為を行い，そのような産業では硬直的な価格ビヘイビアがみられる。また，ときに寡占企業は市場における支配的地位強化のための戦略的行動に出る場合もある。ここでは，完全競争・独占・カルテルについて基本的な説明をしたうえで，寡占企業の行動について論じる。

6-1　完全競争・独占・カルテル

(1)　完全競争

　多数の企業が製品同質，参入・退出自由，情報の完全性という条件のもとで完全に独立的に行動している完全競争市場では，図6-1のように個別企業は産業全体の需要と供給の関係で決まる価格を所与のものとして行動する。したがって，個別企業にとっての需要曲線 DC つまり平均収入曲線 AR はここでは水平となり，かつ限界収入曲線 $MR=AR$ となる。また，参入が自由であるという前提のもとではもし超過利潤が発生するとすれば参入により産業全体の供給曲線が右にシフトし市場価格が低下するため，平均費用曲線は平均費用最小のところで平均収入曲線と接することになる。つまり，$MC=MR$ の場合，価格 $P_c=AC=MR$ となる。

図6-1 完全競争

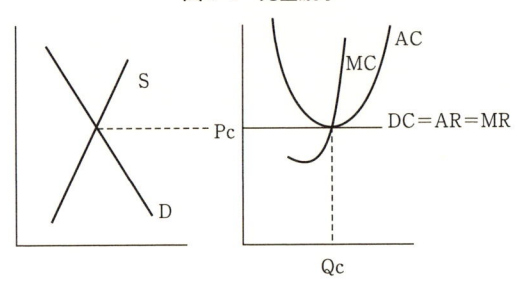

図6-2 独占

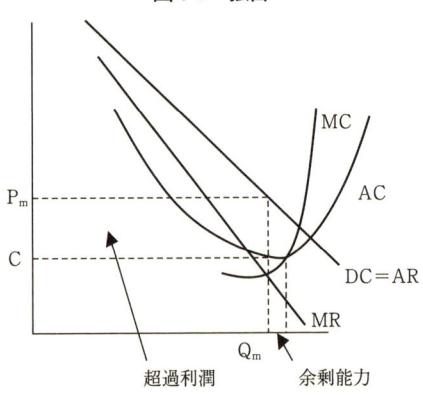

(2) 独　占

　産業内に企業が1つしか存在しない独占モデルにおいては，図6-2のように，産業にとっての需要曲線がその独占企業にとっての個別の需要曲線となるのであって，右下がりの需要曲線が個別企業の需要曲線 DC つまり平均収入曲線 AR となる。そして，この平均収入曲線に対応する限界収入曲線 MR と限界費用曲線 MC が交わる水準で生産量 Q_m が決まり，この生産量での平均収入が独占価格 P_m となる。このような独占価格のもとでは，P_m とこの生産量での平均費用 C の差に生産量をかけた分だけの超過利潤が発生する。また，この生産量では平均費用は最小とならないが，この価格決定のモデルでは費用曲線は短期の費用曲線（能力一定）として描かれており，平均費用最小となる生産

水準は能力をフルに使った生産水準であり，独占のもとでの生産量は生産制限により余剰能力がある状態を示している。

(3) カルテル

　企業が独立的に行動せず，互いに共謀する場合，つまり企業間で協定が結ばれる場合はどうか。生産・出荷数量および価格の協定はカルテルと呼ばれる。カルテルはそれが完全な場合，共同利潤最大化となる生産量と価格を決めようとするので，完全カルテルは独占の場合と同様の生産量・価格の決定となり，そのうえで，利潤分配方式についての取り決めをすることになる（利潤分配カルテル）。このような完全なカルテルの条件としては少なくとも，(1)アウトサイダーが存在しない（すべての売り手が参加している），(2)協定条項が明確である（条項があいまいであったり，あいまいにしか了解されていないと，各売り手の価格政策と生産政策に不一致が生じる），(3)制裁措置が含まれている（すべての参加者が厳密に合意事項を守ること）という３つの条件が満たされる必要がある。今日，多くの国ではカルテルは独占禁止法により禁止されており，明示の協定は証拠を残すことから避けざるをえず，黙示の協定になるという点だけでも，完全なカルテルを結ぶことは困難である。

6-2　寡占企業の意識的並行行為

(1)　寡占的相互依存関係の認識

　寡占のもとで問題となるのは，寡占的相互依存関係の認識[1]ということである。寡占企業相互間のいわば目にみえる競争，つまり寡占企業相互間の対抗性（rivalry）と共謀（collusion）の関係が問題となる。寡占のもとでは各売り手がその産業の総生産量のかなりの割合を供給し，ある売り手が価格や生産量を変更させると，その産業の他の売り手に感知できるほどの影響を及ぼす。多数の企業が存在する市場におけるみえざる手による調整に対して，少数の企業が互いに大きなシェアを占めている市場では，ある企業の行動（例えば，価格引き下げによって相当程度の市場シェアを奪う）によって，他の企業は目にみえ

る影響を受け，しかも，それがどの企業のどの行動によるものであるかを認識しうるのであって，ライバルは場合によれば報復ということも含め何らかのリアクションをする。したがって，寡占のもとで企業が何らかの行動をしようとする場合，それに対するライバルのリアクション（報復等）を考慮に入れたうえでしか行動できない。その結果，寡占企業はしばしば，協定なしでも協調行動をとることになる。

　このような協調行動を一種の共謀と考える場合，これを含む協調行動を本来の共謀であるカルテルに対して広義の共謀と呼ぶ。そして，自己の生産量の決定に対するライバル企業の反応についての各企業の期待を共謀度（反応係数）として取り扱う分析では，第 i 企業に対する第 j 企業の共謀度は，X_i, X_j をそれぞれの企業の生産量として，

$$共謀度（反応係数） a = \frac{dX_j}{dX_i} \cdot \frac{X_i}{X_j}$$

で，$a=0$ はゼロ共謀，$a=1$ は完全共謀，$0<a<1$ は不完全共謀とされる[2]。

(2) 意識的並行行為

　寡占的相互依存関係の認識がある市場のもとでは，例えば価格変更の公表といった寡占企業の行動は，直接の意志疎通がないとしても，「貴社は当社の価格引き上げに同調するか否か。もし同調しないなら，当社は価格引き上げを撤回するであろう」という申し出（あるいは提案）をしているにも等しい。寡占的相互依存関係の認識がある状態のもとで価格変更について直接の意思疎通なしになされるこのような暗黙の申し出は黙契（implicit bargaining）という。そして，この黙契により，ライバル企業が相互に受け入れうる販売価格水準を設定することになる。最もシンプルなケースとしては，

　　　Lの提案（価格公表）―Fの追随

というように，提案者（L, leader）の価格設定にライバル企業が追随者（F, follower）として即時的に同意し，同一価格を設定するケースがあるが，これは価格先導制（price leadership）といわれる。しかし，より複雑なケースと

して，

　　Ｌの提案―Ｆの別提案―Ｌの追随あるいは再提案

というように，ライバルの不同意（別提案）に対してリーダーの追随・再提案というケースも考えられる。

　このような黙契による価格変更の結果，高位集中寡占産業において，しばしば一定期間に集中して全企業の価格変更が行われるという価格の同調的引き上げ（新聞紙上などでは同調値上げ）が行われることになる。このように寡占企業の行動がライバル企業に対する申し出としての意味をもち，その結果，寡占企業が相互に同調的な行動をとることを意識的並行行為という。なお，1977年の改正独占禁止法では，後述のように，高位集中寡占産業において一定期間内（3カ月以内）でほぼ同一幅の価格変更が行われる場合，原価公表を含む報告義務が課されている。

　ところで，このような価格の同調的引き上げが行われる産業における価格ビヘイビア（価格動向）をみると，価格の同一性（価格変更の時期と幅の同一性）と硬直性ということが特徴的であり，このような価格ビヘイビアはこれまで管理価格問題として論じられてきた。つまり，価格の変更は一定時期に一斉に行われ，次の変更の時期までは価格はまったく動かない（硬直的である）。高位集中寡占産業における国内企業物価指数（かつての卸売物価指数）はおおむね，このような価格ビヘイビアを示してきた。

(3) 鉄鋼製品の価格動向

　鉄鋼業は1970年の新日本製鐵の成立によってトップ企業のシェアが圧倒的になり，以後，同社をプライス・リーダーとする価格の同調的引き上げが繰り返され，80年代初頭には独占禁止法にもとづく報告の徴収を繰り返し受けてきた。図6-3は鉄鋼製品のうち鋼矢板・冷延広幅帯鋼・ブリキ・H形鋼の国内卸売物価指数と冷延広幅帯鋼・ブリキの輸出物価指数の月ごとの動きを追ったものである。これによると70年代から83年まで高位集中型の鋼矢板・冷延広幅帯鋼・ブリキでは繰り返し価格の同調的引き上げが行われたことを反映し，

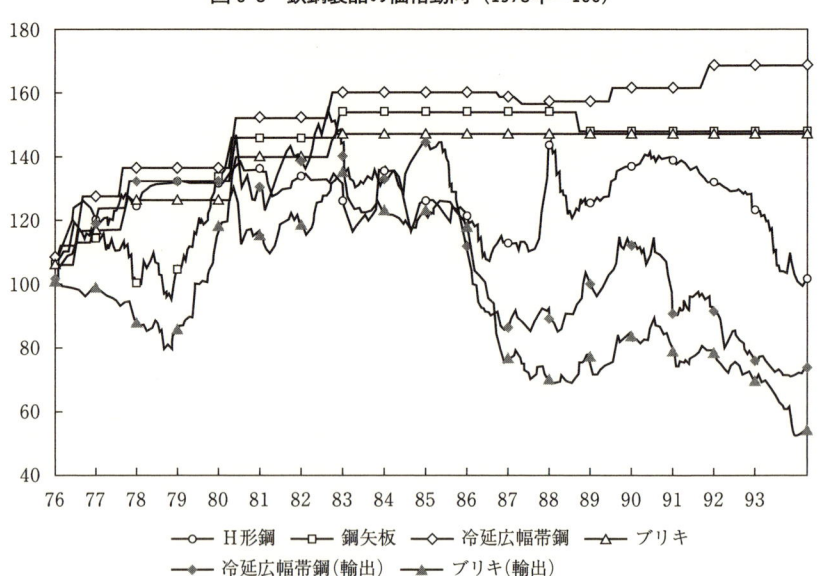

図 6-3　鉄鋼製品の価格動向（1975年＝100）

凡例：―○― H形鋼　―□― 鋼矢板　―◇― 冷延広幅帯鋼　―△― ブリキ　―●― 冷延広幅帯鋼（輸出）　―▲― ブリキ（輸出）

国内卸売物価指数が上昇しており，また，80年代後半の円高以降はそれらの国内価格はまったく硬直的となっている。このような高位集中鉄鋼製品の国内価格のビヘイビアは，これを国際市況を反映した輸出価格（円ベース）の変動と比較するとき，とくに際立ったものであった。輸出価格は83年までの数回の価格の同調的引き上げ時にも逆に低下をみるケースが多く，また，84年以降はNIES諸国の輸出攻勢と各国の輸入規制の動きが強まるなかで円高に先行して急激な下落をみせている。

　しかし，このような協調体制の確立が一方で，すでに80年代において新たな対抗関係の芽を育んでいたことも注目される。つまり，この間，新日本製鐵は，同社の粗鋼生産シェアが70年の36.0％から83年には27.7％まで低下したというように，鉄鋼業全体のなかでその地位を徐々に低下させてきたが，それは，同社の主力製品のいくつかで新規参入を招いたためである。そのなかでもとくにH形鋼では70年代中頃に東京製鐵をはじめとする電炉メーカーが参入し，80年代に入ると，それらの参入メーカーが新日本製鐵をリーダーとす

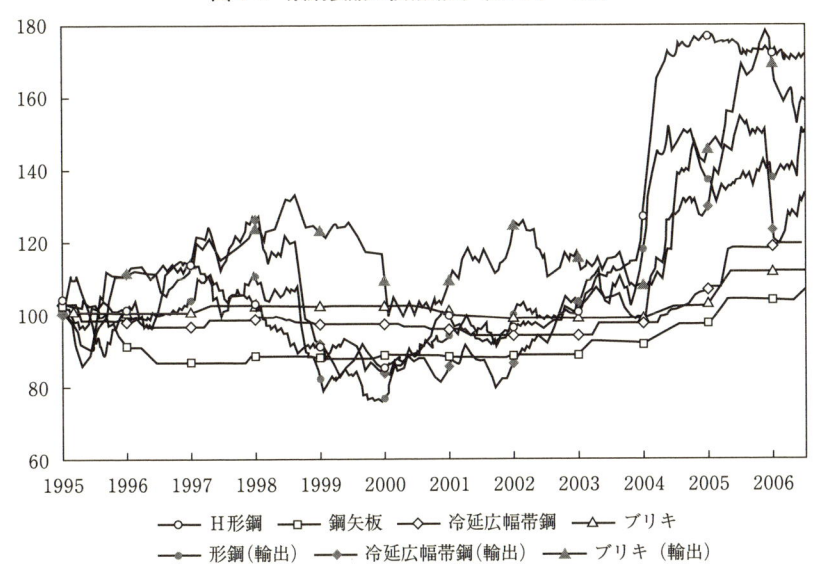

図 6-4 鉄鋼製品の価格動向（1995年＝100）

凡例：
—○— H形鋼　—□— 鋼矢板　—◇— 冷延広幅帯鋼　—△— ブリキ
—●— 形鋼（輸出）　—◆— 冷延広幅帯鋼（輸出）　—▲— ブリキ（輸出）

る価格引き上げに同調しなくなり，さらに82年と84年には「H形鋼戦争」といわれる激しい価格競争を呼び起こすに至る。以後，86年の円高不況時の暴落など，H形鋼の価格動向は市況性の強いものとなった。そして，70年当時には60％に近かった新日本製鐵のH形鋼での生産シェアは87年には20.4％となり，代わって東京製鐵が21.3％と首位の座を得る。

その後，平成不況以降の鉄鋼製品の価格動向を図6-4によってみると，国内価格での高位集中品目の段階的な価格の引き上げとその間の硬直性に対して，それらの品目の輸出価格とH形鋼の国内価格の変動が対照的であるという70～80年代にみられた現象は，かなりの変化をみせているように思われる。そして，そういった価格動向の微妙な変化の背後には，東京製鐵が熱延広幅帯鋼や鋼矢板のような高炉メーカーの独占分野に参入するなど，電炉メーカーの攻勢に対し，高炉メーカーが電炉対策として電炉メーカーの再編成に関与したり，さらに自らスクラップを原料とする新製鋼法を開発するなど，高炉メーカー対電炉メーカーの間の競争がさらに厳しくかつ広範になってきたこと，その

なかで90年代半ばまでは高位集中寡占品目として公正取引委員会が「価格の同調的引き上げに係る監視対策事業分野」としていた鋼矢板，冷延電気帯鋼，ブリキが年次によっては対象品目から外される状態となったこと，また，円高のなかで韓国をはじめとする輸入鋼材が一定のシェアを占めるようになったことがある。とはいえ，2000年代初頭までは，高炉メーカー間の協調体制は維持され，鋼矢板，冷延広幅帯鋼，ブリキの国内価格のビヘイビアは非常に硬直的である。これに対し，それら3品目の輸出価格は国際市況を反映した変動となっているが，ここでは，90年代初頭の国際市況の暴落の反動とアジア諸国の需要増を受けて95年基準の指数では90年代後半に輸出価格が国内価格を上回っている。一方，H形鋼では若干のラグはあるものの，国内価格と輸出価格はほぼ類似の変動をみている。

　鉄鋼業界は2000年1月に「ゴーン・ショック」に見舞われる。素材の取引はそれまでチャンピオン交渉・固定シェアが慣行であり，例えば自動車用薄板では新日本製鐵とトヨタ自動車という最大手が交渉して決まった価格水準で他の高炉各社も納入し，また，各社のシェアの割り当ては固定していたが，このときの日産自動車の「購買改革」によりこの方式が崩壊し，新日本製鐵のシェア割り当てが28％から60％近くに倍増した[3]。それ以来，新日本製鐵は業界内で協調路線から「強者路線」に転じ，さらに国際提携でも積極策に出る。しかし，自動車メーカーなどのユーザーに対してもっていた高炉メーカーの交渉力は崩れることになる。その結果，2000年代に入って以降，図6-4でみるように，鋼矢板，広幅帯鋼，ブリキといった品目でも価格の上下変動が比較的目立つようになってきている。なお，2003年以降の鉄鋼製品の価格変動は主に中国での需要急増を反映した国際市況の高騰に主導されたものであったが，それとともに，これまた中国の影響でくず鉄やコークスなどの素材原料の調達が困難になっているためでもある。

(4) 価格の硬直性と屈折需要曲線

　寡占的相互依存関係のもとでの価格の硬直性についての古典的な説明とされるものにP. スウィージーの屈折需要曲線がある[4]。彼は，企業が価格変更する

第6章　寡占と市場行動

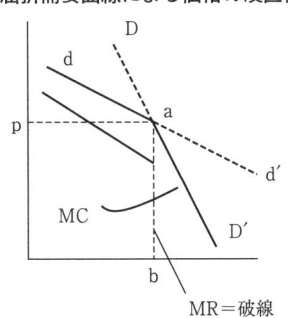

図6-5　屈折需要曲線による価格の硬直性の説明

際，自社の価格変更に対して他社がどのようなリアクションをみせるかということに関する想定によって，個別企業の需要曲線が決まるとする。その場合の想定は，自社が価格を引き上げる場合にはライバルは価格を変更せずシェアを拡大するであろうと考え，また，自社が価格を下げてシェアを拡大しようとすればライバルはこれに対抗して価格を下げるであろうというものである。要するに，価格を上げる場合も下げる場合もライバルは自社に不利となるような行動をするだろうという臆病な（timid）想定にもとづく個別企業の需要曲線を考えることによって，価格の硬直性を説明する。図6-5では，dd' は自社の価格変更に対して他社の価格が変化しないと想定した場合の需要曲線であり，DD' は自社の価格変更に対してライバルも価格変更すると想定した場合の需要曲線である。そして，自社の価格変更に対するライバルのリアクションについての上述の臆病な想定からすれば，ここでの需要曲線つまり平均収入曲線は daD' といった屈折した需要曲線となる。この平均収入曲線に対応する限界収入曲線はこの屈折点に対応する生産量で破線となり，限界費用曲線がこの破線を通ることにより，生産量 b と価格 p が決まる。また，限界費用曲線がこの破線の間を通る限り，費用条件の変化は価格に影響を及ぼさない。

(5) 独占禁止法における寡占規制

1977年の独占禁止法改正は，カルテル等の取引制限的行為の規制の強化とともに，寡占的市場構造そのものに対する規制措置（「独占的状態に対する措

置」と「価格の同調的引き上げに対する報告の徴収等」）を設けたことに1つの特徴があった。この法改正における寡占対策は，まず「独占的状態に対する措置」についていえば，それは「営業の一部譲渡その他競争を回復させるために必要な措置」（つまり，寡占状態という市場構造の是正措置である企業分割）を是正措置とするものであるが，この場合の「独占的状態」の定義としては国内総供給価額500億円超（現在，1,000億円超）で市場占拠率（シェア）1社50％超，2社75％超というきわめて高度な集中状態を前提としており，また，その発動要件として「国際競争力の維持が困難とならないこと等」および「他の競争回復措置がとられないこと」があげられており，実質的にその発動を期したものでなく，事実としても，法改正後この措置が講じられたことはまったくない。

また，「価格の同調的引き上げに関する報告の徴収等」（「価格の同調的引き上げに係る監視対策事業分野」は当初は国内総供給価額300億円超で，上位3社の市場占拠率70％超。国内総供給価額は現在600億円超）については，管理価格の規制を市場構造の規制ではなく，意識的並行行為という行為の規制によって行おうとしたものである。しかし，意識的並行行為についてはカルテル規定の援用によりこれを違法とする立場もあるが，これにより違法の推論はなしえても，排除措置の対象となる行為を特定化することは困難である。つまるところ，これは原価を公表させ社会的批判にさらすことにより「抑止効果」を期待するものであり，それが排除措置としての実体をもっているわけではない。

6-3 戦略的行動と垂直的制限・アフターマーケット

(1) 適応的行動と戦略的行動

これまでみてきた寡占のもとでの市場行動は，市場構造に対応した企業行動とその調整形態という側面に焦点を当てたものであり，寡占的相互依存関係のもとでの意識的並行行為が問題とされた。このような市場構造に対応した適応的行動に対して，むしろ市場構造への積極的働きかけという側面で企業行動をみる戦略的行動に関する議論がある[5]。戦略的行動は，自己に有利となる行動

をライバルに取らせるべく,ライバルの意思決定に影響を与えようとする行動,あるいは,ライバル企業の選択に影響を与えるために企業が利用できる行動であるが,そのことをつうじて市場構造に働きかけ,その変容もしくは維持を図る点で適応的行動と対照的である。企業戦略論においても経営環境に対する企業の積極的な働きかけが課題となるが,この経営環境のなかの重要な側面が市場構造ないし業界構造であり,ここでいう戦略的行動と共通の側面をもつ。

(2) プレデーションと戦略的行動

戦略的行動においてこれまで反トラスト政策との関連で重視されてきたのは,略奪的価格設定(predatory pricing)である。略奪的価格切り下げは,長期的に競争水準以上に価格を上昇させ利潤を増大させるべく,短期的に価格を引き下げることである。つまり,ここでは,低価格(ときにコスト割れを含む)を設定し,市場シェアを高め(ライバルの排除等による),市場支配力を得た後に高価格により超過利潤を得る支配的企業の行動が問題とされる。

プレデーション(略奪的行動,predation)の手段としては,このような価格設定のほかにも,アメリカの反トラスト政策のなかでは,新規参入者に対抗するために行ったアルコアの生産能力増強に対する1945年の判決や,エクスプローラの開発をライバルのコスト上昇戦略としたマイクロソフト訴訟における司法省の見解など,いろいろな形で問題にされてきた。しかし,例えばエクスプローラ開発のための投資戦略については,そのライバルであるネットスケープ等の企業も十分な資金力をもっており,必ずしも信頼可能な戦略とはいえないという見方がある。

略奪的価格設定についても,最近の反トラスト政策のなかでは,プレデーションはそれを行う企業にも負担がかかるのであって,市場支配した後に,プレデーションの間に生じた損失を埋め合わせる(recoup)のに十分な期間にわたって市場封鎖を行う能力があるか否かを問う「埋め合わせテスト」が有力視されており,このような戦略的行動を反トラスト政策上違法とされるプレデーションと考えることに強い疑念が出されている。それとともに,マイクロソフト訴訟では,ウィンドウズと抱き合わせたエクスプローラのゼロ価格販売が略

奪的価格切り下げとして訴えの対象となったが，この点では，ネットスケープのナビゲーターも無料配布されたことがあり，むしろ，ネットワーク効果が働く産業における企業戦略としての側面を評価する見方もある。さらにまた，市場シェア拡大を狙った価格引き下げはそれが寡占企業双方に大きな痛手を与える全面的価格戦争につながる危険性をはらんでいることも無視できない。

　また，戦略的行動という場合，下位企業あるいは参入者を駆逐し，市場支配につながるような反トラスト法上問題となるケースのみならず，下位企業の戦略的行動を含む。そこでは，寡占のもとでの積極的競争による競合関係強化の可能性もある。ビール業界において1984年のCI委員会設置以降，「容器の差別化」から87年のスーパードライなど，「味の差別化」へと展開したアサヒビールの積極的な差別化戦略は，そういった例の代表といってよいであろう。アサヒビールのシェアは85年当時9.6％で，装置型産業において規模の経済性を享受できる限界にあったが，そのなかで，嗜好品における人の嗜好の保守性に依存してきたビール産業において同社は思い切った差別化を行うことで，トップ企業の行動を制約し，88年には20.8％，89年24.9％と，一気にシェアを確保した。逆に，キリンビールは86年に60％台を，89年に50％台を割り，その後，98年にはアサヒが39.5％，キリンが38.4％と首位が交代する。

　なお，価格設定行動には，選択的価格差別といわれる特定の地域ないし顧客のグループに対する価格差別がある。このような価格差別としては，かつて70年に松下電器が日本国内より安い価格でアメリカにおいてテレビを販売したとして訴えられた日本製テレビ・ダンピング事件がある。この事件は，86年の最高裁判決で実質的に決着するまで15年余の歳月を費やすことになった。また，パソコンでは，アカデミック・ディスカウントということで教育用にとくに安く販売することがあるが，これはネットワーク効果とスイッチング・コストを狙った企業の戦略とみられる[6]。

(3) 垂直的制限

　カルテル（価格協定）は「不当な取引制限」として独占禁止法上，当然違法 (per se illegal) とされ，原則禁止であるが，略奪的価格設定はここでみる各

種の垂直的（取引）制限とともに，「不公正な取引方法」として合理の原則（rule of reason）に従うものとされ，その違法性についてもケース・バイ・ケースの取り扱いとなっている。垂直的制限のうち再販売価格維持はメーカーが流通の各段階での価格を拘束するもので，廉売に対する対策として再販を認められた指定再販商品は1997年に化粧品と医薬品が全面禁止された。そのため，現在残っているのは，著作物としてとくに容認されている新聞，書籍，雑誌，音楽CD，レコード盤，音楽テープの6品目のみである（音楽関係3品目は時限再販）。また，差別的取り扱いによる競争者の排除としては排他的条件付取引がある。これは，取引相手のうち特定の者との取引を排除する行為，つまりボイコットであり，そのうち自己の競争者と取引しないことを条件とした取引である拘束的契約は，市場支配力を有する企業がこれを行った場合，そのライバル企業との競争関係を阻害することになる。

　排他的取引はしばしば抱き合わせ契約の形をとることがある。公正取引委員会は98年に，マイクロソフトが表計算ソフトのエクセルにワープロソフトのワード等を抱き合わせたとして勧告を出すとともに，さらにナビゲーターをとりはずすことを条件としてウィンドウズのライセンス料を引き下げたことで警告を出している。また，アメリカでのマイクロソフト訴訟の焦点は，ウィンドウズにエクスプローラを抱き合わせることでウィンドウズの独占的地位を濫用したというものであったが，このケースではエクスプローラのプレインストールが他のブラウザのインストールを排除するものでないということから，その違法性に疑問を提示する論者が多かった。なお，抱き合わせは本来，排他的取引による競争制限につながることが問題とされるが，日本においてはこれまで，94年にゲームソフトのドラゴンクェストIVの発売時に在庫品を抱き合わせて販売したというように，人気商品に便乗した不用品強要型の抱き合わせの例がしばしば話題となってきた。

(4)　アフターマーケット

　コンピュータや情報通信機器の発達のなかで，当初は機器そのものと一体化して販売されていたその周辺機器やソフト，保守・修理サービスの市場が独立

したものとして形成される(アンバンドリング)ようになる。このような市場としてのアフターマーケットは1970年にIBMがソフトウェアのアンバンドリングを行い,ハード(メインフレーム)については3%値下げするとともに,ソフトその他のサービスの有料化を行ったときから注目されるようになった。このIBMの例で分かるように,ここでは,耐久財の価格を下げてその普及あるいは市場シェアの拡大を図りつつ,アフターマーケットで収入を確保するというメカニズムが働く。

このようなアフターマーケットでの市場支配ということが反トラスト政策上,知的財産権とも関連して重要な論点となっている。とくに80年代初頭から97年の控訴審判決まで長期にわたって争われたコダック事件と,コダック事件と類似の事件でありながらそれとは逆の判決となったゼロックス社にかかわるISO (Independent Service Organization) 事件は,この問題を考える好例である[7]。つまり,コダック事件では,コダック社が同社製機器の保守・修理サービスのために必要な同社に特許権のある修理用部品の独立サービス業者への提供を拒絶したことに対し,判決は意図的な独占力維持行為として,「合理的かつ非差別的な条件」での独立サービス業者への販売を命じた。この判決は知的財産権行使に対して反トラスト政策の介入を強めるものとして評価されたが,これに対し,ISO事件では,ゼロックス社が一部機種で独立サービス業者への部品の販売を拒絶したこと,あるいは,エンドユーザー向けの部品価格とサービス業者向けの部品価格に大きな差があることが争点となるが,特許事件を扱うために82年に創設された連邦巡回控訴裁判所(CAFC)は2000年に,「特許権のある部品を販売し,あるいは,ライセンスを与えることに対するゼロックス社の一方的拒絶」は特許法上のパテントミスユースや反トラスト法上の違法な排他的行動を構成するものではないという地裁の判決を支持した。このように,特許権にもとづく取引の拒絶に対する反トラスト上の取り扱いには大きな振幅がみられるが,その流れとしては特許権優位の方向への転換の兆候がみられる。

なお,耐久財とアフターマーケットの価格決定については,買い手が耐久財のライフサイクル・コスト(耐久財の購入価格と保守・修理のコストの合計)

を最小化するということを前提とすれば，アフターマーケット価格の上昇は耐久財の価格低下で相殺される。いずれにしても，このようなケースでは耐久財市場からアフターマーケットへ収入を移転する誘因が働くのであって，この移転収入を保護するメカニズムとして，抱き合わせ，および特許権のある部品や著作権のあるソフトの販売拒絶といったビジネス慣行をとらえることができる[8]。

1) この概念も Chamberlin, E. H. (1962) による。
2) Cowling, K. (1982) 訳 41 ページ。
3) 『日本経済新聞』2001 年 5 月 29 日。
4) Sweezy, P. M. (1939).
5) 適応的行動と戦略的行動という表現は，Clarke, R. (1985) 訳 257 ページ参照。
6) 価格差別と価格引き下げ戦略については，伊藤元重 (2004) 第 2 章で興味深い例が多くあげられている。
7) この 2 つの事件については，安喜博彦 (2003) 96-98 ページ参照。
8) Herndon, J. B. (2002).

第7章
製品差別化

7-1 伝統的な差別化論

(1) 大量消費社会における差別化概念

　製品差別化（product differentiation）概念はもともと，同一市場内における様々な売り手の生産物の間の差別とされ，その場合の差別の内容は買い手の選好の違いにある。要するに，製品差別化は同一市場内で諸製品間の代替可能性が不完全である状態を示している。このような状態に差別化という表現が使われたのは，企業の意識的行動（製品差別化政策）の結果として買い手の選好に差異が生じることに着目されたからである。

　アメリカで大量消費社会の幕開けとなるT型フォードの生産が始まるのは1908年であるが，フォード生産システムは規格化された部品によって規格化された製品を流れ作業で大量生産するものである（これに対し，GMが複数製品ライン(多品種生産)とモデルチェンジ政策で対抗するのは20年代後半以降である）。そして，大量に生産されたものを大量販売するその手段として広告・宣伝，セールスマンによる販売，包装など，各種の販売促進策（sales promotion）が工夫される。製品差別化はもともと大量生産された標準製品の差別化という側面をもっていた。J. K. ガルブレイスはその著『ゆたかな社会』で「依存効果」ということを言っているが，それは「欲望は生産に依存する」ということで，大量消費社会における「生産の優位」を強調するものであった。

(2) 独占的競争論

製品差別化概念は E. H. チェンバレンの独占的競争論において提起された概念である[1]。彼は企業数多数で参入容易でありながら，差別化のあるケースとして独占的競争のモデルを示したが，J. ロビンソンもほぼ同時にこれと類似の不完全競争モデル[2]を展開しており，しばしばこの両者のモデルの異同が問題にされてきた。しかし，買い手の選好の差異を取り上げ，完全競争と完全独占の中間的な市場における均衡条件を明らかにしようとした点では両者は共通であり，異なっている点としては，チェンバレンの場合，選好の違いを生じる要因として製品差別化という概念を用いていることがある。イギリスの研究者であるロビンソンと異なり，大量消費社会に直面したアメリカのチェンバレンの場合，この概念がこれを生み出そうとする企業の行動と結び付けて使われていることが注目される。

チェンバレンのモデルでは製品差別化に起因する買い手の選好の相違により個別企業の需要曲線が独占の場合と類似の右下がりの曲線となる。しかし，このケースでは参入は自由であり，もし超過利潤が発生するなら，参入により当該企業の個別の需要曲線つまり平均収入曲線はそれが平均費用曲線と接するところまで左にシフトし，超過利潤は消滅する。ここでは，限界収入曲線と限界費用曲線が交わる生産量 A では価格と平均費用は E で等しく超過利潤は消滅している。ただし，生産量 A では平均費用は最小でなく，余剰能力が存在する（資源の浪費としての製品差別化）。このようにして，独占的競争論は企業数が多く一見競争的にみえる市場においても製品差別化によって資源の浪費という

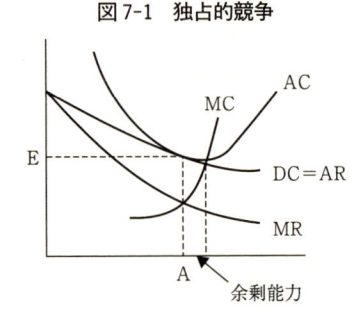

図 7-1 独占的競争

独占問題が発生することを指摘した。

(3) 製品差別化の原因

　競合製品について買い手が特定の製品を別の製品よりも選好することになる理由としては，①製品の品質やデザインの差異といった製品の物理的性質にかかわるもの，②付帯サービスの供与，③売り手の説得的販売促進活動としての広告・宣伝，④流通経路の支配，⑤銘柄に対する選好，⑥売り手の所在地，⑦買い手の無知といったさまざまな要因をあげることができる。このような要因のうち，①から⑥の要因は売り手側の要因であり，それらは企業がとる差別化政策の手段でもある。また，それらの諸要因はどれか1つというわけではなく，複合的に働く。

　以上の諸要因のうち，伝統的な製品差別化論において最も重要視されてきたのは，③の説得的販売促進活動としての広告・宣伝である。広告・宣伝は一般的に，情報を提供することで買い手を説得するのであって，情報提供的機能と説得的機能の両面を有するが，伝統的な差別化論では大量に生産したものを大量に販売するための説得的機能を強調する傾きがある。また，広告・宣伝のための媒体としてはテレビなどの電波メディアと新聞・雑誌などの活字メディアがあるが，電波メディアはいずれかというと説得的機能がより強く働くのに対して，活字メディアは情報をじっくり確かめることができ情報提供的機能がより強い。インターネットをつうじた広告・宣伝はその種類によってこの両側面のいずれかがより強く働くことになり，媒体として一般的にいずれということはできない。また，広告の効果については，「のれん（暖簾，goodwill）」効果ということがいわれるが，これは店先にかけられている「のれん」が長い伝統をもつことによって信用を得るように，広告の効果は過去の累積した広告量によるという考え方である。なお，企業の規模（売上高規模）と広告費の関係をみると，同一業種の企業を比べると，規模の小さい企業ほど広告費・売上高比率が高くなる。とくにこれまでの日本の広告は全国ネットワークの電波メディアに依存する割合が高く，この傾向が大きい。

　①の製品の物理的性質の変化ということでは，1920年代後半のGMの複数

車種の展開とモデルチェンジ政策が初期の代表例である。しかし，大量生産した標準製品を大量販売するための差別化ということでは，モデルチェンジは必ずしも実質的な差異を生み出すものとはいえないマイナーチェンジが中心となり，アメリカの乗用車ではテールの位置の変更等のマイナーチェンジが繰り返された。ただし，このようなモデルチェンジと多品種化の積み重ねが製品機能の高度化，新製品の開発につながる側面があることも注目される。例えば，ソニーのウォークマンはテープレコーダーの改良のなかで生まれたが，結果としてテープレコーダーとは別の製品として認知されるようになる。モデルチェンジと多品種多仕様化の進展は，今日，消費者のニーズの多様化への対応としての側面をもっており，その面から差別化をみると，7-2でみる製品特性としての差別化の議論となる。

　②の付帯サービスの供与はしばしば，④の流通経路支配と結びついている。電気製品や乗用車の系列店をつうじた修理その他のアフターサービスへの消費者の期待は，耐久消費財の普及期において流通系列網をもつメーカーの製品差別化の手段となった。もっとも，最近では修理等も大型専門店で可能であり，付帯サービスの供与という点では，系列店のもつ役割は減少している。一方，パソコン等では，ケア・プロテクション・プランを付帯するなど，サポート・システムをメーカーが保障するケースがあるが，これは製品特性の一部を構成するものといってよいであろう。④の流通経路支配は日本においてこれまで耐久消費財における製品差別化の有力な手段となってきた。流通系列化は，自動車のディーラーのように資本結合がある場合と，家電の専売店制のように資本関係のない組織化の場合がある。⑤の銘柄に対する選好は一種のブランド信仰が消費者の選好を引きつけるケースである。このブランド信仰は，広告の「のれん」効果（積み重ね），製品・サービスに対する実際の信頼，あるいは世間の評判といったものが混ざり合ったものといってよいであろう。また，マーケティングの一環としての企業のブランド戦略の役割も大きい。⑥売り手の所在地は，かつての灘の酒や西陣織といった生産地の評判が特定の製品に対する選好を高める要因となっているケースである。近年では生鮮食料品を含めご当地ブランドが続出しているが，これも所在地による選好を高める生産者の戦略と

いう側面がある。

　以上の売り手側の要因に対し，⑦の買い手の無知が差別化要因になるというのは，差別化が大量生産・大量販売のなかでの標準品の差別化としてとらえられる限り，買い手が製品に対する知識を十分にもっておれば差別化は成り立たないということを示している。買い手の不完全知識ないし慣行が差別化を成り立たせているということになる。その点では差別化はもっぱら消費財にみられ，生産財ではたとえ広告・宣伝が行われる場合でも，求人を目的としたものを除けば，専門誌等によるきわめて情報提供的なものとなる。また，消費財でも，差別化は効用認知が困難な場合に有効であって，機能が複雑な耐久消費財や，薬品，化粧品，嗜好品，贅沢品，贈答品などにおいて差別化要因が働きやすいとされる。また，差別化の進展はときに，「顕示的（見せびらかしの）消費（conspicuous consumption）」を促すことも差別化の問題点とされてきた。なお，日用必需品では購入回数が多く効用認知は容易であり，差別化は弱い。

(4)　差別化論批判

　集中論と同様，差別化論についても，とくに広告の役割を中心として，いわゆる新シカゴ学派および新オーストリア学派といった新自由主義の経済学の立場に立つ批判がある。これらの批判はおおむね，広告の説得的機能ではなく情報提供的機能を評価する，あるいは，この両機能を区別すること自体を問題とする点では共通しているが，立論の仕方にはそれぞれの特徴がある。

新シカゴ学派
　新シカゴ学派では広告を製品の品質を形成するインプットの1つとみるH. デムゼッツの見解が代表的なものである[3]。つまり，彼によれば，広告は製品に情報としての価値を付加するのであって，広告が出されているからその商品を購入するという消費者の行動は，広告による品質保証に対して対価を支払っていることになるという。このような立場は，広告によって自分に必要なものを自分で探すコストを節約し，かつ，自分に必要なものを確かに入手することができるということを積極的に評価するものである。また，Y. ブローゼンは，

広告が情報に対する消費者の願望に答えるものであり，広告は競争がきびしく，より不安定で，参入が多く，成長率が高い産業ほど必要になること，広告の増大によって販売高が増大し，結局，低価格を生じることを指摘する[4]。

新オーストリア学派

市場過程論に依拠する新オーストリア学派では，I. カーズナーによれば，消費者の嗜好に関する情報もまた，企業家的機敏性によって追求されるものであり，消費者の需要タイプを探索し，かつ，それを消費者に知らせる行動が製品差別化であるとすれば，それは競争に固有なものであるとされる[5]。そして，企業家の役割は，製品の生産によって消費者に購買機会を与えるだけでなく，その購買機会を利用できることを知らせることにあるとして，機会の利用可能性を消費者に知らせることに広告の役割を求めている[6]。また，D. T. アルメンターノも，消費者が気づくべき情報が市場過程において知らされる方法として広告をみており，広告が製品市場を拡大し，よりコストのかかるそれほど有効でないマーケティング・テクニックに取って代わることによって，製品の総コストが低下するのであって，それが参入障壁として機能するとしても，それは何ら問題ではないとする[7]。

7-2 製品特性としての差別化と立地モデル

(1) 製品特性としての差別化

TIO では，差別化の内容となる買い手の選好の差は，特定の売り手に対する買い手の選好，つまり，例えば買い手がB社よりA社の製品を選好するという形でとらえられている。それに対し，今日，消費者ニーズが多様化し，顧客層により選好に差が出てくることが問題となる。ここでは，買い手の選好は製品の特性をめぐるものとなる[8]。つまり，この場合は，A社の製品を選好する消費者とB社の製品を選好する消費者，あるいは，同じA社のaのブランドを選好する消費者とbのブランドを選好する消費者というように顧客層により買い手の選好に差があるケースである。

製品特性として差別化をみる場合にも，顧客層の違いを超えて一般的に製品特性に対する選好が共通である場合，例えばその特性の差が品質の差である場合がある。そのような差別化は垂直的製品差別化と呼ぶ場合があるが，それに対して先にみた特定の顧客層が特定の製品あるいはブランドを選好するといった形の差別化は水平的製品差別化と呼ばれる。もちろん，垂直的差別化でも顧客層によって製品特性（品質）と価格の間で選好が異なることもあり，その場合には例えば100円ショップでの購入者のように価格に対する選好が強い買い手は劣位の製品特性を選好することになる。

(2) 立地モデル
最も単純なモデル

水平的製品差別化のもとでの競争はしばしば，立地モデルを用いて説明される。つまり，コンビニエンスストアやガソリン・スタンドなどの立地問題の類推として，立地間の距離を製品特性の差の問題と置き換えることによって説明される。まず，図7-1の上段では直線のなかのある点に2つの店が立地するとし，また，この直線内のすべての消費者がこの直線上のどこで商品を購入しても純余剰が生じる（商品を購入することによる効用が店まで移動するためのコストより大きい）として，もしA店が左端に立地するとすれば，B店はそのすぐ右側に立地すれば直線上のほとんどすべての消費者を顧客とすることができる。そうだとすれば，もし立地の変更が可能であれば，当然，BはAのすぐ右側に移動する。このようなことが繰り返されると，結局，AとBはともに中央に並んで立地することになる。これを差別化ということで考えると，両者とも同じ特性をもった標準品を売るということになる。この場合，隣同士の企業（あるいは類似の標準品を売る企業同士）は同じ顧客を相手に価格競争を強いられるであろう。

このような事態を避けようとすれば，もう1つの可能性としてAは直線の左端，Bは右端というようにともに両端に立地することが考えられる（図7-2下段）。この場合には，両者ともそれぞれ左半分と右半分の顧客を分け合うことになる。これを差別化でいえば，ともに標準品から最も離れた両極の製品特性

図7-2 立地モデル（最も単純なケース）

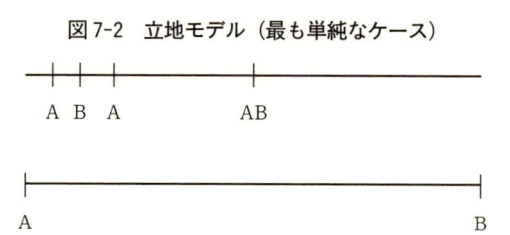

```
    |--|-|--|---------|---------|
       A B A          A B

    |-------------------------------|
    A                               B
```

図7-3 円環モデル

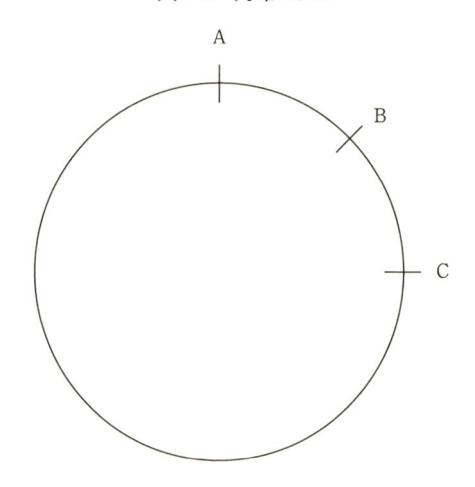

（円環上にA, B, Cが配置された図）

をもった製品で自己の顧客を取り込むということになる。

円環モデルとブランド増殖

　以上の直線を用いた立地モデルは両端があるが、この限界を超えた部分も含むモデルとして円環モデルがある。円環モデルでは消費者と企業は円周上に存在するものとされるが、この場合、各企業の製品を買う消費者の受け取る純余剰を一定とすると、状況の違いにもよるがおおむね、企業は互いに等間隔に立地することになる（図7-3におけるA，B，C）。円周全体で企業が等間隔に立地するとき、円周の長さをx、企業数をnとすれば、企業間の間隔はx/nである。ここでもし消費者にとって純余剰が生じる移動距離がyまでとすると、

x/n が $2y$ より短い場合には，程度の差はあれ一部の消費者は隣接する企業のいずれから購入しても純余剰が生じるのであって，隣接企業間には競争関係が生じる。これに対して，x/n が $2y$ より長い場合には，消費者は最も近い企業から購入することによってのみ純余剰が生じるのであって，各企業はそれぞれの立地において顧客を分け合うことになる。また，純余剰が生じないところにいる消費者はどの企業からも購入しない（隙間ができる）。これを製品差別化に当てはめると，消費者の各種のニーズに合わせて企業が製品特性の違いを出すが，製品特性の種類があまりに多くなると製品特性間の競争が生じることになる。また，製品特性の種類があまりに少ないと，購入機会のない消費者が存在する（隙間）ことになり，この消費者を獲得しようとする参入者が現れるであろう。

ここまでは企業の立地としたが，これに対し，同一企業が複数の店舗をもつと考えることもできよう。コンビニエンスストアの成長期（70年代末から80年代初頭）には，例えばセブンイレブンが首都圏において，また，ローソンが関西圏において集中的に多店舗展開したが，このような集中的多店舗展開はドミナント戦略といわれる。このドミナント戦略は，一定地域で先行したコンビニエンスストアがその地域内でフランチャイズ網を敷き詰め，隙間を埋め尽くすことにより，後発のコンビニエンスストアのその地域での参入を阻止する戦略であった[9]。

このような立地におけるドミナント戦略に相当する差別化戦略として，ブランド増殖による参入阻止戦略がある。アメリカのシリアル食品や日本の即席めんの市場では主力企業はきわめて多数のブランドをもっているが，これは，コンビニエンスストアがフランチャイズ網を敷き詰めようとしたように，ブランドを増殖させて消費空間を隙間なく埋め尽くして参入を抑止する戦略とみることができる。特定の顧客層ごとに市場を細かく分けることを市場細分化（segmentation）と言うが，特定の顧客層を狙った市場セグメントに対応したブランドを多数用意し，市場の隙間を埋めるというのがこのブランド増殖である。即席めんでは，関東圏と関西圏では塩分の量が異なるなど，各地域の嗜好に合わせたブランドや，高齢者向けと若者向け，健康志向を意識したブランド，ご

当地ラーメン・ブームに対応したブランド等々，実にさまざまなブランドがある。しかも，市場が拡大したり（円環モデルでは円周が大きくなる），消費者のニーズが変化したりするのにともない，隙間が絶えず生じるため，既存企業はこれに対応する新たなブランドを常に用意することになる。即席めんの主力企業では毎年100を超える新製品（新ブランド）開発に努めているといわれる。

7-3 寡占的相互依存関係のもとでの差別化

(1) 製品差別化と意識的並行行為

　前に第6章で寡占的相互依存関係の認識がある状態のもとでの意識的並行行為について論じた。価格変更についていえば，価格変更の公表が直接の意思疎通なしになされる暗黙の申し出としての意味をもち，その結果，価格の同調的引き上げが行われる。このような過程は差別化寡占のもとではどうなるのか。差別化寡占のもとではまず第1に，買い手の選好のより強い売り手の製品で高目の価格が設定可能であるとすれば，製品差別化のもとでの価格の同調的引き上げは価格差をともなう同調的引き上げとなる。例えば家電製品の価格設定をみれば，同レベルの製品を比較すると，ブランド力のある企業の製品がやや高く設定されているケースが多い。

　しかし，第2の点としては，今日の差別化は，説得的販売促進活動が製品開発をともなうマーケティング政策として行われることにその特徴がある。つまり，企業が意識的並行行為を行うとしても，それは製品のモデルチェンジや新製品の開発のなかで行われるのであって，寡占企業は互いに相手企業の類似製品（同格の銘柄）の新モデル・新製品の開発状況をにらみながら自己の新モデル・新製品の開発を進め，そのうえで，各社ほぼ同時に新モデル・新製品の発表に至る（日本では家電製品などはボーナス時期に発表されることが多い）。価格の同調的引き上げが行われるとしても，それはこの新モデル・新製品の価格が旧モデル・旧製品より高く設定されるという形をとるのであって，それが「引き上げ」であるか否かは，新モデル・新製品の品質・機能の向上を勘案したうえで判断せざるをえない（『企業物価統計』では，モデルチェンジにとも

なう価格変更については，「品質等の相違に起因する部分」の大きさによって品目指数の動きが決まるのであって，価格引き上げが行われる場合でも，品質等の相違がそれを補ってあまりある状態では，逆に価格の実質的引き下げと判断される）。

そして，第3に，このような新モデル・新製品の開発が多品種多仕様化（乗用車では多車種多車型多仕様化）の展開のなかで行われているため，価格の公表は，新製品発表に際し，仕様ごとの価格体系を公表することになる。とくに乗用車の場合には，新モデルの発表に際しては，そのモデルの複数の車型とそれぞれの車型での多面にわたる仕様・オプションの価格が公表される。この多品種多仕様化の進展は差別化をともなう意識的並行行為をきわめて複雑なものにし，ときにはその検出を困難としている。

(2) 乗用車における各社のモデルチェンジ

乗用車は，耐久消費財のなかでもとりわけ多品種多仕様化（多車種多車型多仕様化）が進んでおり，各社とも複数の銘柄（車種）をもち，また，各銘柄のなかでの型式（車型）・仕様も多様である。そして，この多様な車種と車型・仕様に応じた細分化した価格体系がフルモデルチェンジ時には全体として，また，マイナーチェンジや車型の追加，仕様の変更に際してはその程度に応じて部分的に改定される。さらに，上位メーカーは1つのクラスに複数の車種を有しており，その価格体系はより複雑になる。そのため，企業間の価格設定行動の調整プロセスはきわめて複雑で目にみえにくいものとなっている。

過去に遡ると，バブル期の1980年代後半の時期は，各車種の上位車型のグレードアップにより1車種内での価格帯の幅が広くなる傾向があったが，一方では車種構成の編成替えにより各車種の価格帯を絞り込む傾向もあり，対抗車種の関係はより複雑かつ流動的になり，各車種の価格体系の対応関係も複雑化した。しかし，この時期（86年から90年）の新型車の発表を逐一みてみると[10]，普通車ブームに火をつけた88年1月の日産自動車「シーマ」の例を除けばおおむね，当時フルライン・メーカーであったトヨタ自動車と日産自動車のいずれかが先導者として新型車の価格体系を提示し，その1ないし数カ月後

表7-1　新型車一覧（1990年）

クラス	期日	メーカー	車種	排気量(cc)	内容	価格(万円)
A	89.12.19	トヨタ	スターレット	1300	FMC	61〜124
A	90.01.11	日産	サニー	1300〜1800	FMC	84.5〜196.2
W	90.01.30	マツダ	MPV	3000	New	355
R	90.02.01	マツダ	プロシード	2600	New	163
D	90.02.01	三菱	エクリプス	2000	逆輸入	240など
C	90.02.01	日産	プリメーラ	1800〜2000	後継	139.8〜236.7
C	90.03.08	トヨタ	セラ	1500	New	160〜188.1
B	90.03.29	いすゞ	ジェミニ	1500〜1600	FMC	120.5など
E	90.04.10	マツダ	ユーノスコスモ	654*3CC	New	420など
W	90.05.11	日産	アベニール	1600〜2000	New	101.6〜202
E	90.05.21	三菱	ディアマンテ	2000〜3000	New	199.8〜396.6
C	90.05.30	いすゞ	アスカCX	2000	OEM	219.3
W	90.05.30	トヨタ	エスティマ	2400	New	296.5〜335
D	90.06.01	いすゞ	ピーエーネロ	1600	後継	159.8〜178.9
R	90.06.20	ダイハツ	ロッキー	1600	New	144.5〜179.8
C	90.06.20	日産	プレセア	1500〜2000	New	121.2〜189.5
C	90.07.11	トヨタ	カムリ	2000	FMC	124.7〜241.8
C	90.07.11	トヨタ	ビスタ	2000	FMC	124.7〜209.5
B	90.08.22	日産	パルサー	1300〜2000	FMC&後継	88.9〜227
D	90.09.14	本田技研	NSX	3000	New	800.3〜860.3
B	90.09.19	トヨタ	カローラII/コルサ/ターセル	1500	FMC	83.6〜131.3
F	90.10.24	日産	プレジデント	4500	FMC	860〜950
E	90.10.25	三菱	GTO	3000	New	333.5〜398.5
E	90.10.25	本田技研	レジェンド	3200	FMC	372〜548.2
E	90.11.30	三菱	シグマ	2000〜3000	New	196.2〜393

注）クラス分けはA（リッターカー），B（大衆車），C（中位小型車），D（スペシャルティカー），E（上位小型車），F（普通車），W（ワゴン車），R（RV車）。
安喜博彦（1995）114-115ページより。

に他方がそれに対応した価格体系で追随し，他の下位企業は，この両者の価格体系をにらみつつ，散発的に各クラスの新型車投入と価格体系の設定を行っていることがうかがえる。この時期の各社の新型車発表のうち90年のものを表7-1でみると，89年12月〜90年1月のトヨタ自動車「スターレット」と日産自動車「サニー」，90年5月の日産自動車「アベニール」とトヨタ自動車「エスティマ」，90年6〜9月の日産自動車「プレセア」，「パルサー」とトヨタ自動車「カムリ」，「ビスタ」というようにトヨタ自動車と日産自動車がともに同時期に対抗車種を新型車として投入している。なお，80年代後半の時期には，

新型車の投入後に車種の追加・一部改良・装備の充実・特別仕様車の設定が頻発しており，多車型・多仕様化をつうじての実質上の価格変更が行われているが，これは，乗用車における寡占企業の価格設定行動の調整プロセスを補完するものといってよいであろう。

　だが，バブル崩壊後，日産自動車の経営危機とゴーン改革を経由した現在の乗用車各社の対抗関係はその様相を一変させている。2000年以降の各社の新型車の発表をみてみると，日産自動車がフルライン・メーカーの地位から脱落し，かつ，2001年度には乗用車全体の販売シェアでホンダが日産自動車を抜いたことを受け，2002年3～5月の日産自動車「マーチ」とトヨタ自動車「ist」の例を除けば，かつてのようにトヨタ自動車と日産自動車のいずれかが新車を発表すると，もう一方が数カ月内に対抗車種を発表するといった関係はみられなくなった。このような対抗車種の同時発表は，2000年7～9月の日産自動車「ブルーバードシルフィ」，トヨタ自動車「カローラ／カローラフィールダー」および，ホンダ「シビック／シビックフェリオ」のような3社にわたる場合を含めてもきわめて珍しくなった。また，「コロナ」の廃止のように旧来車種に代えて新しい車種系統を構築する動きが盛んであったこともあり，各社間の対抗関係がみえにくくなった。

　この3社の小型車で代表的な車種の発売開始およびフルモデルチェンジをみると，トヨタ自動車「カローラ」(2000年8月FMC→2001年1月FMC)，日産自動車「ブルーバード」(2000年7月FMC→2005年12月FMC)，ホンダ「シビック」(2000年9月FMC→2005年9月FMC)であり，また，2000年代初頭に「小型車戦争」といわれたスモールカーでも，日産自動車「キューブ」(98年2月New→2002年10月FMC→2003年9月FMC)，トヨタ自動車「bB」(2000年2月New→2001年6月FMC→2005年12月FMC)，トヨタ自動車「ヴィッツ」(99年1月New→2005年2月FMC)，日産自動車「マーチ」(2002年3月FMC)，ホンダ「フィット」(2001年6月New→2002年12月FMC)というように，上述の2000年7～9月と2002年3～5月の例を除くと，おおむね時期的にかなりのずれをもって互いに対抗車種を発表している。ただし，それぞれの新車投入時には他社は車型を追加するなどの

表7-2　新型車一覧（2005年1月－2006年5月）

タイプ	年月	メーカー	車種	排気量(cc)	価格(万円)
H	2005.01	日産	ノート	1498	126.0〜162.3
M	2005.02	マツダ	プレマシー	1998〜2260	174.3〜233.1
H	2005.02	トヨタ	ヴィッツ	996〜1496	105.0〜161.7
S	2005.03	三菱	ランサーエボリューション	1997	294.0〜357.0
SW	2005.04	ホンダ	エアウェイブ	1496	149.9〜195.3
M	2005.05	日産	セレナ	1997	210.0〜301.4
SC	2005.05	スズキ	エスクード	1586〜2736	176.4〜252.0
M	2005.05	ホンダ	ステップワゴン	1998〜2354	199.5〜281.4
S	2005.07	光岡自動車	ガリュー	2495〜3498	456.8〜561.8
M	2005.08	スズキ	ソリオ	1328	100.0〜126.7
O	2005.08	マツダ	ロードスター	1998	220.0〜260.0
S	2005.08	トヨタ	レクサスGS	3456〜4292	520.0〜772.0
O	2005.08	トヨタ	レクサスSC	4292	680.0〜683.0
S	2005.09	光岡自動車	ビュート	1240〜1498	239.4〜262.0
S	2005.09	ホンダ	シビック	1339〜1998	187.9〜236.2
SW	2005.09	三菱	ランサーエボリューション	1997	341.2〜346.5
S	2005.09	トヨタ	レクサスIS	2499〜3456	390.0〜525.0
M	2005.10	トヨタ	ラクティス	1296〜1496	138.6〜186.9
SC	2005.10	三菱	アウトランダー	2359	235.2〜266.7
SW	2005.11	日産	ウィングロード	1498〜1797	149.3〜220.2
SC	2005.11	トヨタ	RAV4	2362	197.4〜247.8
S	2005.11	トヨタ	ベルタ	996〜1298	132.3〜175.3
M	2005.12	トヨタ	bB	1297〜1495	134.4〜184.8
S	2005.12	日産	ブルーバードシルフィ	1498〜1997	178.5〜231.0
S	2006.01	トヨタ	カムリ	2362	247.8〜336.0
S	2006.01	ダイハツ	アルティス	2362	264.6〜281.4
SC	2006.01	トヨタ	ラッシュ	1495	159.6〜195.3
SC	2006.01	ダイハツ	ビーゴ	1495	159.6〜190.1
M	2006.01	トヨタ	エスティマ	2362〜3456	266.7〜447.0
M	2006.02	マツダ	MPV	2260	238.0〜310.0
M	2006.05	ダイハツ	クー	1297〜1495	136.5〜187.3

注）ボディタイプは，S（セダン），H（ハッチバック），M（ミニバン），SC（SUV・クロカン），SW（ステーション・ワゴン），O（オープン）。
http://autos.yahoo.co.jp/ncar/catalog/body-search.html?b-type による。

対抗措置をとっているが，このような対抗措置が価格設定行動の調整プロセスの役割を果たしている。また，普通車では，ブランド販売としたトヨタ自動車「レクサス」などにみられるように，むしろBMWやメルセデスベンツのようなヨーロッパ・ブランドが対抗車種として設定される傾向がある。

2005年以降の新車を表7-2によってみると，2005年1〜2月の日産自動車「ノート」と2月のトヨタ自動車「ヴィッツ」，2005年5月の日産自動車「セレナ」とホンダ「ステップワゴン」はそれぞれ2社の間での対抗車種であるが，その他は必ずしも対抗車種が同時に発表されるということはなく，80年代の状況が再現される様子はない。

1) Chamberlin, E. H. (1962). 初版は1933年。
2) Robinson, J. (1933).
3) Demsetz, H. (1959, 1964). このデムゼッツの議論については，南部鶴彦 (1982) 第16章参照。
4) Brozen, Y. (1982a) pp. 273-274.
5) 越後和典 (1985) 102-106 ページ。
6) Kirzner, I. (1973) 第4章。
7) Armentano, D. T. (1999) pp. 38-39.
8) 2000年代になってから出版された産業組織論のテキストの多くは，この製品特性としての差別化という考え方を導入している。小田切宏之 (2001) 第7章，植草益・井出秀樹・竹中康治・堀江明子・菅久修一 (2002) 第4章，新庄浩二編 (2003) 第6章参照。
9) 今日では各地域でのコンビニエンスストアの相互参入により，ドミナント戦略の役割は変化し，むしろ集中出店により集配業務等，物流システムの効率化を図るということにその重点が移ってきている。
10) 安喜博彦 (1995) 112-119 ページ。

第8章

参 入 条 件

　この章では，参入障壁と参入阻止価格に関する伝統的な議論を紹介するとともに，参入阻止戦略について過剰能力戦略論のキーワードである不可逆的投資あるいはサンク・コスト概念について論じ，かつ，それとの関連で参入阻止のための各種の戦略的投資，および参入・退出が自由なコンテスタビリティ市場について論じる。

8-1　参入障壁と参入阻止価格

　参入条件（condition of entry）というのは一般的にいえば，既存企業と潜在的参入企業との間の条件の差異である。つまり，ここでは既存企業と潜在的参入企業との間の競争関係が論じられるが，TIOでは通常，その条件が参入企業にとって不利であり，参入が困難であるケースを取り扱ってきた。そして，価格決定と関連した定義としては，参入阻止価格と既存企業にとっての最小の平均費用との差が参入条件とされた。ここでは参入阻止価格は潜在的参入者の参入を誘因することなしに，既存企業が設定することのできる最高の販売価格であり，参入条件の決定要因，つまり参入を困難にする要因としての参入障壁（barrier）との関連でこの参入阻止価格の決定が論じられてきた。

　参入障壁としてはしばしば制度的障壁（規制）が有力な障壁となるが，ここでは諸産業のもつ特質としての障壁をとりあげる。その場合，J. S. ベインが各参入障壁をひとまず区別して論じていることに留意して，以下，彼の立論にもとづき参入障壁として製品差別化，絶対的費用優位性，および規模の経済性

の3つの障壁をとりあげ，そのそれぞれについて参入条件と参入阻止価格をみる[1]。

(1) 製品差別化

ブランド選好などにより売り手の相違によって買い手の選好が異なるという意味で製品差別化をとらえる場合，一般的に，既存企業と参入企業の間では買い手の選好は既存企業にとって有利であると考えられる。つまり，需要条件が異なるために生じる既存企業の設定しうる価格と参入者のそれとの差がこの場合の参入条件となる。図8-1では既存企業の価格水準によって参入企業の需要曲線 dd' の位置が決まるのであって，左図の規模の経済性が存在しない単純化された例では，既存企業が P_e の水準に価格を設定した場合に参入企業の需要曲線は $d_e d_e'$ となる。もし既存企業がこれより高い価格を設定すれば参入企業の需要曲線は右にシフトし，部分的に平均費用曲線以上の状態になり参入可能である。したがって，この場合の参入阻止価格は P_e であり，参入条件は xy となる。

もし規模の経済性が作用する費用曲線を考えると（図8-1右図），参入企業の需要曲線が $d_e d_e'$ であれば，どの生産量でも費用の方が高く参入は不可能である。ここでは，既存企業の価格がもっと高い P_e^* となったとき参入企業の需要曲線は $d_e^* d_e^{*'}$ となり，費用曲線と接する。この場合，参入阻止価格は P_e^* で，参入条件は zy になる。

図8-1 製品差別化による参入障壁

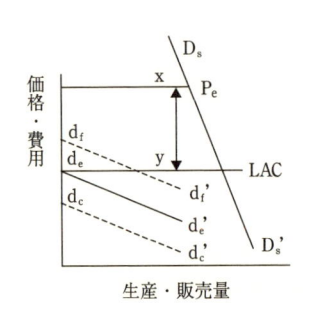

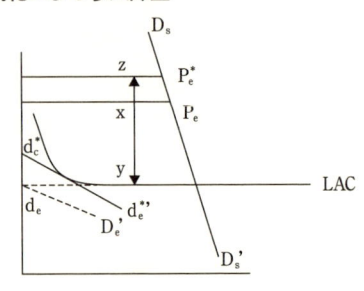

なお、参入企業が広告・宣伝などにより需要条件の差を克服したとすれば、その広告・宣伝費が費用条件の差となり次の絶対的費用優位性の説明と同様となる。

(2) 絶対的費用優位性

既存企業が参入企業に対して生産技術、原料資源、その他の生産要素（経営能力、熟練労働者など）の独占や、利子費用などで絶対的な費用優位性（absolute cost advantages）をもつ場合、その費用条件の差が参入条件となる。

規模の経済性を考慮しない図8-2左図では、参入企業の平均費用がそのまま既存企業にとって参入阻止価格 P_e となり、参入条件は xy である。規模の経済性を考慮する場合は、費用曲線の形状によって異なるが、図8-2右図のように、参入企業の最小費用が参入阻止価格 P_e となり、それと既存企業の最小費用の差である xy が参入条件である。

図8-2 絶対的費用優位性

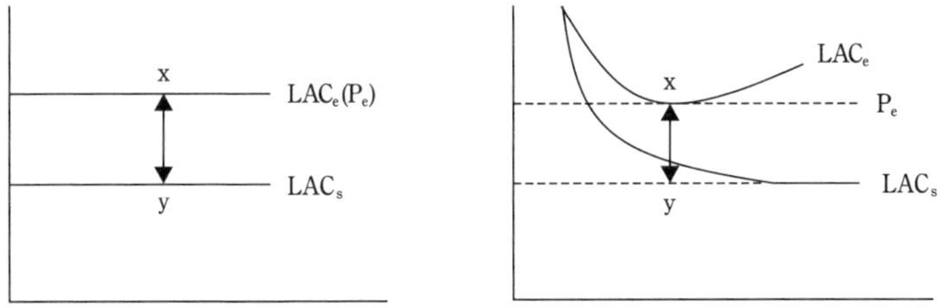

(3) 規模の経済性

装置型産業等、規模の経済性が強く働く産業では、最小最適規模が市場規模に対して相対的に大きく、また、最小最適規模以下での費用曲線の勾配は大である。そのため、参入企業が小規模参入する場合は、図8-3左図のように D_eD_e' が参入企業の予想される需要曲線であるとすると、参入企業の平均費用は P_e であり、既存企業はこの水準まで価格を上げることができる。つまり、参入阻止価格は P_e、参入条件は xy となる。

しかし、規模の経済性が大きく働く産業では、もし参入があるとすればそれは当初から大きなシェアを占める大規模参入となるケースの方が一般的であろ

図8-3 規模の経済性による障壁

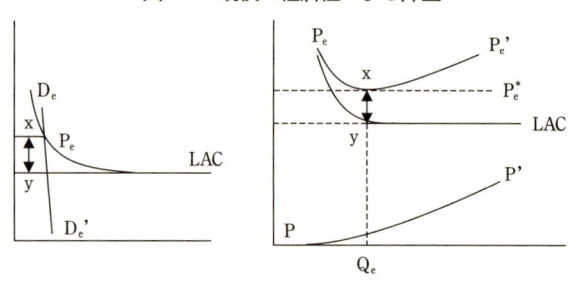

う。この場合，参入者の生産規模が市場規模に対して相対的に大きく，産業全体の総供給量が著しく増大し，参入により価格が下落するであろう。図8-3右図では参入による総供給曲線のシフトとそれによる価格低下を想定し，その価格低下分を PP' で表し，そのうえで平均費用にこの価格低下分を上乗せした曲線 P_eP_e' を描いている。この場合，平均費用に価格低下分を上乗せした P_eP_e' 曲線が最小となる水準の価格 P_e^* が参入阻止価格であり，参入条件は xy となる。

(4) 伝統的議論の限界

参入条件の変化

以上の参入障壁と参入阻止価格に関する議論は，今日の現実の参入問題を考える場合，いくつかの問題を含んでいる。まず，現代の参入はまったく白紙の状態からの参入（新規開業）ではない。今日，融業化の時代といわれるなかでの参入の多くは，隣接分野からの多角化参入であり，既存企業と参入企業の条件は必ずしも参入企業にとって不利であるとはいえない場合がある。とくに技術やニーズの変化にともない隣接分野からの参入者がより有利な条件をもつ可能性がある。

また，このことと関連して参入条件の変化の可能性があることにも注意する必要がある。つまり，同じ要因が参入障壁とはならず，逆に参入を促す可能性がある。ビールへのタカラビールの参入（1957年）は当時の流通機構のなかで成功せず，結局，撤退する（67年）ことになったが，サントリーの参入

(63年）では，ウィスキーのブランドとヨーロッパ風の味が消費者の嗜好を変えることに成功した。また，ブランド・イメージがニーズの変化により参入者に有利となるケースとしては，カネボウ（61年）や花王（82年）の化粧品部門への参入の例がある。さらに，技術の変化という点では，セイコーエプソンの電子機器への参入は東京オリンピックでの計時機器類とプリンターの開発が契機となったが，腕時計で磨かれた「細密」技術が同社の技術基盤となって参入可能となった。

また，産業構造の変化により各参入条件の役割が変化することも無視できない。例えば，高度成長時代に重要であった装置型産業は日本の産業体系においてその比重を低下させており，規模の経済性が参入障壁としてもつ役割は一般的に低下している。

シロスの公準

参入阻止価格論のもつもう1つの限界は，いわゆるシロスの公準にかかわるものである。ベインの参入阻止価格論と同じ時期に類似の制限価格論を提示したP. シロス・ラビーニとF. モディリアーニのモデルは，もし参入に直面しても既存企業が産出高を維持するということを参入者の期待であると想定しており，このことをシロスの公準というが，ベインの参入阻止価格論も同様の前提にもとづいている[2]。つまり，参入に対して既存企業が何らかのリアクションを起こすということはここではとくに想定されていない。これに対し，企業の戦略的行動に焦点を当てる議論，およびこの議論と共通のキーワードを用いつつ，それと別の方向での結論に導く議論を次にみておきたい。

8-2 サンク・コストと参入問題

(1) 過剰能力戦略論

参入に対する既存企業の戦略的行動を説明する比較的単純化された議論としては，過剰能力戦略論[3]がある。この過剰能力戦略論では潜在的参入に対する対応として過剰能力へ投資する戦略の有効性が論じられる。ここでは，過剰能

力が存在することによって，参入後の既存企業の生産量について，参入者がどう評価するかということが問題となる。そして，予想される参入者が参入後の見込みについてもつ評価が，現実の生産量よりもむしろ，諸既存企業の潜在的な生産量に依存するため，過剰能力が存在することによって，予想される参入者は，参入前と参入後の間で価格にかなりのギャップが生じると想定する。つまり，参入阻止価格を超える高い価格が参入を誘発するとすれば，既存企業が過剰能力を稼動させ生産を拡張するために，価格が低下し，参入者はその参入を断念せざるをえない。そして，既存企業はこのような状態を想定して過剰能力を保有する。

　しかし，この過剰能力戦略論において重要な点は，たんに過剰能力を保有することによって参入に直面して生産を拡張できるということにあるのではなく，その拡張が参入者にとって信頼可能な脅威であること，つまり参入に対する既存企業の生産拡張による報復が空脅しでないことにある。そして，そのためには，この過剰能力への投資の不可逆性ということがその条件となる。ここで不可逆的（後戻りできない）というのは，この投資が鉄鋼業における高炉のように特定の用途にしか役に立たず，他の用途には転用できないため，退出（撤退）時に回収不可能であり，その意味で取り消しのきかない投資であるということである。そして，その産業での投資がこのように不可逆性をもつ場合には，参入した方もいったん参入すれば，退出は困難であり，参入に際しては不退転の覚悟が求められる。なお，そのような投資の不可逆性は，次にみるコンテスタビリティの議論ではサンク・コスト（埋没費用，sunk cost）といわれ，ここでの過剰能力戦略論とは逆にサンク・コストがきわめて少ない場合，つまり投資が可逆的なケースを取り扱っている。

　参入により産業全体の生産量が増大するうえに，参入に対して既存企業が過剰能力を稼動させるとすれば，さらに生産量が増え価格が暴落するのであって，そういう事態は既存企業にとっても耐え難いものである。しかし，過剰能力への投資が不可逆的なものであることによって，既存企業があえてこのようなきびしい選択をするであろうということ，つまり，参入が起こってもすぐには転換できないような戦略に自らコミットしていることを参入者に示す。このよう

に一定の戦略への先占め的コミットメント（pre-emptive commitment）が明確であることによって，参入後の既存企業の即時的反応としての報復の脅威（過剰能力の稼動）が信頼可能となる（空脅しでない）ため，潜在的参入者は参入をあきらめざるをえない。

また，過剰能力は，潜在的参入者に対してのみならず，生産量の増大もしくは価格の切り下げを企てている既存企業にとっても，信頼可能な脅威を与える。つまり，既存企業が互いに不可逆的な過剰能力を有する場合，寡占的相互依存関係の認識があるもとで，各企業の行動に対してより即時的なリアクションが予想されるのであって，寡占企業は相互に攻撃的な行動を避けるためにより協調的となる。このことは，かつての冷戦時代の米ソの核戦略（戦略的核兵器）のアナロジーとして考えることもできる。モスクワとワシントンあるいはニューヨークに標的を定めた核ミサイルを互いにもち，いつでもスィッチ・オンできる状態にあることが，互いの先制攻撃を防御する役割を果たしたとされる。まさに先制攻撃の危機にあった1962年のキューバ危機の際でも，ソ連がキューバに設置したミサイルを撤去したのはこの戦略的核兵器の脅威によるものであったといわれる。このように，過剰能力を互いにもつ寡占企業は相手からの壊滅的な反撃を避けようとすれば，互いに相手に攻撃をかけることを避けるであろう。

(2) 過剰能力以外の戦略的優位性を与える投資

既存企業の参入阻止戦略としての過剰能力の創出は，参入阻止のための各種の戦略的行動を考えるための出発点であり，企業が採用する可能性のある戦略的行動としては，これまでに産業集中や製品差別化を説明するなかで述べた要因を含め，多様な形態を想定できる。まず，産業集中の決定要因でもある経験曲線にもとづくコスト面のリーダーシップを追求する企業戦略についていえば，その源泉としての組織としての学習（過去の生産経験）は，それをもつ企業に固有の資産（企業特定的資産）であり，それ自体を市場で販売することによってその蓄積のために費やしたコストを回収することはできない。先行企業がそのようなサンク・コストをともなう投資をすでに行っているということは，後

発企業にとって先発企業と同様の投資を必要とする参入の決断に大きな影響を及ぼすであろう。

　また，製品差別化のところでみたドミナント戦略やブランド増殖も，参入阻止のための戦略的行動の一環といえる。しかし，コンビニエンスストアの集中的多店舗展開はそのための投資が必ずしもサンク・コストになるとはいえず，しかも，コンビニエンスストア市場の拡大テンポが大きいため，それぞれの地域で集中出店していたコンビニエンスストアが相互参入し，結果として，ドミナント戦略の役割も変化した。ブランド増殖についても多数のブランドを開発するにはコストがかかり，広告・宣伝費も大きくなる一方で，自社ブランド間の競争を引き起こすことによって自社の総販売額がそれほど増大しないということになるケースもある。

　ネットワークの形成や情報システムへの投資による先行者の優位性も，既存企業の先行投資が参入に対する戦略的投資としての意味をもつケースの１つである。宅配便では，ヤマト運輸は宅配事業を始めると同時に全国的な宅配拠点網を徹底して構築するが，これは宅配におけるネットワーク効果を形成する。それと同時に，同社は戦略的情報システムをも構築する。そのため，他社は消費者間輸送としての宅配便には参入できず，佐川急便は企業間輸送に特化することになる。しかし，近年では大都市部内でのバイク便などでの参入が相次ぐとともに，さらにコンビニエンスストアが「ゆうパック」の取次店となったことで，独自の拠点網をもつヤマト運輸の高コスト体質が問題となっている[4]。このことは，サンク・コストをともなう投資が参入阻止戦略として有効である一方で，状況が変わり従来とは別の形で参入可能な条件ができると，逆にサンク・コストが先行企業の行動を制約する可能性もあることを示す。

　戦略的優位性を獲得するための投資としては以上のほかにも，広告・宣伝への投資等，いろいろなケースを考えることができ，マイクロソフト訴訟では，同社の膨大な研究開発投資がライバルのコスト上昇戦略であるという議論もなされた。

8-3　コンテスタビリティ理論

　経済学で通常，完全競争等，競争という言葉を使う場合，その英語は competition であるが，ときに寡占企業間の目にみえる競争を対抗性（rivalry）とする。それとともにさらに，潜在的競争が先発企業の超過利潤をきびしく制約するような状況について，従来の完全競争等でいわれた競争とは意味合いが異なるとして，やはり競争を意味するもう１つの言葉であるコンテスタビリティ（contestability）が使われる。

　コンテスタビリティ理論[5]では，潜在的参入者が既存企業と同じ技術をもって生産でき，コスト面で不利な条件はないという意味での参入障壁がないとしたうえで，過剰能力戦略論で用いられた不可逆的投資をサンク・コストと呼び，過剰能力戦略論とは逆にこのサンク・コストが存在しない，つまり，参入が完全に可逆的であり，いかなる費用負担もなしに市場から退出できると想定する。そして，既存企業が参入を阻止する戦略にコミットしておらず，参入に対し既存企業が即時的にリアクションを起こすことがないとすると，既存企業が超過利潤を得ることができる価格を設定しているとすれば，参入者は既存企業より安い価格で参入し，既存企業がこれにリアクションを起こす前に市場を獲得してしまう。そのうえで，既存企業のリアクションがあれば，参入者は一定の利潤を得たうえで場合によっては即時的に退出できる。このように，ここでは参入・退出が完全に自由な市場におけるヒット・エンド・ラン（hit-and-run）型の参入が想定されている。このように潜在的競争圧力が常に働く市場では，現実に参入が起こるか否かにはかかわらず，また，企業の数の如何にかかわらず（独占の場合の理論的取り扱いには問題があるとされるが），既存企業の超過利潤はきびしく制約され，完全競争市場と同じ結果になるとされる。

　このようなコンテスタビリティの理論はいわゆる公益事業の規制緩和の根拠として，とくに航空業の規制緩和の議論で用いられたことで知られる。運輸業における各路線をマーケットとしてみる場合，鉄道業では路線は各社のもつ線路に拘束されて路線変更はまず不可能といってよいが，航空業や路線バスにお

いて路線変更にともなうコストはそれほど大きくない。サンク・コストがほとんどない市場では，たとえ特定路線で独占的地位にある航空会社でも，そういった地位をその路線の航空料金に反映させることはできない。

なお，サンク・コストが比較的少ない状態としては，航空業における路線変更や，コンピュータへの投資がプログラムの変更によりその用途を変えることができるといったように，用途が特定的でないケースが代表的なものである。しかし，そのほかにも，設備のリース市場が存在したり，不要となった繊維機械の輸出市場のように，設備に対する中古市場が存在する場合が考えられる。

1) Bain, J. S. (1968) 訳 269-284 ページ。
2) Sylos-Labini, P. (1962), Modigliani, F. (1958). シロスの公準については Cowling, K. (1982) 訳 23-24 ページ。
3) Spence, M. (1977). その展開は，Cowling, K. (1982) 訳 23-32 ページ。
4) 『日本経済新聞』2004 年 10 月 3 日，2005 年 3 月 2 日。
5) Baumol, W. J., Panzar, J. C. and R. D. Willig (1982). テキストとしては，小田切宏之 (2001) 第 5 章，植草益・井出秀樹・竹中康治・堀江明子・菅久修一 (2002) 第 7 章，新庄浩二編 (2003) 第 7 章等がある。

第9章
垂直統合・多角化

　ここまでの議論では，それぞれの産業に従事している企業が他の産業にも従事しているか否かを無視して，あるいは，いわば各企業が1つの産業にのみ従事していることを前提として，市場構造を基準として諸産業のタイプ分けをするものである。しかし，企業は必ずしも1つの産業にのみ従事しているわけではない。ここでは，垂直統合と多角化という形態で企業が複数産業に従事している場合の問題を産業組織論的な観点からどのように論じるかを考えてみる。

　ここでみる垂直統合と多角化の問題は，企業（経営）戦略論における業種選択の問題に相当する。しかし，産業組織論の論点としては，次の2つの角度での論点がある。つまり，その1つは，垂直統合あるいは多角化の根拠として，同一業種での企業成長の根拠となる規模の経済性に類する何らかの経済性が存在するのかどうかという点である。それから，第2の論点は，こういった方向での企業成長が諸産業における競争関係（あるいは市場支配）といった点とどのようにかかわり合っているのかということにある。

9-1　垂直統合・多角化のタイプ分けと多角化度の測定

(1)　垂直統合

　垂直統合（vertical integration）というのは生産・流通の継続的諸段階の統合のことである。つまり，垂直統合による企業成長というのは，先行的生産工程や後続的生産工程あるいは流通段階の統合をつうじての拡張を指す。そして，垂直統合の方向としては，最終需要段階への統合である前方統合（通称，川下

統合）と原材料段階への統合である後方統合（通称，川上統合）がある。1950年代に旧日本製鉄系の八幡製鉄と富士製鉄以外の大手鉄鋼メーカーが相次いで鉄鉱石から銑鉄を生産する高炉を建設し銑鋼一貫体制を整えるが，これは後方統合の例である。また，前方統合では製造部門による販売部門の統合がある。

(2) 多角化の2つのタイプ

多角化とは垂直的関係のない異業種の統合である。このような多角化にはコングロマリット（conglomerate）型（純粋型，混合型あるいは凝集型ともいう）といわれるものから，製品ラインの拡充ないし地域市場拡大的な統合までさまざまなケースがある。コングロマリットの語源は礫岩であり，岩質の揃っていない岩石の凝集のことであるが，1960年代にアメリカで盛行したあまりにも関連性の乏しい多くの事業を統合した多角化合併に対して，ジャーナリズムでこの言葉が使われた。当時，例えばITTの場合は，本業の国際通信事業のほかに，消費者金融，投資信託，レンタカー，ホテル（ホリデイイン），プレハブ住宅建設，パルプ，製パン，純粋コングロマリットといわれたテクストロンでは，ヘリコプター，ロケットエンジン，電子部品，金属加工機械，産業用ファスナー，チェンソー，芝刈機，ベアリング，ポンプ，ペイント，化粧品，亜麻仁油，ガスメーター，時計バンド，万年筆，ボールペン，メガネ，レンズ，補聴器，にわとりのえさ，ブロイラー加工，料理用ポット，バスルームのタオル掛けなど，実に多様な事業分野に進出した。このようなコングロマリット合併は，80年代初頭にも株価収益率が低く，本来の企業価値より株価が割安とみられる企業を買収する動きとして再発した。

これに対し，製品ラインの拡充というのは製品の品揃えの拡充であり，家電メーカーが電気技術と販売経路で共通する多くの家電製品を生産している場合が代表例であるが，自動車メーカーであらゆる車種を展開しているメーカーをフルライン・メーカーというように，多角化というより多品種多仕様化の展開といった場合も含まれる。また，産業の定義からして代替性の乏しい地域市場への拡大も多角化の一種とされる。なお，経営戦略論における多角化は技術・生産工程・販売経路などの経営機能に大きな変化をもたらすような複数産業へ

の展開とされ，製品ラインの拡充や地域市場拡大的な統合は通常，多角化戦略とは考えていない。

(3) 多角化度の測定

　企業や産業，あるいは国の間でいずれが多角化の進展度が高いかといったことをみようとすると，多角化の程度を測る尺度が必要となる。多角化を測るのによく用いられる指標としては，多角化を脱本業化としてとらえた本業比率（あるいは脱本業比率）という指標がある。例えば，ある造船メーカーの本業である造船の売上高構成が30％であるとか，繊維メーカーにおける繊維製品の売上高構成が20％であるといったように本業比率の低さが多角化の進展の指標となる。しかし，企業の多角化の含意はもともと，企業が従事している産業の複数性ということにあり，また，脱本業化が進むなかでは，かつての本業をいつまでも本業として計測することにどこまで意義があるか疑問となってくる。そこで，しばしば多角化指標として用いられるものに，産業集中の測定に用いられてきたハーフィンダール指標により各企業の売上高構成について計測する手法がある。つまり，各企業の売上高構成について，各販売部門の売り上げ構成比を2乗し，それらの和を求めるという手法である。ここでは，

　　ハーフィンダール指標$(H)=\sum X_i$　　　（X_i＝各部門の売上高構成比）

であり，そのうえで，多角化の進んだケースで多角化度が大きくなるように，

　　多角化度$(D)=1-H$　　　　　　$0 \leq D < 1$

とする。

　ただし，この場合，問題となる点としては，多角化には部門間の関連性についていろいろなケースがあり，しかも，各企業が『有価証券報告書』において売上高構成比を発表する場合，部門の分類の仕方について共通の認識があるわけではないということがある。つまり，産業分類をどのようにした部門別売上高構成比であるかということが問題となる。そこで，標準産業分類の2桁，3桁，4桁分類といった各分類レベルでみた産業分類をやり直したうえで多角化

度を計測するということが 1 つの処理法となりうる (すでにみたように標準産業分類の分類基準にも問題があるが，便宜上，通常これによる)。

 1 つの例として，旭化成の 2005 年 3 月期の売上高構成 (部門分けは同社の表現に従うとともに，カッコ内に標準産業分類で用いられる産業名とコード番号を記す[1]) をみると，ケミカルズ (有機化学工業製品 173) 40.5％，ホームズ (建築工事業 064) 27.3％，ファーマ (医薬品 176) 7.5％，せんい (化学繊維 174) 7.6％，エレクトロニクス (その他の電子部品 2919) 6.8％，建材 (その他のセメント製品 2229) 4.3％，ライフ＆リビング (他に分類されないプラスチック製品 1998) 4.3％，サービス・エンジニアリング等 (その他) 1.8％である。この数値によって，中 (2 桁) 分類での多角化度を計算すると，中分類のコード番号 17 で共通したケミカルズ，ファーマ，せんいの 3 部門を合わせると売上高構成比は 55.6％であり，これを 2 乗すると 0.3091 となり，これとその他の各部門を 2 乗したものを合計すれば H となる。つまり，$H=0.3091+0.0745+0.0046+0.0018+0.0018+0.0003=0.3923$ であり，$D_2=1-0.3923=0.6077$ となる。また，小 (3 桁) 分類 (同社の部門構成では細 (4 桁) 分類に相当する部門はない) では $H=0.1640+0.0745+0.0056+0.0058+0.0046+0.0018+0.0018+0.003=0.2584$ であり，$D_3=1-0.2584=0.7416$ となる。ここでは，中分類での多角化度 0.6077 に対し，小分類での多角化度は 0.7416 であり，いうまでもなく小分類の方が多角化度が高いが，他者と比べると同社の場合，むしろ中分類での多角化度の高さが注目される。

 このような企業別の多角化度をもとに，それぞれの企業が属する産業平均で多角化度をみると，1990 年度現在では表 9-1 のようになる。ここでは 90 年度現在総資産上位 100 社のうち上場会社 94 社をとっているが，その結果はいうまでもなく分類を細かくするほど全体として多角化度は高くなる。産業別では繊維，窯業・土石，造船，精密機械の多角化度は中分類 (2 桁分類) でも相対的に高く，電気機械や化学では多角化度は中分類では低い一方，小分類・細分類ではかなり高くなっており，それぞれ電気機械あるいは化学という中分類での同一業種のなかでの多角化が進んでいることが分かる。

表 9-1　多角化度（1990年度）

	D_2	D_3	D_4
食品	0.1105	0.3294	0.3387
繊維	0.4496	0.6879	0.7083
紙・パルプ	0.0881	0.3834	0.4676
化学	0.2839	0.5294	0.6302
石油	0.0793	0.0793	0.0793
ゴム	0.3648	0.3648	0.3648
窯業・土石	0.5725	0.7687	0.8099
鉄鋼	0.3721	0.4530	0.4530
非鉄金属・製品	0.3771	0.5128	0.5895
一般機器	0.2903	0.5183	0.5783
電気機器	0.2160	0.6358	0.6671
造船	0.5507	0.7264	0.7633
自動車	0.1450	0.1812	0.3456
精密機器	0.5747	0.5950	0.6512
その他製造業	0.4083	0.5515	0.5515
合計	0.2764	0.4916	0.5503
n	94	94	94
STD	0.2272	0.2334	0.2298

注）安喜博彦（1995）247ページによる。

(4) 戦略タイプによる多角化の類型

　多角化の形態を戦略タイプとしてみる分析もしばしば行われてきた。とくにR.P.ルメルトの9タイプの戦略タイプの分析[2]はその代表的なものである。ルメルトの戦略タイプとしては，まず単一事業とされるのは専門化率95％以上の企業であり，これらは専業企業といってよい。次に主力事業とされるのは，専門化率70％以上の企業であり，それらは部分的に垂直統合あるいは多角化展開している企業であって，多角化企業については，関連的多角化では多角化部門がさらに他の多角化部門へと「いもづる」式の展開となっているか否かで，連鎖的と抑制的の2つのタイプがあり，また，非関連型の多角化のタイプもある。多角化がさらに進展しているケースでは，関連事業と非関連事業があり，関連事業ではここでも連鎖的と抑制的の2つのタイプがある。また，非関連事業では，買収による多角化と内部成長による多角化に分けられる。
　ルメルト的分析では，このような戦略タイプを抽出したうえで，「組織構造

図 9-1 戦略タイプによる多角化の類型

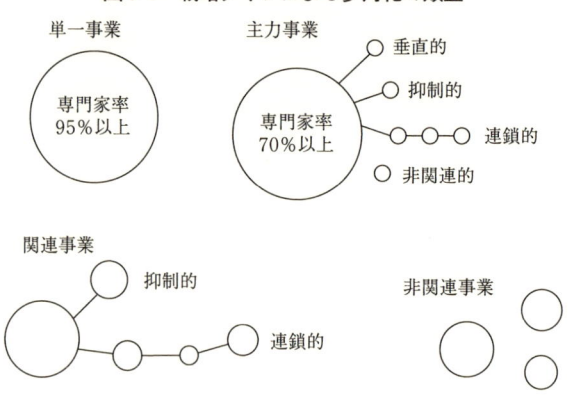

単一事業　　主力事業　　　○ 垂直的
　　　　　　　　　　　　○ 抑制的
専門家率　　専門家率　　　○―○―○ 連鎖的
95％以上　　70％以上
　　　　　　　　　　　　○ 非関連的

関連事業
　　　○ 抑制的
○　○―○―○ 連鎖的

非関連事業
○　○
　○

は戦略に従う」という A. チャンドラーの見解に従い，戦略タイプと企業の組織構造（職能別組織と事業部制組織）の対応関係を検討し，そのうえで，それらが企業のパフォーマンス（財務成果）とどのような関係にあるかということを実証している[3]。

9-2　内部成長と外部成長

(1)　内部成長か外部成長か

　企業成長には業種の選択という側面とともに，もう1つの側面，つまり，それが企業内部における経営資源の蓄積による成長であるのか，それとも，自社にとって外部にある経営資源を何らかの形で確保することによってなされた成長であるのか，すなわち内部成長か外部成長かという側面がある。そして，純然とした外部成長である合併のケースでは，それを業種の選択との関係で水平合併，垂直合併，多角化合併に分けることができる。なお，M＆Aは合併（merger）と買収（acquisition）であり，必ずしも合併でなく別会社のままでの経営権の支配をも含むが，ここでは，そういった場合も合併と同様の扱いとしてよいであろう。

　また，内部成長か外部成長かという場合，必ずしもその両極の場合だけでは

図9-2　企業成長の概念図

	内部成長　←──────→　外部成長
同一業種	水平合併
垂直統合	垂直合併
多角化	多角化合併

ないことも注意する必要がある。とくに日本企業のこれまでの成長プロセスをみると，内部成長に依存する成長パターンが主流であったが，その場合でも外部の経営資源や技術をまったく利用しなかったわけではなく，広義の外部成長としての技術導入や提携，そして，複数の企業の合同会社である合弁（joint venture）が広範に活用されてきた。

　各種の提携の例としては，自動車メーカーと部品メーカーとの協力関係，OEM（取引メーカー商標製品生産者，Original Equipment Manufacturer）供給，共同研究，あるいは，石油化学メーカーの生産の相互依託（エチレンおよび誘導品の企業間での製品相互融通）等々，これまでさまざまな形態での企業間提携が行われてきた。また，最近では，極度なまでに多角化展開を進めてきた欧米の企業がそれぞれの分野で自己のもつコア技術を補完する周辺技術を合弁を含む戦略的提携（strategic alliance）によって確保しようとする動きも広くみられる。

(2) M＆A

　本来の外部成長であるM＆Aについてみると，まず合併（merger）は従来独立的であった複数の企業のいずれか，あるいはその両方が法律上・経済上の独立性を失って，1つの企業体に結合することである。合併方式としては2つあり，1つは新会社設立による合併であり，この場合は，旧会社が解散し，新会社が設立されるのであって，このケースはおおむね対等合併である。これに対し，吸収（absorption）合併では，吸収される会社が消滅会社となり，吸収会社が存続する。また，2006年の阪急ホールディングスと阪神電気鉄道の

図 9-3　TOB（take over bid）

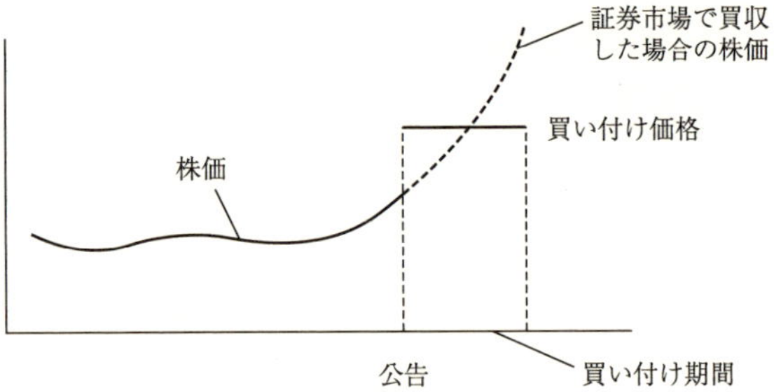

経営統合にみられるような持株会社（阪急阪神ホールディングス）による経営統合も合併と類似の効果がある。

買収（acquisition, take-over）は，対象企業の経営支配権の全部もしくは一部を取得することをいい，資産・営業部門・株式の購入を含み，被買収企業が存続していたり，子会社化のケースもある。吸収合併は合併の一形態であるとともに，買収でもある。

買収の手段として最も多く用いられるのは，株式取得である。株式取得の方法としては，証券市場での買い占めが 1 つの方法であり，日本におけるこれまでの買い占め事件の多くはこの方法で行われた。ただし，証券市場での大量の株式購入は株価の急騰を招き，経営権取得にまで至ることは通常困難であり，これまでの買い占め事件は往々にして高値での買い戻しを狙うものであって，ときに経済犯罪の様相を呈する場合があった。これに対し，現在では日本でも，公開（株式）買い付け（TOB, Take Over Bid あるいは open tender offer）による株式取得が認められている。これは，主に新聞での公告による公開[4]で，経営権の支配などを目的として，ターゲット企業の株主に直接働きかけて，証券市場の外で株式を買い取る方法である。つまり，公告により，買い取り価格，オファーの開始日と締切日，株式購入数などを公表し，株式を買い付ける方法である。TOB では，図 9-3 のように，オファーされる買取価格は通常，公告時の株価よりは高めに設定されるが，証券市場で買い占めた場合に予想される株価の上昇と比べると，相対的に低い価格で一気に大量の株式を購入できる。

なお，株式の買い取り法としては，現金による場合（cash tender offer）のほか，買収企業の株式その他の証券による場合（exchange tender offer），現金と証券の組み合わせによる場合（cash tender offer & convertible prefered stock merger）がある。

　ところで，企業買収は日本の場合，これまでおおむね双方の合意にもとづく友好的買収であったが，アメリカではしばしば敵対的買収が行われてきたため，企業買収をめぐる攻防は世間の話題となり，買収劇は映画や小説で取り上げられ，また，買収をめぐるいろいろな新語が相次いで登場してきた。例えば，LBO（leveraged buy out）は被買収企業の資産を担保とした買収であり，また，ジャンク・ボンド（junk bond）は格付けの低い投機的債券（ジャンクは麻薬であり，よく使われる用語法としては駄菓子，スナックを意味するジャンク・フードがある）による買収資金の調達を指す。パックマン買収は，かつて流行したゲームであるパックマンのようにTOBに対抗して相手企業にTOBをかけることである。さらに，グリーン・メイル（green mail）は，乗っ取りをにおわせて購入した株式を高値で買い取らせるということで，ゆすりを意味するブラック・メイラーに由来するのであって，日本でもこれまで投機的な大口の売買をする仕手筋がそのような買い戻しを意図していたということでしばしば話題となってきた。このほか，防衛側でも，ポイズン・ビル（poison bill, 毒薬）は，テイクオーバーが成功しても企業価値が大幅に下落するように仕組んでおくことであり，テイクオーバーされた場合に資産を安価で友好的な他社に譲渡することや，既存株主に株式購入権を安価で与えることなどを事前に決議しておくことなどがその手法である。また，ゴールデン・パラシュート（golden parachute）はテイクオーバーによって経営者が退職せざるをえなくなったときには，巨額の割り増し退職金を支払うことを事前に約束する契約である。

　買収の手段としてはほかに委任状奪取（proxy contest）がある。株主総会での議決権を得るために株主から委任状を集めるという方法はアメリカではこれまでときにみられたが，近年，日本でもファンドによる株主総会に向けた委任状争奪戦が話題になった。

さらに，他の企業からの営業譲受や資産取得も買収の一形態とみてよい。譲受はこれを売る側からみると譲渡（divestiture）であり，1980年代のアメリカの大型M＆Aは各企業が一層の多角化戦略を進める手段となったが，一方で，その企業の事業展開にとって不要となった事業を売却・分離したり，あるいは，自社の本業に回帰するために多角化部門を整理する動きも盛んであった。そのことから，この時期のM＆A運動はM＆A＆Dと呼ばれることもある。

9-3　垂直統合の経済性と市場支配

(1)　垂直統合の経済性

継続的な生産・流通の諸段階を統合することによる経済性は2つの面からみることができる。まず，物理的あるいは技術的に補完的な生産工程の統合によって生じる経済性は装置型産業で多くみられる。このような技術的に補完的な諸生産工程は連続した工程として共通の生産拠点に立地する必要がある場合が多い。例えば，鉄鋼では熱効率が重要であり，高炉による銑鉄の生産，転炉による粗鋼の生産，圧延，諸種の鋼材の生産が一貫工程（銑鉄と粗鋼は銑鋼一貫）になっていることにより燃料費が大きく節約される。石油化学工業では，石油精製におけるナフサが原料となり，諸種の工業薬品が生産され，また，その諸種の工業薬品からさらに別の工業薬品が生産されるが，ここでは，それらの原料はすべて液体もしくは気体であり，各生産工程を行う装置をパイプでつないで生産する方法がとられる。また，加工組立型の産業でも，例えば自動車では，薄板切断から始まって，溶接による車体の生産，塗装，組み立て，検査に至る一貫工程は連続的な工程であり，ライン生産である。これらの生産工程ではいずれも共通の生産拠点に立地せざるをえない。

これに対し，加工組立型の産業での部品の生産は単一工場に統一することのできない（あるいは必要のない）継続的機能である。生産工程に共通性がなく，しかも例えば乗用車では2万点といわれる多くの部品を組立工程の現場で生産することは無駄であり，また，部品生産における規模の経済性の享受という点

でも別の場所で同じ部品をまとめて生産する方がよい。

　この場合，垂直統合の経済性が作用するのは，生産の継続的諸段階（部品生産とそれを使った組立工程）での生産比率の改善調整とその結果としての中間在庫の節約による。また，企業として統合するときには，市場取引にともなう売買取引経費の除去ということもある。ところで，このような生産比率の調整はもともと，フォード方式におけるように，生産計画に合わせて部品を生産し，組立工程で完成品を生産するというように，組立工程に入る前に計画に合わせた部品生産が行われる状況を想定していた。しかし，この「押し出し方式」に対し，トヨタ生産システムでは，後工程と前工程の関係が逆になり，カンバン方式によるジャスト・イン・タイム・システムでは，ニーズに応じて組み立てを行い，組み立ての必要に応じて部品を調達するという「引っ張り方式」となっており，結果として，フォード方式では実現できなかった在庫ゼロを実現する。しかし，いずれにしても諸生産段階の生産比率の調整と中間在庫の節約がこの場合の垂直統合の経済性の要因となっている。また，トヨタ方式では，新車開発に際し部品のデザイン開発において協力するデザイン・インが重要な要素となっているが，これも垂直統合の経済性を表す。

　ところで，以上の垂直統合の経済性は，いずれのケースにおいてもそういった経済性が働くなかで企業としての統合に導く（部品の場合，内製）ことが前提となっている。しかし，とくに日本の戦後の実態からいえば，後発国における歴史的制約（資本力など）から，垂直統合の経済性が作用する各生産段階が企業として統合されているとは必ずしもいえない。例えば石油化学コンビナートにおいては石油精製や各種の工業薬品の生産はそれぞれ別の企業が担いつつ，各企業のタンクがパイプでつながっていることで垂直統合の経済性が充足される。また，乗用車でも自動車メーカーと部品メーカーが新型車の開発開始時点からデザイン・インし，生産が始まれば部品メーカーが部品をジャスト・イン・タイムで納品する。部品メーカーはシステム部品のメーカーを頂点に何層にもわたる下請け構造として存在し，密接な協力関係のもとで市場取引を行っている。しかし，この種の垂直統合の経済性の存在が企業としての統合に導くか否かという議論についてはその関係を媒介するもう1つの論点がある。垂直統合

の経済性をはじめとする諸種の経済性と企業としての統合の関係は第10章の論点となる。

(2) 垂直統合にもとづく優位性の利用

垂直統合企業と非統合企業の間での競争条件についてはまず，参入を困難にしたり，ときにライバル企業を市場から排除するなど，市場構造の諸決定要因への影響があげられる。後方統合の場合，垂直統合企業が原材料や部品の調達にかかわる絶対的費用優位性をもつことが参入障壁となる可能性がある。これに対し，前方統合では，流通段階の統合により販売部門をもたない非統合企業の参入を困難にすることがある。垂直統合そのものではないが，垂直的（取引）制限の1種である拘束的契約として，日本の自動車販売での一手販売権（専属契約）のもとでディーラーが契約会社の製品しか販売しないことがアメリカの自動車メーカーの日本への参入を妨げるということで問題にされたことがある。

第2に垂直統合企業と非統合企業の取引における価格設定の問題がある。後方統合では，統合企業が原料価格を支配し，原料価格とそれによる完成品の価格との間のマージンを狭めていき，非統合完成品メーカーが利潤をあげえない状態に追い込むことを価格圧搾という。古い例であるが，1920年代にはアルミニウム鉱石（ボーキサイト）を支配しているALCOAが粗アルミニウムの販売価格を高く設定し，統合されていない完成品生産者が「圧搾」され利益のない状態にあったといわれる。また，垂直統合企業は非統合企業に対して価格以外でも自己に有利な条件付けができる。これも古い例であるが，40年代に製作から公開まで統合した主要映画会社が統合映画館で上映した後，かなりの期間を経た後でしか独立映画館が上映できないことを違法とする判決がみられる[5]。

以上のような垂直統合の優位性とよく似た状態が今日，問題となるケースとしては，NTT各社が短距離電話で独占状態にあるとともに，長距離電話やブロードバンドの利用がNTT各社の回線接続なしには成り立たないという問題がある。公正取引委員会は，2000年と2001年に2度，NTT東日本に対し，

回線接続を遅らせるなどの行為によって ADSL（デジタル加入者線）回線事業への新規参入を妨げ（2000年），あるいは，自社ユーザには無料，他社ユーザー向けには有料としていた（2001年）として警告を出している。また，2003年には光ファイバーネット接続について，回線網の開放義務があるにもかかわらず，他の接続業者への回線貸出料金より自社の接続サービスを安く販売していたとして排除勧告が出されている。

9-4 多角化の経済性と市場支配

多角化については主に経営戦略という観点から多くの議論がなされてきたが，ここでは，多角化の経済性と市場支配という視点で論点を整理しておきたい[6]。

(1) 多角化の経済性

結節点共通性

多角化の根拠に関する当初の見解としては，結節点共通性（node commonality）という議論[7]がある。企業を諸資源とそれを用いて行われる活動の束であるとみて，それが多角化展開するとき，経営資源を含む諸資源や，諸生産工程・流通過程の交差するところをここではノード（結節点あるいは結び目）といっている。そして，この結節点に共通性がある場合，そこでは規模の経済性が働く。この見解は1960年代に多くみられたコングロマリット合併を評価するうえで，互いに関連するところがきわめて少ない純粋コングロマリットの効率性を問題にするものであった。

シナジー効果

経営戦略として企業の多角化を評価するものとしてはH.I.アンゾフのシナジー（相乗）効果[8]に関する議論が代表的なものである。アンゾフはシナジー効果を「2＋2＝5」の効果と言っており，多角化展開した複数の事業が経営資源の多重利用により技術・営業活動等で相互にプラスを生み出すことを重視する。例えば，化学繊維会社のもつ高分子化学技術は，フィルム，計測機器・エ

ンジニアリング，プラスチック，炭素繊維，人工皮革，光ファイバー，医薬，人工臓器，機能膜などに応用可能であり，そのことが各社の多角化の技術的な支えとなっている。また，医薬部門に参入した化学繊維会社のなかには，医療関連で病院内防炎カーテンやシーツなど繊維製品の分野の営業活動を進めることでシナジー効果を生み出しているケースもある。

シナジー効果は多角化部門が相互にプラスを生み出すことであり，もし多角化によって相互にマイナスの効果を生むとすれば，それは負のシナジー効果となる。また，アメリカでも ice-coal cycle という言葉があるが，日本でも電気冷蔵庫やエアコンのなかった時代には炭屋が氷屋を兼業していた。しかし，これは必ずしも相乗効果を生むわけではなく，それぞれの業種の暇な時期を補い合っていたということで，相補効果となる。

範囲の経済性

シナジー効果はコスト面での結合生産の利益という面からもみることができる。結合生産の利益というのは，事業分野の広さ（事業の多角的・垂直的展開）にともなって生じる有利性のことであり，その意味でこれを範囲の経済性 (economies of scope) という[9]。範囲の経済性は第5章でみた劣加法的な費用関数の考え方と共通した次の費用関数をもって説明される。つまり，財1，財2の q_1, q_2 量を結合生産した場合の費用関数を $C(q_1, q_2)$，財1あるいは財2のみを生産した場合の費用関数をそれぞれ $C(q_1, 0)$, $C(0, q_2)$ として，

$$C(q_1, q_2) < C(q_1, 0) + C(0, q_2) \quad \text{ただし，} q_1 > 0, q_2 > 0$$

という関係が成り立つとき，範囲の経済性が働いていることになる。

ここでは，このような経済性が働くのは，シナジー効果における資源の多重利用と同様，諸生産物間で共用可能な (shared) 投入要素としての共通投入物があるためとされる。そして，そのような共通投入物の利用では，今日ではなによりも技術が重要であるが，これには生産と製品開発における経験の移転と企業内でのその共有ということを含んでよいであろう。また，生産と販売の両面での規模の経済性と垂直統合の経済性，経営スタッフなどの経営資源の有

効利用もこの共通投入物といってよい。例としては，セイコーエプソンが東京オリンピックで計時機器を担当した後，電子機器分野への事業展開を図った時期には，同社は自社を精密工業というより，むしろ「細密」工業という位置づけをし，腕時計生産の細密技術が電子機器生産に生かされているという見方をしていた。また，日本でVTRの量産体制が他国に先駆けて整ったことでは，カラーテレビの生産経験をVTR生産に活用したことがあげられる[10]。醸造会社の発酵技術も，バイオ技術として医薬分野で活用される可能性がある。そして，もちろん，上記の化学繊維会社における高分子化学技術もそのような共通投入物である。

その他の多角化の根拠

多角化の根拠については以上の説明の他にもいろいろな説明の仕方がある。その1つは余剰能力，とくに余剰人員の活用ということであり，これは第1次石油ショック後，繊維や非鉄金属を本業とする企業が多角化展開を始める際に多くみられた。また，多角化していることで特定業種での業績悪化が企業全体の業績に大きく影響を及ぼすのを防ぐということではリスクの分散も1つの根拠となる。なお，次に市場支配とかかわって論じるPPM（プロダクト・ポートフォリオ・マネジメント）も企業戦略の有力な手法であり，多角化の推進力となってきた。このPPMでの内部相互補助は第10章でみる事業部制組織（M型組織）における本社の利潤吸収機能と特定事業部へのその集中的配分との関連でみれば，コングロマリットをミニチュア資本市場としてとらえ，その面での効率性に多角化の根拠を求める見方[11]も成り立つ。

(2) 多角化と市場支配

相互参入の排除と互恵的取引

多角化企業が市場支配という点でもつ優位性としては，これまで，多角化合併について，相互に参入可能な市場（アメリカにおける議論では主に地理的市場）への拡張を意図した多角化合併が当事者企業相互の潜在的競争を排除する可能性が指摘されてきた。また，このほかに，互恵的取引（reciprocity）の

可能性や，抱き合わせ契約等の不公正取引の可能性も問題とされてきた。互恵的取引というのは，国際貿易における 2 国間の互恵関係に類似しており，互いに相手に対して売り手であると同時に買い手であるような場合に，第三者との取引より有利な条件を互いに提示する可能性があるというケースである。多角化企業同士の取引を考えると，多角化企業がもつ諸事業の製品・サービスの一部は相手企業の事業展開にとって互いに必要とされるかもしれないのであって，その場合，互恵取引の可能性があるとされる。

ディープ・ポケットの理論

　多角化企業のもつ優位性をめぐる議論で最も代表的なものは，多角化企業のもつディープ・ポケット（deep pocket）とそれにもとづくプレデーション（predation）の可能性にかかわる議論であり，これはディープ・ポケットの理論，あるいは，ときにロング・パース（長い財布，long purse）の理論といわれる。ディープ・ポケットの理論は文字通り，多角化企業がある部門から他の部門に補助金を提供できる深いポケットをもっていること，つまり，企業内での諸部門間の内部相互補助（cross-subsidization）が可能であることにプレデーションの根拠を求めるものである。ここでは，多角化企業は収益力のある他の部門からの内部相互補助により，ときに価格引き下げといった手段を含め，市場支配を意図する部門における攻撃的行動により既存の競争相手を駆逐したり，あるいは，参入企業を排除する可能性をもつとされる。この場合，非多角化企業にとっては対抗手段はない。

企業特定的資産の移転可能性

　ディープ・ポケットの理論は多角化企業が内部相互補助できる資金源を利用できることに留意した議論であるが，多角化業種そのものの相互関係をとくに問題にしたものではない。これに対し，多角化企業が共通投入物をもつということは製品にサンクされない（非製品特定的）資産をもつということである。そして，多角化企業がそれをその企業特有のもの（その企業でしか用いえない企業特定的資産）としてもつとすれば，多角化企業はライバル企業に対する攻

撃手段として，一時的に他の生産工程もしくは立地からその投入物を移転でき，また，ライバルが当該産業から駆逐されたときには，企業特定的資産が以前の用途に戻す形で移転されうる。さらに，ライバルが高価格に応じて参入もしくは再参入しようとする場合はいつでも，多角化企業はこの企業特定的資産をもって迅速に対抗できる。ここでは，企業特定的資産を迅速に移転する能力がプレデーションの条件となっている[12]。

プロダクト・ポートフォリオ・マネジメント（PPM）

企業の多角化に関するよく知られた経営戦略論としては，ボストン・コンサルティング・グループが提示したプロダクト（製品）・ポートフォリオ・マネジメント（PPM, Product Portfolio Management）がある[13]が，このPPMもディープ・ポケットの理論を経営戦略に用いた例である。ここでポートフォリオというのは，もともとは書類入れ用の紙バサミであり，1つのファイルにいろいろな書類が入るということであるが，それが株式や投資信託等への投資といった資産運用にかかわる用語として用いられてきた。しかし，ここではさらに，多角化企業が各種の事業展開をすることについてこの言葉が使われている。

このPPMでは分析対象となる企業の各多角化事業について，その業界内での地位とその業種の将来性（成長性）をマトリックスの形で示し，各事業の役割を判断する。つまり，図9-4では，縦の軸にその業種の成長性を示し，横軸にはその事業での当該企業のマーケット・シェア（通常，最大の競争相手に対する自社の相対的マーケット・シェア）を示す。そして，各事業がこのマトリックスのなかでどのような位置にあるかを円（その場合，各事業の売上高の相対的規模を円周の大きさで示す）で表す。このマトリックスのなかの「負け犬」では自社がたいしたシェアをもたず，しかも成長性が見込めないということであり，この場合は撤退するしかない。また，「金のなる木」は当該企業にとって市場力があり，市場規模も大きく，収益源となっているが，業種としては成熟産業であって成長性は低い。「花形」はこの企業の将来を期待させる事業であって，いずれは「金のなる木」になると予想される。そして，このマト

図9-4 プロダクト・ポートフォリオ・マネジメント（PPM）

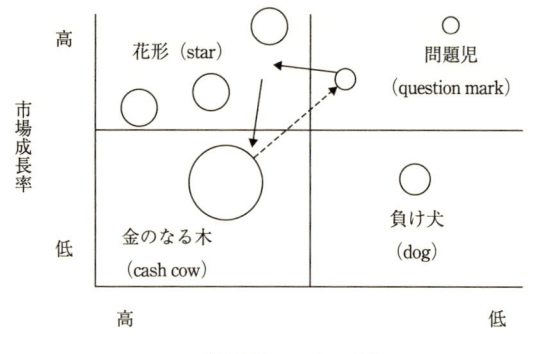

```
                  高
              花形（star）          問題児
市                                (question mark)
場
成
長
率
              金のなる木           負け犬
              (cash cow)          (dog)
              低
              高                    低
              （相対的）マーケットシェア
```

リックスで一番問題となるのは「問題児」である。この事業は成長性があるが，当社の市場シェアは低い。そこで提言される戦略は，図9-4で破線で示しているように「金のなる木」から資金（内部相互補助）を「問題児」に投入することである。つまり，収益力のある成熟部門からの補助というディープ・ポケットを用いて，「問題児」を「花形」に育てるのである。ここで，実線は「問題児」がディープ・ポケットのおかげで「花形」になり，いずれは「金のなる木」になっていくという関係を示している。

相互抑制説

　ディープ・ポケットの理論を用いた多角化企業の行動を寡占的相互依存関係の認識との関連でみる議論として相互抑制説がある。ディープ・ポケットを有する多角化企業が複数の寡占市場において相対峙する場合，ライバル企業の攻撃的行動に対して多角化企業が同一産業で同じく内部相互補助を用いて報復を行うことができるだけでなく，さらに，1産業での攻撃的行動に対して他産業でも報復的行動を招く可能性がある。ここでは，結局，多角化企業が相互に相手のリアクションを考慮に入れた行動を行うなかで，相互に各産業で協調行動をとることになる。このような関係は相互抑制説，あるいは，論者によっては相互忍耐説（mutual forbearance），共存政策（a live and let live policy）と

いっている。

　このような関係は，日本では長い間，家電メーカーが互いによく似た製品ラインをもち各市場で対峙していた状態を想起させる。ただし，最近では，例えば薄型テレビにおける液晶とプラズマといったように同じ薄型でも技術の差は大きく，また，それぞれ主力メーカーが異なるというように，かつてのような横並びの製品ラインで寡占メーカーが互いに対峙していた状態とは程遠い。

1）ただし，各社の発表する部門分けでは，それぞれの部門に小（3桁）・細（4桁）分類の諸部門が混ざっており，ここでの産業名とコード番号はあくまでも，それぞれの部門の代表例である。このことは，表9-1の対象となる94社のすべてについていえるのであって，実際には，D_3，D_4の多角化度はもっと高い。
2）Rumelt, R. P. (1974).
3）Chandler, A. D. Jr. (1962). チャンドラーのアメリカ企業の戦略と組織についてのより新しい分析は Chandler, A. D. Jr. (1990)，日本企業についてのルメルト的分析は吉原秀樹・佐久間昭光・伊丹敬之・加護野忠男（1981）。また，安喜博彦（1995）第8章は，各国企業の組織形態の特性を考慮したうえで，戦略・組織形態とパフォーマンスの米・英・独・日の国際比較を試みている。
4）日本では多くは『日本経済新聞』紙上での公告による。近年は，金融庁のホームページでも公開されている。
5）このアルミニウムと映画館の例は，Bain, J. S. (1968) 訳390-392ページ，590ページ参照。
6）安喜博彦（1995）第6章および補論B参照。
7）Narver, J. C. (1967).
8）Ansoff, H. I. (1965).
9）Panzar, J. C. and R. D. Willig (1981).
10) VTRにおける日本の成功は，西田稔（1987）202-213ページ参照。
11) Williamson, O. (1975) 第5章。
12) この種の議論については，安喜博彦（1995）補論B参照。
13) Henderson, B. D. (1979).

第10章

企業の理論
―企業としての統合と企業間関係―

10-1　取引費用の経済学

　ここまでの議論では，企業がその規模を拡大する根拠について，同一業種での拡大では規模の経済性，垂直統合では垂直統合の経済性，多角化展開では範囲の経済性といった企業の技術的効率の追求についてみてきた。しかし，統合化の誘因としての各種の経済性が働くとしても，それが即，企業組織としての統合につながるのか否か，つまり，技術的効率イコール組織的効率であるか否かについては，さらに考慮すべき論点がある。別の言い方をすれば，たとえ各種の経済性が存在しても，もし何らかの条件が満たされればそういった経済性の作用する諸経済活動の調整が市場取引をつうじて行われる可能性は排除されない。

　いささか単純化された例でいえば，規模の経済性を充足する大規模設備を複数の企業が共用することも考えられる。鉄道事業では路線が広域であるほど利用者の利便性が大であるというネットワーク効果（ネットワークの経済性）が働くが，これもまた，複数の鉄道会社の相互乗り入れによって実現可能である。また，垂直統合の経済性についても，共通の生産拠点による費用節約の例としては，日本の高度成長期の石油化学コンビナートは，日本の化学会社の資本力に制約があったこともあり，各工業薬品を生産する複数の化学会社のタンクをパイプによってつなぐことによって実現した。さらに，加工組立型産業における部品の産出比率の調整という点では，トヨタのジャスト・イン・タイム・システムのようなサプライヤーとの密接な連係プレーによる外注か，フォード生

産システムにおける内製か，という生産システムをめぐる議論を引き起こした。範囲の経済性についても，D. J. ティースが「範囲の経済性と企業の範囲」という問題設定をした[1]ように，企業の多角化展開において共通投入物となる技術を複数の企業が市場取引をつうじて活用する可能性は排除されない。ティースは，このことを同じ土地を共通投入物としてリンゴを育てている果樹園経営者と羊を飼育している牧畜経営者との関係といういささか牧歌的な事例で説明しているが，今日の企業の多角化においては共通投入物としては技術の役割が大きいことはいうまでもない。しかし，次に述べる取引費用の経済学では，諸経済活動の統合につながる諸種の経済性の存在は基本的に組織的統合（内部組織）を帰結するものと考えられてきた。

　こういった技術的効率と組織的効率をめぐる議論は，「価格メカニズムにとって代わること」に企業の特質を求め，企業規模を確定するためには，「市場利用の費用」と「組織化の費用」を検討しなければならないというR. コースの問題提起に始まる[2]。この問題提起を受けて取引費用の経済学を確立したO. ウィリアムソン[3]によれば，経済活動の調整には市場による調整と内部的調整の2つのタイプがあり，そして，市場による調整のコストとしては取引相手の発見，取引条件についての情報の伝達，契約までの交渉，契約後の査察等にかかる取引費用があり，また，内部的調整のコストとしては管理面の負担，情報伝達の歪みをあげることができる。このコストの如何によって，市場による取引と企業内統御（governance）のいずれが優位に立つかが決まるとされる。

　ウィリアムソンはそのような取引費用論にもとづき，何らかの経済性が作用する場合，それが組織としての統合を求めることになる事情を，機会主義，限定された合理性，不確実性，および事後的な少数性というキーワードを用いて説明する。

　ここで想定されている状況を記せば，次のようになる。取引を始めるに際して取引可能な相手が多数存在していたとしても，何らかの経済性が作用する諸経済活動を市場取引によって調整するとすれば，一度取引関係が成立した後には，一定の取引相手にしか供給できない製品とそのための投入物・資産（取引特定的資産）が存在することになり，取引当事者が事後的に少数となる。しか

第10章　企業の理論

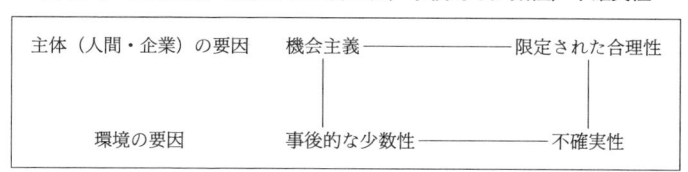

図10-1　機会主義，限定された合理性，事後的な少数性，不確実性

```
主体（人間・企業）の要因    機会主義 ──────── 限定された合理性

環境の要因           事後的な少数性 ──────── 不確実性
```

も，将来不測の事態が起こる可能性（不確実性）があるという環境要因が作用する条件のもとで，産業活動の主体としての人間・企業が合理性を保証されておらず（限定された合理性），そのうえ，自己に有利な機会があればうまく立ち回ってそれを利用しようとする性癖（機会主義）をもつとする。

そのような状況下での市場取引にともなう契約関係を考えると，まず短期契約を逐次更新する逐次的現物市場（スポット市場，spot）あるいは逐次的現物契約が考えられるが，ここでは事後的な少数性により取引関係が固定されており，機会主義による契約関係の破綻の危険性が常に存在する。したがって，長期的・継続的取引を可能にする長期契約が必要であるが，あらゆる不測の事態をカバーするような包括的な契約（複雑な条件付き請求権契約）の作成・実行は困難といわざるをえない。また，不完全な長期契約の場合でも少なくとも不測の事態に対応できる利潤とリスクのシェアリング・ルール（予想外に儲かった場合の利潤のシェアリングと予想外の損失に際してのリスクのシェアリング）が必要である。しかし，こういった契約はそれが不完全であり，不明確さのために機会主義の余地があるがゆえに，取引関係を不安定なものにせざるをえない。ウィリアムソンは拘束的契約（obligational contracting）により機会主義を制御することで独立企業間の市場での取引が成り立つケースをも想定し，不完備な長期契約と反復的短期契約について，その契約形態を検討しているが，それはいずれかといえば，そのような契約の困難性を指摘するものであった[4]。

10-2　組織デザインの多様性

1920年代から第2次大戦後にかけて世界経済で圧倒的な地位を占めるよう

になった垂直統合型のアメリカの巨大企業は，さらに60年代以降，積極的な多角化戦略を展開する。しかし，大規模組織における諸経済活動の内部調整には管理面・情報伝達面で多大なコストがかかる。とりわけ企業の多角化展開とグローバル展開は異質な経済活動を1つの企業組織に統合することになり，この大規模組織の非効率の問題を深刻なものにする。このような事態に対して，企業は内部的調整のコストの節減を可能にするようなフレキシブルな組織形態を追求することになる。とくに多角化戦略に対応する組織形態として代表的なものとされたのは事業部制（multi-divisional）組織であり，70年代から80年代初頭の時期には，「組織構造は戦略に従う」というA.チャンドラーの視点に触発されて事業部制組織と企業成果の関係に関する分析が盛んに行われた[5]。

　職能別組織（U型組織）と事業部制組織（M型組織）の違いは図10-2にみるように，U型では取締役会を頂点として各職能別に上司・部下の関係があるのに対し，M型では本社（執行機関・取締役会）が戦略的意思決定を担う一方で，各職能は各事業部のなかにおかれており，操業上の日常的な意思決定は製品別・地域別事業部が担っている。そのなかで，事業部は独立採算のプロフィットセンター（profit center）としての役割を果たすが，本社は一方で，この利潤を吸収し，それをもって諸事業部の間での経営資源の再配分に関する戦略的な意思決定をする。また，本社にはそのような戦略的意思決定に必要な情報

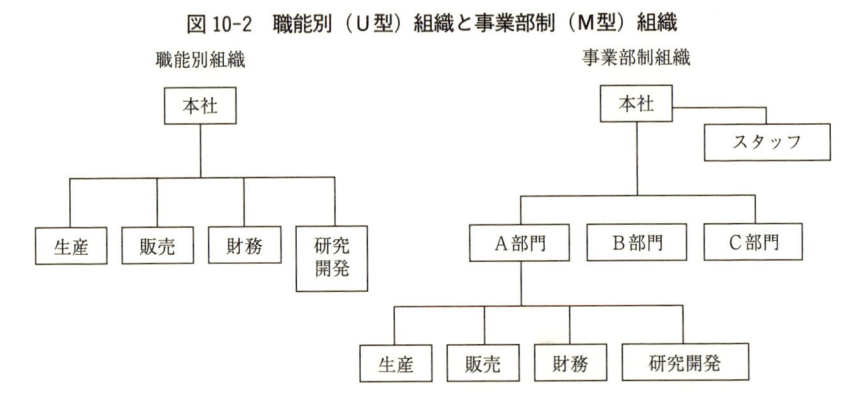

図10-2　職能別（U型）組織と事業部制（M型）組織

をもち，執行機関へのアドバイス・提案を行う直属のスタッフ部門が存在する。

日本ではこのようなM型への移行は欧米諸国に比べて遅れるとともに，M型に移行した場合でも，日本的経営の特徴とされた「ボトムアップ」システムの結果として，戦略的意思決定と操業上の意思決定との分離がはっきりしている理念型のM型に対応するものとは必ずしもいえなかったが，さらに，最近の経営改革のなかで事業部制そのものを見直す動きもある。また，フレキシブルな企業組織の構築はこのようなU型からM型への移行というだけでなく，さまざまなレベルでの機動的な経営組織（各社が採用している社内ベンチャー，アメーバー・グループ，フロント・ツー・フロント・システム，戦略事業単位，緊急プロジェクト・チームなど，様々な名で呼ばれる多様な経営組織がある）を採用するということも，大規模組織の非効率を克服する手段とされてきた。

また，企業の組織形態としてはM型とU型のほかに，その混合型（X型）や持株会社（H型）が存在する。日本では戦前の財閥が持株会社形態をとっていたため独占禁止法では純粋持株会社を禁止してきたが，97年の法改正により持株会社が解禁となった。持株会社は一方で組織のフレキシビリティーを高めるための分社化の手段とされるが，他方では，金融機関の統合で形成されたいくつかの「○○ホールディング」のように一層の大規模組織の形成を意図したものもある。

10-3　資源ベースの企業理論と企業間関係

本章の冒頭であげた経済的諸活動の統合を内部調整に依存しない可能性についてのいくつかの例はもともと，取引費用論が技術的効率と組織的効率を同一視しないことによって，企業間の密接な協力関係による諸種の経済性の充足という問題を射程内においていたことを示している。とくに日本経済が石油ショックを乗り切ることで，世界経済のなかでの存在感を強めた1970年代後半以降の一時期には，旧財閥系の金融機関，商社，およびその他の企業からなる企業グループや，自動車をはじめとする加工組立型産業でのアセンブラーとサプライヤーの関係（生産系列），さらには，メーカーとディーラー等の流通部門

の企業との関係（流通系列）など，日本の企業間関係を取引費用論との関連で説明しようとする試みがみられた。その場合，しばしば論点となったのは，機会主義的行動を制御する仕組みの問題であるが，その点では，右肩上がりの経済成長のもとでは将来の取引関係を危うくする機会主義的行動を取引当事者双方が避けようとするといった評判（reputation）効果や，株式の相互持ち合い，役員の派遣，あるいは，自動車メーカーにおける協力会といった一種の人質を設けていることが指摘されてきた。

　それとともに，取引費用と契約の問題に限定せずに，さらに企業のもつ経営資源あるいは能力という角度から企業をとらえ，その方向から企業間関係の問題を考えるという視点が重視されてきた。前述のティースは，技術についてそれが暗黙的性格をもつ組織的知識であると認識し，これを特定的資産とみて取引費用論に依拠した多角化の説明をしたが，彼はそれとの関連で，「生産資源の集合体」としての企業を論じた E. ペンローズ[6]を再評価している。そしてさらに，彼は92年の論文[7]では，70年代以降の一般的傾向として，企業の境界のファジー化という論点を提示し，コア技術の事業化に必要な補完的技術と補完的資産の存在が組織のハイブリッド構造を求める傾向について論じている。ここでは，企業のもつ経営能力を含む諸能力（capability）あるいは競争能力（competence）を重視する企業理論である資源ベースの企業理論，もしくは，コンピタンス理論への傾斜を認めることができる。

　いわゆる資源ベースの理論は，ペンローズの企業成長の理論にその起源を求めることができる。彼女は，企業の境界を決めるものは「管理的調整の範囲」であるとして，「管理組織体」としての企業という視点を提示する一方で，企業の長期的な収益性，存続および成長を説明すべく，「生産資源の集合体」としての企業について論じる。その場合，彼女がとくに強調しているのは，「資源のもたらす用役（services）」が個々の企業の「特異性・固有性（uniqueness）」と「異質性（heterogeneity）」をもたらすことである。つまり，「資源のもたらす用役とは資源の使用方法の函数である。まったく同じ資源が別の目的または別の用途に用いられる場合や，あるいは別のものといっしょに用いる場合には，異なった用役，または用役の集合を提供する」ということである。

この企業の異質性という視点は今日の資源ベースの理論にとってキー概念となっている。資源ベースの理論では,「持続的な競争優位（sustained competitive advantage）」,つまり,「競争優位の創出,維持,更新」を企業の内部資源の特質とそのダイナミックスによって説明しようとするが[8],ここでは,企業はそれのもつ資源の資質（endowments）によって異なったものとしてとらえられるのであって,そういった異質性が競争優位の基本的条件となる。

　資源ベースの理論の展開のなかでペンローズとともに再評価を得ている論者にG. B. リチャードソンがある[9]。彼は,企業成長を企業の諸能力との関係で説明した点でペンローズを評価したうえで,企業の諸活動と諸能力について,そのために同一の能力を要する活動を類似の活動と呼び,これに対し,諸活動が生産工程の異なった諸局面の活動であり,それらが何らかの仕方で調整される必要がある場合を補完的活動と名付けている。このうち補完的活動については量的にも質的にも調整されざるをえないが,その調整形態としては,指揮,協力,市場取引の3つの形態がありうるとする。そして,密接な補完性があり,かつ類似性のない諸活動を調整するには,それが類似性のない活動であるがゆえに指揮になじまず,また,その補完性のゆえに個別企業の計画のマッティングが必要とされる限り市場力にゆだねることもできないという。ここでは,企業内の調整と市場による調整といった経済活動の2つの調整法への二分法（彼は市場の大海のなかでの島としての企業という比喩を批判している）ではなく,企業間の密接なネットワークが存在することになる。

　日本における企業間関係の展開は多分に,欧米諸国へのキャッチアップ過程において急速な産業発展をみた歴史的制約条件によって強いられた面があり,そのなかで上述の「人質」の設定のほかにも,日本の自動車部品取引にみられる量,品質,納期にわたる特有の契約的枠組みの工夫,つまり,単一の契約書ではなく,文書と慣行を合わせた契約形態がみられた。例えば,1つの部品の取引関係がモデルチェンジの際の納入先変更との関係で通常4〜5年とすれば,単価に関する契約は量産開始の9〜6カ月前の量産試作時で,6カ月毎の更改交渉となる。そして,数量決定は,3カ月間の発注予定表（内示）により,毎月契約とされるとともに,ジャスト・イン・タイム・システムのもとで実際の

月間取引量との差は翌月繰り越し等の調整が行われる。しかし,自動車部品の取引においてこのような契約的枠組みを紹介した浅沼萬里[10]はそれとともに,そういった取引関係のなかで形成される「関係的技能 (relational skill)」がウィリアムソンの取引特定的資産とは異なり,「組織としての特定のサプライヤーのなかに蓄積」される一般的能力となりうること,つまり,それがその企業に特有の能力の形成を意味することを指摘している[11]。アメリカの自動車メーカーでも1980年代後半以降,ときにアメリカ的系列の形成といわれたような従来のサプライヤーとの取引関係の見直しから始まり,GMやフォードの部品部門の独立に至っており,企業としての垂直統合から企業間での調整への移行が進んできた。

また,顧客満足を原点とする設計,生産,受発注の同時並行的な情報通信システムをつうじた取引であるサプライ・チェーン・マネジメント (SCM) や,コア技術の事業化に必要な補完的技術を提供し合うなどの各種の戦略的提携といったように,企業間関係の多様な展開もまた,組織デザインの多様性の一環といってよい。

さらには,アメリカのシリコンバレーに代表される産業クラスター (産業集積) のように,特定地域に立地することで,その立地内の他の企業との情報交換等,協力関係が形成されることによって,特定立地内の企業が対価を支払うことなく便益を得ることができるという外部経済性が働くケースも企業間関係論という視点でみることができよう。

1) Teece, D. J. (1980).
2) Coase, R. (1937). 同論文は Coase, R. (1988) に所収。
3) Williamson, O. (1975).
4) Williamson, O. (1976). 同論文は Williamson, O. (1986) に所収。
5) 各国の実証分析の国際比較は,安喜博彦 (1995) 第8章参照。
6) Penrose, E. (1959).
7) Teece, D. J. (1992).
8) Foss, N. J. (1996).

9) Richardson, G. B. (1972). 同論文は Richardson, G. B. (1990) に所収。
10) 浅沼萬里 (1984)。同論文は加筆のうえ浅沼萬里 (1997) に所収。
11) Asanuma, B. (1989). 同論文は浅沼萬里 (1997) に所収。

第11章
21世紀の産業組織
―産業組織の展望―

　産業組織論の理論的フレームワークと分析ツールはもともと19世紀末以降の産業展開を反映したものであったが，とくに1970年代以降の議論の多くはそのような産業基盤の変容に対応した分析手法の開発を意図したものであった。ここでは，第4章から第10章までの論点を歴史的パースペクティブという視点でできるだけ簡潔にまとめておきたい。

11-1　20世紀の産業組織

　産業組織論の形成の背景には，19世紀末に発生して以来，さまざまな形をとってきた独占問題とそれに対処しようとした反トラスト政策の歴史があった。その意味では，産業組織論の研究対象はもともと，大量生産・大量消費社会をいち早く築いた20世紀のアメリカの産業展開の理論的説明にあり，その理論的フレームワークもまたそのような内容をもっていた。そのことを簡潔に整理すれば次のようになる。まず，基本的に国境の壁のなかで大量生産システムを作り上げた垂直統合企業が産業活動の主体であった。1908年に生産が開始されたT型フォードは，規格化した部品による規格化された製品の大量生産によって成功した例であり，自動車をはじめとする加工組立型の産業では組立ラインの規模の拡大と自動化へと進む。また，鉄鋼，石油精製，化学などの装置型の産業では装置の巨大化が進展する。

　産業組織論のフレームワークとの関係でいうと，規模の経済性に支えられた産業集中の進展が多くの産業を特徴づけることになった。さらにまた，規格化

した製品の大量販売のために企業は各種の販売促進策をとり，製品差別化ということが問題になった。そして，このような規模の経済性と製品差別化はそれ自体，諸産業への参入障壁の役割をも果たしてきた。

このような条件のもとで反トラスト規制をめぐるこれまでの論点は，その中心となるカルテルのほかに，独占的地位の濫用としてのプレデーションや，垂直的取引制限，水平的合併，さらには寡占そのものの規制といった側面にわたっていた。

11-2　21世紀の産業組織

今日の産業組織の展開を論じる場合，まずその背景として，経済のグローバリゼーションとともに，産業基盤の変化，とくに情報通信技術の進展ということがある。グローバル競争のなかでの国境を越えた企業再編成や戦略的提携は日常的なものになっており，企業は世界的規模で顧客満足を原点とする製品戦略とその製品・サービスの供給体制の構築を迫られている。

そのなかで産業組織のあり方も大きく変容しつつある。設備規模を中心とする規模の経済性に代わって経験曲線や範囲の経済性，ネットワーク効果といった要因が大きな役割を果たすようになっており，経験曲線やネットワーク効果を狙う企業の戦略が往々にして急速な独占的地位の形成や後発企業の参入を妨げる要因となっている。また，製品差別化という点でも製品特性を多様化する徹底した多品種多仕様化と市場セグメントを埋め尽くそうとするブランド増殖戦略が支配的企業の戦略となっている。さらに範囲の経済性は多品種多仕様化と企業の多角化を支える技術的条件となっている。

しかし，技術基盤の変化とニーズの多様化の動きは，一方で，形成された独占的地位の安定性を損なう側面をもっている。とくに今日，諸産業の市場の境界が不鮮明になり，また流動的になってきているといった融業化・業際化現象のもとでは，いったん特定の業種で形成された支配的地位も代替品の登場によって意味を失うことにもなりかねない。さらに，コンピュータ産業でPCメーカーでなく，ウィンドウズのようなOSの方が主導権をもつことになったとい

うようなプラットフォームの交代という問題もある。さらにいえば，多品種多仕様化の進展は，セル生産方式と呼ばれる小ロット生産に道を開きつつあり，工場内分業の延長線上にある自動化ラインにとって代わるということも起きている。参入条件ということでも，種々の参入阻止戦略が講じられる一方で，サンク・コストの役割が変化するなかで情報通信分野をはじめとしてヒット・エンド・ラン型の参入の可能性も大きい。

　企業組織の規模とその形態という点でも，1970年代以降の一般的傾向として企業の境界のファジー化ということがいわれてきた[1]が，現在，一方でグローバル競争と産業の壁を越えた業際的競争のなかで，多くの産業で企業の経営統合が進展するとともに，巨大組織を統御する組織形態の問題が深刻化している。また，企業の境界のファジー化を生み出した条件，つまり，諸種の経済性を市場取引によって享受できる条件としての情報通信システムの進化とそのオープン化は，今後，SCM（顧客満足を原点として，複数企業の協力により設計・調達・生産・流通過程における財の流れと保管の全プロセスを管理）のような管理システムや，企業間の各種の戦略的提携をさらに多様化していくと思われる。アメリカの自動車部品のモジュール化が一時注目されたが，アメリカの自動車産業の復活そのものが疑問視されるに至っており，モジュール化はむしろ情報通信分野のようにモジュール化に適した産業分野でのアメリカの競争力の強さという形で論じられるようになっている。いずれにしても企業間関係のあり方をめぐる議論が今後，さらに重要な論点となるであろう。

　1）Teece, D. J. (1992).

第12章
産業政策と国の競争力

12-1　産業組織政策と産業構造政策

(1)　産業組織政策

　市場経済においては，経済発展にともなう産業体系の変化は，資源配分機能の担い手である諸産業の市場機構とそのなかでの企業の行動という産業組織のあり方によって制約される。産業組織論は，そういう観点から，市場の資源配分機能に歪みをもたらすものとして諸産業における独占問題を考察し，かつ，その是正策としての反トラスト政策（独占禁止政策）のあり方を論点としてきた。産業組織論のフレームワークの政策志向性ということについてはすでに第4章で触れたが，そこでは，市場成果が公共政策の必要領域を確定する基準とされ，それにもとづいて，そういった市場成果の決定要因としての市場構造および市場行動に対して政策手段が選定される。価格カルテルなどの「不当な取引制限」と垂直的制限を含む「不公正な取引方法」の規制，水平的合併の規制，そして，高位集中寡占の弊害の規制はそのようなフレームワークのなかで設定されたものである。

　このような産業組織にかかわる政策としての反トラスト政策は市場経済の秩序，あるいは，市場経済における競争ルールを設定するものとして，諸種の公共政策のなかでも独自性の強いものとされてきた。しかし，反トラスト政策のあり方をめぐっては第4章でみたようにその展開のそれぞれの局面で様々な議論がなされてきた。ここでは，そのような反トラスト政策をめぐる論点を整理しておきたい。

まず第1にいえることは，産業組織論のフレームワークでは市場成果が公共政策の必要領域を確定する基準とされているが，一方で，個々のケースについて市場成果を評価することは困難であり，むしろ MS・MC・MP パラダイムのもとで市場構造と市場行動のあり方そのものを規制対象とせざるをえない面があることである。カルテルは一般的に，当然違法（per se illegal）とされ，原則禁止とされている。また，水平的合併についてもアメリカでは関連市場における市場シェアを判断基準とするガイドラインが設定されているが，このガイドラインを超えれば基本的に，当然違法の扱いを受ける。

これに対し，個々のケースについてその競争的効果と反競争的効果を比較考量すべしとする合理の原則（rule of reason）を採用する場合，当該産業における市場成果をどのように評価するかが問題となる。とくにこれまで，市場成果の諸要素のなかでは配分効率（資源配分の効率性）が最重要視され，そして，価格イコール限界費用の関係，あるいは，超過利潤の発生の有無がその判断基準と考えられてきた。カルテルや高位集中寡占の形成はこのような配分効率を損なうものとされてきたが，市場成果を構成する要素はほかにもあり，とくに最適規模（長期平均費用最小という条件）との関係は配分効率でみた弊害とのジレンマを生じかねない。かつての八幡・富士合併による新日本製鐵の成立に際しては，規模の経済性の実現がその根拠とされたし，現行の独占禁止法における「独占的状態に対する規制措置」でもその措置が講じられることなく経緯している背景の1つは，この規模の経済性との関係にある。さらに，アメリカの反トラスト政策のこれまでの歴史でみれば，1930年代後半から70年代初頭までの時期には抱き合わせなどの垂直的制限にも当然違法の判例があったが，最近の反トラスト政策のなかでは，抱き合わせについてもそれがコスト削減や製品もしくはサービスの質の改善につながっているか否かという点が問題とされており，市場支配を意図したプレデーションについても，プレデーションの間に生じた損失を埋め合わせるのに十分な期間にわたって市場封鎖を維持する能力があるかどうかという「埋め合わせテスト」が提起されており，合理の原則のもとでは多くのケースでその違法性を論証することは困難である。

第2に，この間，アメリカにおける情報通信関連の反トラスト訴訟と関連し

て，反トラスト政策そのものに対して根本的な疑念が提示されていることも指摘しておく必要があるであろう。新オーストリア学派の代表的論客の1人であるD. T. アルメンターノ[1]は，TIOの論者のみならず，競争的均衡を前提とする限り反トラスト政策の支持者の多くが本来，構造主義的視点に立っていると批判する。彼にとっての競争（business competition）概念は，価格が市場によって与えられる状態ではなく，「供給計画と需要計画の密接な調整が達成されるように，不完全情報下にある企業家が市場条件を調整しようと試みる過程」である。そのような競争過程のもとでは，集中水準の上昇は，特定の企業が他の企業よりも効率を高めることによって，あるいは，他の企業より消費者にとって魅力的な新製品の革新を行ったことによって生じる。合併もまた，それは生産，流通，研究開発，資金調達における規模の経済性を享受するために行われるのであって，その結果として企業成長と集中がもたらされる。このような競争過程は，別の言い方をすれば，「企業が他の市場参加者に対してより魅力的な機会を申し出ることが自由であるような過程」であって，そのような申し出と市場調整を恣意的に制限する力が独占力であるとすれば，それは直接の政府介入なしには存在しえない。彼は，このような競争観・独占観に立って，反トラスト政策がむしろ企業の自由な競争を歪め，競争と消費者の利益に反する役割を果たしてきたとして，反トラスト政策の全面的な廃止を提唱している。

これに対し，反トラスト政策の有効性を否定しないとしても，イノベーションをめぐる動態的競争を重視する企業理論との関連で反トラスト政策を評価しようとする視点を第3の論点としてあげることができよう。この点では1つは，M. E. ポーター[2]のように，たとえ産業集中を市場構造上の判断基準とする場合でも，特定時点での集中度の高さではなく，その産業における主要企業の市場シェアの変動が重要であり，また，産業集中のみならず業界構造を構成する5つの要因の総合的判断が必要であるという視点がある。成熟産業での独占状態とは異なり，イノベーションの著しい産業では高い市場シェアが急速に確保される一方で，そのシェアが他の企業の革新努力によって奪われる可能性も高い。それとともに，たとえ特定の産業で高位集中状態にあっても，参入や代替品による競争の可能性があり，さらに供給業者や買い手との交渉力によって当

該産業での市場支配力が影響を受けることも無視できない。代替品による競争ということでは，マイクロソフト訴訟ではブラウザが主導的プラットフォームとしてウィンドウズにとって代わる脅威ということが話題となった。コンピュータ・システムにおけるプラットフォームが PC そのものから OS と CPU，さらにはブラウザやコンテンツへ移動するなかでの主導的プラットフォームの提供者になるための競争という見方をするとすれば，ここでは，競争は類似製品をめぐる価格競争にとどまらず，製品カテゴリーの転換をも含むものといえる。このプラットフォームをめぐる競争は，関連産業をレイヤー（layers, 階層）としてとらえ，隣接するレイヤーにおいて強力なベースをもつ企業による垂直的競争とみることもできる[3]。

　企業理論との関連ではさらに，第10章で論じた資源ベースの企業理論との関連がある。「持続的な競争優位」を創出・維持・更新する企業の能力を重視する視点では，「企業の異質性」ということがその前提となっており，企業レベルで蓄積される技術と生産のスキルをコンピタンスとして確立する能力が競争優位の源泉とされる。そして，複数のコンピタンスの物理的体化物としてのコア製品によって諸事業が形成され，その果実が最終製品である。反トラスト上の関連市場はこの最終製品レベルで画定されており，イノベーションの原動力である企業の動態的競争の仕組みを考慮したものではない。そのことは，反トラスト政策の目的としての消費者の利益と効率性を企業のイノベーション能力と関連させてとらえようとする場合，とくに問題となるであろう。

(2) 産業構造政策

　日本では，産業政策という言葉はしばしば，産業構造政策の意味で用いられてきた。その場合の産業構造政策とは，産業構造を高度化するため，すなわち，経済発展の過程にある国にとって望ましい産業構造を構築するために採用される政策と考えられる。そして，ここでは，国がリーディング産業あるいはトリガー（引き金）産業を設定し，その育成を図るものとされる。そのなかで，日本の産業政策をめぐる議論は，とくに1960年代以降の高度成長過程において，そのような産業構造政策が行われたのか，行われたとすれば，それが実効性の

ある政策手段をともなっていたのか，さらには，そのような政策の有無とは関係なしに日本の産業構造の高度化が実現したのではないか，といった論点を含んでいた。いずれにしても事実として，当時の通産省をはじめとして，産業構造の高度化を志向する産業政策を意図した行政組織は存在したし，そのもとで審議会答申等の形での提言が行われ，各種の行政指導が行われてきた。ここでは，産業構造政策の根拠と日本におけるその歴史を概観しておきたい。

　コーリン・クラークのペティの法則は，経済発展にともなう一国の産業体系の変化の方向について実証分析したものであった。しかし，そこでは経済発展水準が与えられたものとなっているが，一方で経済発展は産業構造の高度化のなかで実現していくのであって，経済発展と産業構造の変化はいわば相互規定の関係にあり，この両者の好循環こそ望ましい状態といえる。そういった点でみると，産業構造政策の評価は，市場経済において企業の自由な意思決定にもとづく行動のなかでこの好循環が実現するとみるか否かという点にかかわっているといえる。

　従来，産業構造政策の根拠とされてきた議論からすれば，国際市場における比較優位による国際分業を前提とすれば，経済発展段階の低い国は市場経済のなかでは産業構造の高度化はきわめて困難である。つまり，先進国は比較優位を有する資本集約的な産業に特化するのに対し，後進国が比較優位を有するのは労働集約的な産業であり，こういった条件のもとでは後進国はこの「後進国の罠」から抜け出すことができないとされる。このような議論にもとづく産業政策論は幼稚産業保護論といわれ，後進国では先進国へのキャッチアップを果たすべく，国は産業構造高度化のための政策を採用することになる。明治初期の殖産興業政策以来の日本の産業政策や，第2次大戦後の新興国における「開発独裁」といわれる現象はこのような幼稚産業保護論で説明される。

　では，日本では産業構造政策はどのように展開されてきたか。日本の近代工業化は明治初期の殖産興業政策をもって始まる。欧米の近代的工業の導入を意図した明治政府は，製糸，紡績，鉱山，造船などの官営工場を建設し，機械設備を外国から輸入したり，お雇い外国人を雇って技術指導を受けたりして，その基礎を築いたうえで，それらを民間に払い下げることで重点的に産業の育成

を図った。また，日清戦争後の1897年（明治30年）には，官営八幡製鉄所が設立（1901年操業開始）され，富国強兵策のなかで重工業基盤の形成も国が主導する。さらに，第二次大戦期には戦時経済統制のもとで軍需中心の資源配分が行われた。

　また，戦後復興は1946年の傾斜生産方式による石炭・鉄鋼への重点的資源配分から始まる。また，47年の計画造船が造船業復活の契機となったほか，戦後初期には輸出による外貨獲得を意図した繊維産業の合理化も政策対象となった。しかし，日本における産業構造政策をめぐる議論がとくに問題となるのは，高度成長期の政策であろう。政府は50年施行の外資法により技術導入を管理するとともに，関税政策・外貨割り当てなどによる輸入規制をつうじて国内産業の保護を図る一方で，国内産業の近代化投資を促進する政策を実行する。朝鮮特需が日本経済の復興に弾みをつけた52年に制定された「企業合理化促進法」は，新規機械装置の試作・試運転に対する政府補助金の交付，研究開発費の加速償却・地方税免除，特定業種における新規設備設置費用の50％初年度償却，工業立地等の産業インフラストラクチャーの整備をその内容としていた。また，開発銀行をはじめとする政府系金融機関による低金利の融資は重点産業での大規模投資を資金面で支えた。このような産業育成策は，50年代の鉄鋼業の銑鋼一貫プラントや石油化学コンビナートの建設のほか，50年代前半には電力，造船など，そして，その後は合成繊維，プラスチック，自動車，電子へと戦略産業の重点を移行させつつ推進された。さらに消費財についてトランジスタラジオやテレビのような特定の品目の物品税の免除あるいは軽減の措置がとられたことも，高度成長期の消費革命を促進する役割を果たした。

　以上の産業構造政策の展開のなかで，とくに機械産業については，「機械工業振興臨時措置法（機振法）」という業種別の立法による産業育成策を採用したことが当時大きな論議を巻き起こした。56年に制定された同法は，限時法であったにもかかわらず，第2次，第3次と延長された後，「電子工業振興臨時措置法（電振法）」，「特定電子工業及び特定機械工業振興臨時措置法（機電法）」，「特定機械情報産業振興臨時措置法（機情法）」に引き継がれ，85年まで継続された。これらの法で指定された業種（具体的な指定は施行令による）

は法の名称変更が示すように自動車，産業用機械を含む機械産業からコンピュータとその関連部品を含む電子産業へと移っていくが，いずれも，目標の設定と設備の種類，資金の確保についての規定がなされている点では共通している。また，それらの法律では合理化のための共同行為に関する独占禁止法の適用除外の規定をも含んでいた。

　この時期の産業構造政策の特徴を最もよく表すのは，63年に出された産業構造審議会答申で提示された「最適産業構造」という考え方である。この答申は最適産業構造を判断する基準として，需要面での「所得弾力性基準（所得の上昇率に対する需要の増大率）」と供給面での「生産性上昇率基準」をあげ，当時の日本の産業構造高度化にとって重化学工業化が課題であるとして，乗用車，石油化学，電子計算機など，重点的に育成すべき産業を具体的に示していた。この最適産業構造論は当時の産業構造政策の理論的な根拠付けを行ったものといってよい。63年という年は，機振法のような業種別の産業法を他の業種にも拡大すべく「特定産業振興臨時措置法案」が提案された年でもあるが，この法案は廃案となり，以降，通産省主導の産業政策は基本的に行政指導という形をとることになる。ところで，ここで述べた産業構造政策では，その一環として，合併や共同行為を促す政策，つまり産業組織論を前提とする産業組織政策とは逆の方向での産業組織にかかわる政策を合理化政策として採り入れていたこと，また，工業立地の整備といったインフラストラクチャー政策等，各種の政策手段が併用されていたことも，指摘しておく必要があるであろう。

　高度成長を経過した後も，産業構造審議会が日本経済の展開の各局面に応じて「知識集約型産業構造」（71年），「産業構造の創造的知識融合化（ハード，ソフトを通じる技術と知識の融合）」（86年）など，産業構造の変化の方向についてビジョンを提示してきたが，このような方向での産業構造政策は高度成長期までの政策のような設備投資にかかわる資金の確保や，ハード面での補助策というよりは，あくまでもビジョンの提示という色彩が強くなる。その一方で，産業計画懇談会が公害・資源対策を中心とした「産業構造の改革」（73年）を提起するなど，70年代には公害・資源問題が産業政策の課題として浮上する。また，産業構造の高度化にともない，一方で衰退業種における産業調

整政策が問題となる。77年の産業構造審議会の産業構造ビジョンでは，石炭，繊維，生活用品などの個別産業をとりあげ，主に雇用対策と地域経済の基盤の安定性という観点で産業調整の課題を提示した。また，2度の石油ショックに対応して制定された「特定不況産業安定臨時措置法（特安法）」(78年) と「特定産業構造改善臨時措置法（産構法）」(83年) では，石油化学，アルミニウム，化学繊維などの基礎素材産業における過剰設備の処理を促進するための共同行為や事業提携を独占禁止法の適用除外とするほか，活性化・事業転換に向けた投資を促進するための税制・金融上の措置を整備している。産業調整政策は国際的にも課題とされ，経済協力開発機構（OECD）は70年代の末から積極的産業調整政策（PAP, Positive Adjustment Policies）に関する方針や声明を出してきた。

最近の産業構造政策としては，2004年に経済産業省がまとめた「新産業創造戦略」がある。この「戦略」では産業調整政策にみられた過剰設備廃棄などの「縮み思考の政策」を脱し，設備投資のみならず人材育成などを含む「前向きの投資」を促す政策というコンセプトをもつ点では高度成長期の産業構造政策の再来かと思わせる面があった。しかし，この戦略では特定の既存産業にターゲットを設定するのではなく，グローバル競争に対応する先端的新産業群，少子高齢化や環境問題などの社会的ニーズに対応する新産業群，および地域再生を担う新産業群といったように，現在の日本が直面する課題に対応する新産業群に狙いを定めている。

12-2　国の競争力

産業政策といわれるものには，前節でみた産業組織政策と産業構造政策のほかにも，産業基盤の整備を意図したインフラストラクチャーにかかわる政策や，中小企業政策のような企業に対する政策，地域政策，環境政策等があり，戦後の日本の産業構造政策のなかでもそれらの諸政策が並行して実施されてきた。それらの諸政策について一言すれば，インフラストラクチャー政策としては，高度情報通信関連の基盤の整備や，空港・港湾のハブ機能（拠点空港・港湾と

しての機能，拠点となるハブとそこから延びる支線であるスポークの組み合わせをハブ・アンド・スポークという）の強化が課題とされる。また，中小企業政策はかつての高度成長期には二重構造問題と関連した近代化政策として大企業主導の産業成長を補完するものとして，保護政策的な性格を色濃くもっていたが，今日，ベンチャー支援を含めてむしろ産業活性化の担い手の育成策として新たな役割が求められている。さらに，地域政策は従来，地域の地場産業の保護策，あるいは産業調整政策の一環としての地域の雇用維持策という性格が強かったが，最近では，中小企業政策と相まって，産業クラスター（産業集積）の育成策が国際的にも大きな課題となっている。さらに，ベンチャー支援や産業クラスター育成といった近時の産業政策が，一面では，特許，著作権，商標，意匠登録といった知的財産権にかかわる側面や，産学連携にかかわる施策のように科学技術政策としての側面をもつことに注意したい。

　前述した産業構造政策と産業組織政策はこういった諸産業政策の一環として総合的に把握されるべきものである。これらの産業政策は，それぞれの国がその経済発展の段階に対応して自己の経済力を高めるうえで障害となっている問題を解決するための施策といってよい。そのような意味での産業政策の課題の探索は，今日しばしば，各国の成長力と豊かさを決定する諸要因の総合評価としての競争力ランキングの検討という形で行われている。

　各種の国の競争力ランキングのうち，1989年以降継続的に公表されてきた定評あるランキングとしてはスイスの国際経営開発研究所（IMD）の『世界競争力年鑑』[4]があるが，このランキングでは日本は93年まで5年連続トップの後，次第にランクを下げ，2002年には49の国と地域のうち27位にまで落ち込んだ（2004年は60の国と地域で23位）。IMDの競争力ランキングは「経済パフォーマンス」のみならず，「政府の効率性」，「ビジネスの効率性」，「インフラストラクチャー」といった広い領域にわたる約300の評価項目について収集された統計データとアンケート・データにもとづく総合評価であり，それらの諸項目の検討はそれぞれの国の政策課題を考えるうえで欠かせないステップとなる。このIMDランキングのほかにも国の競争力ランキングの試みは各種あるが，ここでは，世界経済フォーラムのランキングである『2003年

グローバル競争力レポート』[5]にもとづき，競争力指標のもつ意味，指標の内容，そして，そのランキングの概要をみておきたい。世界経済フォーラムは79年から競争力レポートを出しており，2002年から以下でみる現行の指標を採用するとともに，2003年のレポートではミクロ経済指標が後述のBCI指標に改名されるとともに，その著書『国の競争優位』[6]によって国の競争力にかかわる分析に先鞭を付けたM. E. ポーターがBCI指標の解説と分析をしている。

　この報告によれば，国の競争力には成長力指標（GCI, Growth Competitiveness Index）とビジネス競争力指標（BCI, Business Competitiveness Index）の2つの側面があり，前者のGCIはマクロの指標として国の経済成長力（GDP成長率を支える要因）を表現するのに対し，後者のBCIはミクロの指標としてその国で活動する企業の競争力を表現する。また，国の豊かさと生産性の高さ（あるいは1人当たりGDP）を決める要因はBCIにあるとされる。このレポートのなかでポーターは，BCIが公共政策に対してもつ含意について，「われわれの調査結果は……適切なマクロ政策が講じられればミクロ経済の改善は自動的に果たされるという考え方に疑問を投げかける。……政府の役割を削減し市場の歪みをなくすということに限定してミクロ改革を考えるのは賢明ではない。……政府は，人的資源に投資し，適切な規制基準の設定により高度な需要を刺激し，また，イノベーション能力を構築するうえで，広い範囲で積極的役割を担っている」という。そのようなミクロの指標とかかわる政策課題は広い意味での産業政策の課題と考えてもよいであろう。

　このレポートのデータの多くは各国の主要企業の経営者に対するアンケート調査の結果にもとづいており，ハード・データ（統計資料）はアンケート調査を補うものとして限定的に用いられている。GCIとBCIの内容についてみると，GCIは景気後退予想や財政・金融の状況，為替レート，インフレーション等の「マクロ経済環境」のほかに，「公的制度」および「技術力」という3つの柱に分類される諸項目で構成されており，また，BCIは「企業のオペレーション効率と戦略」と「国のビジネス環境の質」の2つの柱からなっている。そして，日本の総合評価は調査対象の102の国と地域のなかでGCIでは11位，

BCI では 13 位になっている．柱となるカテゴリーでみると，GCI は「マクロ経済環境」の 24 位，「公的制度」の 30 位に対し，「技術力」は 5 位の評価を得ている．項目別では「マクロ経済環境」の政府補助の有効性 90 位，景気後退予想 83 位，財政収支 81 位の低い評価が目立つ．BCI では「企業のオペレーション効率と戦略」が 6 位で，項目別では国際市場の広がり，顧客志向，競争優位の性格といった点で 1 位の評価を得ており，インセンティブ報酬では 54 位となっている．また，「ビジネス環境の質」は 20 位で，項目別では部品と機械設備の利用可能性とサプライヤーの質は 1 位であるのに対して，「マクロ経済環境」と共通の項目である政府補助の有効性のほか，経済政策における意思決定の分権化が 82 位，スタートアップの負担が 80 位と評価が低い．さらに，「その他」のカテゴリーとして銀行の健全性が 102 位と最下位になっている．

　これに対し，2005 年のレポート[7]は 117 の国と地域が調査対象とされ，そのなかで日本は GCI で 12 位，BCI で 8 位となっている．GCI では「マクロ経済環境」が 42 位と順位を下げているが，これは政府負債の 114 位，財政収支の 113 位といった財政基盤の悪化を反映している．一方，「公的制度」は 14 位，「技術力」は 8 位となっている．また，BCI では「企業のオペレーション効率と戦略」は 3 位で，項目別では競争優位の性質，生産工程の先進性，価値連鎖で 1 位とされ，インセンティブ報酬は 48 位である．「ビジネス環境の質」は 10 位で，機械設備の利用可能性，サプライヤーの質，鉄道インフラが 1 位とされ，逆に低い評価を受けているのは，外資の規制 73 位，貿易障壁 60 位，貸付へのアクセス 52 位である．「その他」では，銀行の健全性が不良債権処理の進展にもかかわらず依然として 99 位にとどまっているほか，2003 年には「ビジネス環境の質」に含まれていた政策決定の分権化が 55 位となっている．

　以上のグローバル競争力のランキングのもつ政策上の含意についていえば，日本では何よりもマクロ経済環境にかかわる財政・金融政策のあり方が大きく問われているということであろう．それとともに，産業政策の課題としては，「ビジネス環境の質」で問題となる諸点，つまり，政府補助の有効性，政策決定の地方分権化，ベンチャー企業のスタートアップに対する支援，中小企業に対する貸し渋り，外資規制，貿易障壁といった問題に対する対応があげられる．

表12-1 グローバル競争力ランキング2005

	GCI	BCI	マクロ経済環境	公的制度	技術力	オペレーション効率と戦略	ビジネス環境の質
フィンランド	1	2	4	4	2	9	1
アメリカ	2	1	23	18	1	1	2
スウェーデン	3	12	12	17	4	7	14
デンマーク	4	4	3	1	5	4	3
台湾	5	14	17	26	3	13	15
シンガポール	6	5	1	4	10	14	5
アイスランド	7	17	11	3	9	15	18
スイス	8	7	13	9	6	5	7
ノルウェー	9	21	2	6	13	22	21
オーストラリア	10	15	14	10	14	23	12
オランダ	11	9	10	16	11	8	8
日本	12	8	42	14	8	3	10
イギリス	13	6	18	12	17	6	6
ドイツ	15	3	28	8	16	2	4
オーストリア	21	10	22	11	21	11	9

注) World Economic Forum (2006) による。

図12-1 グローバル競争力の決定要因（GCI 上位5位）
2005年の要因別ランキング

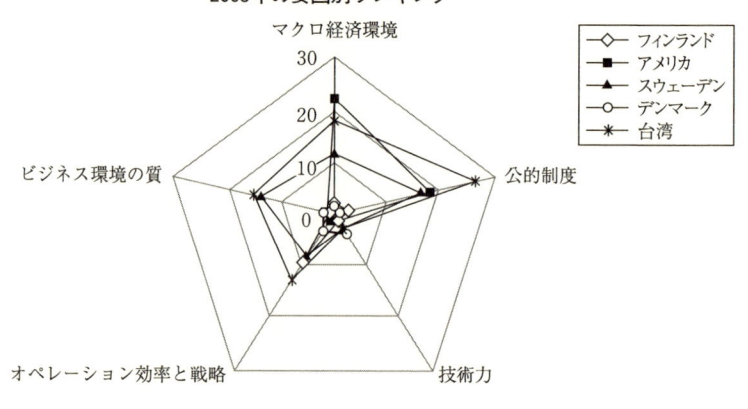

また，「技術力」のなかで相対的に低い評価となっている情報通信技術関連法（2005年30位），情報通信技術推進策（同23位），産学連携（同15位）も政策課題である。

第 12 章　産業政策と国の競争力

図 12-2　グローバル競争力の決定要因（GCI 6 −10位）

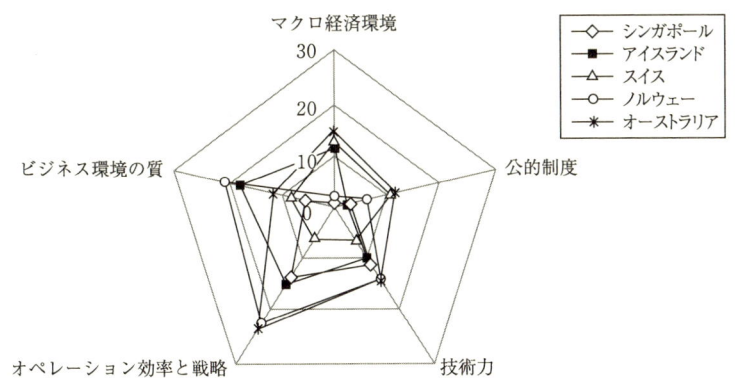

図 12-3　グローバル競争力の決定要因（その他，BCI 10位以内）

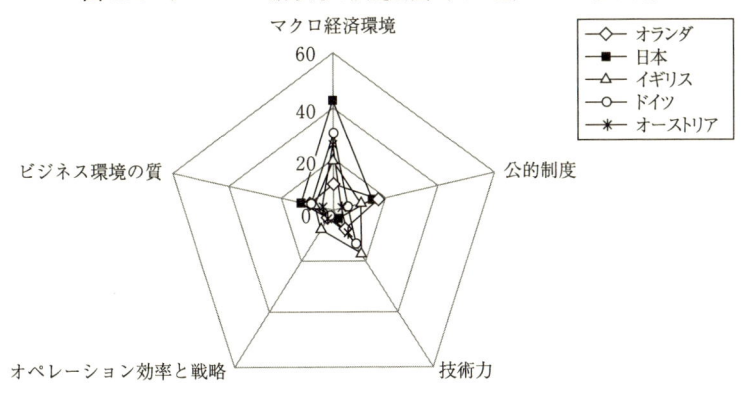

　日本のグローバル競争力ランキングを他のランキング上位の国（GCI と BCI のいずれかが上位 10 位以内の国と地域）と比較してみると，日本のランキングは技術力とオペレーション効率にかかわる項目での高い評価にかかわらず，一方で主にマクロ経済環境にかかわる分野で極端に低い評価を受けている項目があることが特徴的である。これに対し，日本と対照的なのはフィンランド，スウェーデン，デンマーク，アイスランド，ノルウェーといった北欧諸国であり，これらの国では雇用関係の一部と高税率の項目を除けばほとんどの項

215

目で上位にランキングされており，図12-1～図12-3でみた5つの柱のランキングはきわめてバランスのとれた形になっている。高税率については，レポートではそれが世界市場での競争と高い生活水準の妨げになっている証拠はないとして，財政運営の有効性を評価している。また，アメリカは新技術採用の積極性が評価されながらも，マクロ経済環境の安定性に問題があり，とくに財政赤字と低貯蓄率が低い評価となっている。

　北欧経済のバランスのとれた強さは，財政基盤の悪化をくい止めつつ，少子高齢化のなかで高福祉社会を維持するという困難な課題に立ち向かうことで，M. E. ポーターが言うところの「不利な立場を競争優位に転じる」条件を生み出してきたことにあると思われる。「今後他国にも広がっていく状況を正確に理解」すること，また，「適切なスキルをもった人材を活用でき，地元の需要条件が正しい判断材料を与える」[8]こと，そのような条件を整えるなかで，それらの国の多くは，情報技術（IT）と北欧デザインを活用した製品をもって高い競争力をつけてきた。フィンランドでは最近，次世代の主力産業としてヘルスケア（健康福祉）産業の育成を図っているが，この場合，国による病院や介護施設の訪問調査から得られる市場データや経営アドバイスが国内外の市場に向けたヘルスケア関連の設備・器具の開発に貢献しているという[9]。また，産学連携も技術系のみならず，中小企業のナレッジ・マネジメント（knowledge management）に関する調査研究が経営アドバイスとして生かされているケースも興味深い[10]。もっとも，北欧における産業政策の有効性という場合，人口の少ない小国の開放経済が効率的な産業政策を可能にしている側面も無視できない。

　ところで，世界経済フォーラムは2004年からGCIとBCIを統合した新しい指標（Global CI）の作成を試みている。この指標では「基本的条件」（その2次指標としては制度，インフラストラクチャー，マクロ経済，医療と初等教育の4つ），「効率」（2次指標は高等教育と訓練，市場の効率性，技術力の3つ），「イノベーション要因」（2次指標はビジネスの先進性，イノベーションの2つ）の3つの柱を設定するとともに，それらの柱の役割が各国の経済発展段階に応じて異なることに注目している。前述のGCIでも人口1人当たりの

特許件数によって調査対象諸国をコア・イノベーターと非コア・イノベーターの2つのグループに分類し，それぞれのグループごとに3つの柱と「技術力」の2次指標についてウェイト付けをしているが，Global CI ではこのグループ分けを段階区分とするとともに，各段階を特徴づける要因を再整理している。つまり，1人当たり GDP でみた経済発展段階の低い国を低コスト労働と自然資源に依存した低価格に競争力の源泉がある要素推進的段階（factor-driven stage）とし，この段階から1人当たり GDP の上昇にともない，効率的な生産と製品の質に依拠する効率推進的段階（efficiency-driven stage），さらにはイノベーション推進的段階（innovation-driven stage）へと移行するのであって，それらの各段階の移行期を考慮に入れると各国と地域は5つの段階に分類される。そして，Global CI の各国の総合評価では各段階で大きな役割を果たす柱にウェイト付けをしている。このような段階区分は，レポートの対象国・地域の増加にともない，経済発展段階の低い国における競争力の源泉を識別する必要があるという認識にもとづくものである。なお，この Global CI では，ランキング上位の国と地域はいずれもイノベーション推進的段階に位置付けられており，「ビジネスの先進性」と「イノベーション」により大きなウェイト付けがされるため，GCI と比べるとアメリカがフィンランドに代わりランキング1位となり，また，日本も10位とより高いランキングとなっている。

1) Armentano, D. T. (1990, 1999). ここでみるアルメンターノの反トラスト政策廃止論のバックにある彼の独占観については，越後和典（2003）第6章参照。
2) Porter, M. E. (2001).
3) Bresnaham, T., "New Models of Competition: Implications for the Furure Structure of the Computer Industry," in Eisenach, J. A. and T. M. Lenard eds. (1999).
4) IMD (2004).
5) World Economic Forum (2004).
6) Porter, M. E. (1990).
7) World Economic Forum (2006). このレポートにおける M. E. ポーターの論文の邦訳と主要な競争力指標は，世界経済フォーラム編（2006）に収録されている。
8) Porter, M. E. (1998) 訳 II 16-17 ページ。

9)『朝日新聞』2005 年 10 月 28 日。
10) Salojärvi, S. (2005).

参 考 文 献

浅沼萬里（1984）「自動車産業における部品取引の構造—調整と革新的適応のメカニズム—」（『季刊現代経済』58号）
――――（1997）『日本の企業組織—革新的適応のメカニズム—』（東洋経済新報社）
有沢広巳監修（1994）『日本産業史』第1－4巻（日経文庫）
井出秀樹・廣瀬弘毅（2001）『新訂　現代産業組織論』（放送大学教育振興会）
伊藤元重（2004）『ビジネス・エコノミクス』（日本経済新聞社）
今井賢一・宇沢弘文・小宮隆太郎・根岸隆・村上泰亮（1972）『価格理論』第3巻第6部（産業組織）（岩波書店）
植草益（1982）『産業組織論』（筑摩書房）
――――（1987）『産業組織論』（放送大学教育振興会）
植草益編著（1995）『日本の産業組織—理論と実証のフロンティア—』（有斐閣）
植草益・井出秀樹・竹中康治・堀江明子・菅久修一（2002）『現代産業組織論』（NTT出版）
越後和典（1965）『反独占政策論—アメリカの反トラスト政策—』（ミネルヴァ書房）
――――（1985）『競争と独占—産業組織論批判—』（ミネルヴァ書房）
――――（2003）『新オーストリア学派の思想と理論』（ミネルヴァ書房）
越後和典編（1973）『産業組織論』（有斐閣）
越後和典・安喜博彦（1968）「「産業革命」の進展と日本資本主義の形成」（『講座　日本資本主義発達史論』Ⅰ，日本評論社）
小田切宏之（2001）『新しい産業組織論—理論・実証・政策—』（有斐閣）
小野五郎（1996）『産業構造入門』（日本経済新聞社）
金子敬生（1983）『産業構造論』（世界思想社）
小西唯雄編（1990）『産業組織論の新展開』（名古屋大学出版会）
堺屋太一（1975）『油断』（日本経済新聞社）
佐々木雅幸（2003）「創造産業による都市経済の再生—その予備的考察—」（大阪市立大学経済研究会『季刊経済研究』Vol. 26, No. 2）
産業学会編（1995）『戦後日本産業史』（東洋経済新報社）
篠原三代平責任編集（1961）『日本経済の分析6・産業構造　新訂』（春秋社）
篠原三代平・馬場正雄編（1973）『現代産業論1・産業構造』（日本経済新聞社）
清水克俊・堀内昭義（2003）『インセンティブの経済学』（有斐閣）
新庄浩二編（2003）『産業組織論　新版』（有斐閣）
世界経済フォーラム編（2006）『国の競争力』（ファーストプレス）

鶴田俊正・伊藤元重（2001）『日本産業構造論』（NTT出版）
長岡貞男・平尾由紀子（1998）『産業組織の経済学―基礎と応用―』（日本評論社）
南部鶴彦（1982）『産業組織と公共政策の理論』（日本経済新聞社）
西田稔（1987）『日本の技術進歩と産業組織』（名古屋大学出版会）
西田稔・片山誠一編（1991）『現代産業組織論』（有斐閣）
日本経済新聞社編（1992）『ベーシック・日本経済の新課題』（日経文庫）
服部之総（1966）『黒船前後』（筑摩書房）
堀内俊洋（2000）『産業組織論』（ミネルヴァ書房）
水野敬三・新海哲哉・石黒真吾（2002）『市場と企業の経済学』（晃洋書房）
三橋規宏・内田茂男・池田吉紀（2006）『ゼミナール日本経済入門』21版（日本経済新聞社）
宮沢健一編（1966）『産業構造分析入門』（有斐閣）
安喜博彦（1971）「1920年代の機械工業と中小企業問題―『工業統計表』の分析を中心に―」（関西大学『経済論集』第21巻第1号）
―――（1995）『現代日本のビッグビジネス―企業行動と産業組織―』（日本評論社）
―――（2000）「企業理論の展開と企業間関係」（田中充・佐竹隆幸編著『中小企業論の新展開―共生社会の産業展開―』八千代出版）
―――（2002）「企業理論の展開と反トラスト政策―マイクロソフト訴訟との関連で―」（関西大学『経済論集』第52巻第2号）
―――（2003）「イノベーションと反トラスト政策―垂直的制限と知的財産権を中心に―」（関西大学『経済論集』第53巻第3号）
―――（2004）「構造主義批判再論―反トラスト政策の矛盾―」（関西大学『経済論集』第54巻第3・4号）
吉原秀樹・佐久間昭光・伊丹敬之・加護野忠男（1981）『日本企業の多角化戦略―経営資源アプローチ―』（日本経済新聞社）

Ansoff, H. I. (1965), *Corporate Strategy*. （広田寿亮訳『企業戦略論』産業能率大学出版部，1969年）
Armentano, D. T. (1990), *Antitrust and Monopoly: Anatomy of a Policy Failure*, 2nd ed.
――― (1999), *Antitrust: The Case for Repeal*, Revised 2nd ed.
Arthur, W. B. (1989), "Competing Technologies, Increasing Returns, and Lock-in by Historical Events," *The Economic Journal*.
Asanuma, B. (1989), "Manufacturer-Supplier Relationships in Japan and the Concept of Relation-Specific Skill," *Journal of the Japanese and International Economies*.
Bain, J. S. (1968), *Industrial Organization*, 2nd ed. （宮沢健一監訳『産業組織論』上・下，丸善，1970年）
Baumol, W. J., Panzar, J. C. and R. D. Willig (1982), *Contestable Markets and the Theory*

of Industrial Structure.

Bell, D. (1973), *The Coming of Post-Industrial Society*. (内田忠夫他訳『脱工業社会の到来』ダイヤモンド社，1975年)

Berle, A. A. and G. C. Means (1932), *The Modern Corporation and Private Property*. (北島忠男訳『近代株式会社と私有財産』文雅堂銀行研究社，1958年)

Blackaby, F. ed. (1979), *De-industrialisation*.

Brozen, Y. (1982a), *Concentration, Mergers, and Public Policy*.

—— (1982b), *Mergers in Perspective*.

Cantillon, R. (1755), *Essai sur la Nature du Commerce en Général*. (津田内匠訳『商業試論』名古屋大学出版会，1992年)

Caves, R. (1967), *American Industry: Structure, Conduct, Performance,* 2nd ed. (小西唯雄訳『産業組織論』東洋経済新報社，1968年)

Chamberlin, E. H. (1962), *The Theory of Monopolistic Competition: A Re-orientation of the Theory of Value,* 8th ed. (青山秀夫訳『独占的競争の理論』至誠堂，1966年)

Chandler, A. D. Jr. (1962), *Strategy and Structure: Chapters in the History of the Industrial Enterprise*. (三菱経済研究所訳『経営戦略と組織―米国企業の事業部制成立史―』実業之日本社，1967年)

—— (1990), *Scale and Scope: The Dynamics of Industrial Capitalism*. (安部悦生・川辺信雄・工藤章・西牟田祐二・日高千景・山口一臣訳『スケール・アンド・スコープ―経営力発展の国際比較―』有斐閣，1993年)

Chenery, H. B. (1960), "Patterns of Industrial Growth," *American Economic Review*.

Clark, C. (1951), *The Conditions of Economic Progress,* 2nd ed. (大川一司・小原敬士・高橋長太郎・山田雄三訳編『経済進歩の諸条件』上・下，勁草書房，1954-55年)

Clarke, R. (1985), *Industrial Economics*. (福宮賢一訳『現代産業組織論』多賀出版，1989年)

Coase, R. (1937), "The Nature of the Firm," *Economica*.

—— (1988), *The Firm, the Market, and the Law*. (宮沢健一・後藤晃・藤垣芳文訳『企業・市場・法』東洋経済新報社，1992年)

Cowling, K. (1982), *Monopoly Capitalism*. (安喜博彦・元木久訳『寡占下の資本主義』多賀出版，1988年)

Delaunay, J. and J. Gadrey (1992), *Services in Economic Thought: Three Centuries of Debate*. (渡辺雅男訳『サービス経済学説史―300年にわたる論争―』桜井書店，2000年)

Demsetz, H. (1959), "The Nature of Equilibrium in Monopolistic Competition," *Journal of Political Economy*.

—— (1964), "The Welfare and Empirical Implications of Monopolistic Competition," *Economic Journal*.

Eisenach, J. A. and T. M. Lenard eds. (1999), *Competition, Innovation and the Microsoft Monopoly: Antitrust in the Digital Marketplace.*

Foss, N. J. (1996), "Whither the Competence Perspective," in Foss, N. J. and C. Knudsen eds., *Towards a Competence Theory of the Firm.*

Galbraith, J. K. (1958), *The Afluent Society.* (鈴木哲太郎訳『ゆたかな社会』岩波書店, 1960年)

Henderson, B. D. (1979), *Henderson on Corporate Strategy.* (土岐坤訳『経営戦略の核心』ダイヤモンド社, 1981年)

Herndon, J. B. (2002), "Intellectual Property, Antitrust, and the Economics of Aftermarkets," *The Antitrust Bulletin.*

Hoffmann, W. G. (1958), *The Growth of Industrial Economies,* tr. by Henderson, W. O. and W. H. Chaloner. (長洲一二・富山和夫訳『近代産業発展段階論』日本評論社, 1958年)

IMD (2004), *IMD World Competitiveness Yearbook 2004.*

Jacquemin, A. (1985), *The New Industrial Organization.* (南部鶴彦・山下東子訳『新しい産業組織論』日本評論社, 1992年)

Kaysen, C. (1960), "Industrial Concentration in the United States," in Herausgegeben von Helmut Arndt, *Die Konzentration in der Wirtschaft.*

Kirzner, I. (1973), *Competition and Entrepreneurship.* (田島義博監訳『競争と企業家精神―ベンチャーの経済理論―』千倉書房, 1985年)

Kuznets, S. (1971), *Economic Growth of Nations: Total Output and Production Structure.* (西川俊作・戸田泰訳『諸国民の経済成長』ダイヤモンド社, 1977年)

Leontief, W. (1941), *The Structure of American Economy, 1919-1939: An Empirical Application of Equilibrium Analysis.* (山田勇・家本秀太郎訳『アメリカ経済の構造』東洋経済新報社, 1959年)

―――― (1966), *Input-Output Economics.* (新飯田宏訳『産業連関分析』岩波書店, 1969年)

Liebowitz, S. J. and S. E. Margolis (2001), *Winners, Losers & Microsoft: Competition and Antitrust in High Technology,* Revised ed.

Maizels, A. (1963), *Industrial Growth and World Trade: An Empirical Study of Trends in Production, Consumption and Trade in Manufactures from 1899-1959 with a Discussion of Probable Future Trends.* (渡部福太郎監訳『工業発展と世界貿易』春秋社, 1970年)

Mason, E. S. (1938), "Price Inflexibility," *The Review of Economic Statistics.*

―――― (1957), *Economic Concentration and the Monopoly Problem.*

Means, G. C. (1935), "Industrial Prices and their Relative Inflexibility," *U. S. Senate Document,* No. 13, 74th Congress, 1st Session.

―――― (1936), "Notes on Inflexible Prices," *American Economic Review*.

Modigliani, F. (1958), "New Developments on the Oligopoly Front," *Journal of Political Economy*.

Narver, J. C. (1967), *Conglomerate Mergers and Market Competition*. (江夏健一・古海志郎訳『コングロマリット合併と市場競争』東洋経済新報社, 1971年)

Neal, P. C. (1969), "Task Force Report on Antitrust Policy," *Congressional Record-Senate*, May 27, S. 5643.

Panzar, J. C. and R. D. Willig (1981), "Sustainability Analysis: Economies of Scope," *American Economic Review*.

Penrose, E. (1959), *The Theory of the Growth of the Firm*. (末松玄六訳『会社成長の理論』第2版, ダイヤモンド社, 1980年)

Petty, W. (1690), *Political Arithmetic*. (大内兵衛・松川七郎訳『政治算術』岩波文庫, 1955年)

Porter, M. E. (1980), *Competitive Strategy*. (土岐坤・中辻萬治・服部照夫訳『競争の戦略』ダイヤモンド社, 1982年)

―――― (1990), *The Competitive Advantage of Nations*. (土岐坤・中辻萬治・小野寺武夫・戸成富美子訳『国の競争優位』ダイヤモンド社, 1992年)

―――― (1998), *On Competition*. (竹内弘高訳『競争戦略論』I・II, ダイヤモンド社, 1999年)

―――― (2001), "Competition and Antitrust: Toward a Productivity-based Approach to Evaluating Mergers and Joint Ventures," *The Antitrust Bulletin*.

Richardson, G. B. (1972), "The Organization of Industry," *The Economic Journal*.

―――― (1990), *Information and Investment: A Study in the Working of the Competitive Economy*, 2nd ed.

Robinson, E. A. G. (1958), *The Structure of Competitive Industry*, Revised and Reset ed. (黒松巌訳『産業の規模と能率』有斐閣, 1969年)

Robinson, J. (1933), *The Eonomics of Imperfect Competition*. (加藤泰男訳『不完全競争の経済学』文雅堂銀行研究社, 1966年)

Rumelt, R. P. (1974), *Strategy, Structure, and Economic Performance*. (鳥羽欽一郎・山田正喜子・川辺信雄・熊沢孝訳『多角化戦略と経済成果』東洋経済新報社, 1977年)

Salojärvi, S. (2005), *Increasing Knowledge Focus: A Means for Entrepreneurs to Remain on a Growth Path*.

Smith, A. (1950), *An Inquiry into the Nature and Causes of the Wealth of Nations*, 6th ed. (大内兵衛・松川七郎訳『諸国民の富』全4冊, 岩波文庫, 1959-66年)

Spence, M. (1977), "Entry, Investment and Oligopolistic Pricing," *Bell Journal of Economics*.

Stigler, G. J. (1968), *The Organization of Industry*. (神谷傳造・余語将尊訳『産業組織論』

東洋経済新報社，1975 年)

—— (1987), *The Theory of Price*, 4th ed. (南部鶴彦・辰巳憲一訳『価格の理論』有斐閣，1991 年)

Subcommittee on Antitrust and Monopoly of the Committee on the Judiciary, United States Senate (1963), *Administered Prices: A Compendium on Public Policy*. (坂根哲夫監修『管理価格—公共政策論集—』ぺりかん社，1967 年)

Sweezy, P. M. (1939), "Demand under Conditions of Oligopoly," *Journal of Political Economy*.

Sylos-Labini, P. (1962), *Oligopoly and Technical Progress*. (安部一成訳『寡占と技術進歩』東洋経済新報社，1964 年)

Teece, D. J. (1980), "Economies of Scope and the Scope of the Enterprise," *Journal of Economic Behavior and Organization*.

—— (1992), "Competition, Cooperation, and Innovation: Organizational Arrangements for Regimes of Rapid Technological Progress," *Journal of Economic Behavior and Organization*.

Williamson, O. (1975), *Markets and Hierachies*. (浅沼萬里・岩崎晃訳『市場と企業組織』日本評論社，1980 年)

—— (1976), "Franchise Bidding for Natural Monopolies: in General and with Respect to CATV," *The Bell Journal of Economics*.

—— (1986), *Economic Organization: Firms, Markets and Policy Control*. (井上薫・中田善啓監訳『エコノミック・オーガニゼーション—取引コストパラダイムの展開—』晃洋書房，1989 年)

World Economic Forum (2004), *The Global Competitiveness Report 2003-2004*.

—— (2006), *The Global Competitiveness Report 2005-2006: Policies Underpinning Rising Prosperity*.

索　引

ア　行

アウトソーシング　42-43, 77, 79
アフターマーケット　139-140
アラートネス　116-117, 148
アンバンドリング　140
意識的並行行為　105, 131, 136, 152
インフラストラクチャー　76-77, 208-211, 216
迂回生産　37, 39
埋め合わせテスト　137, 204
影響力係数　49, 51-52
M＆A　87-88, 114, 174-175, 178
M＆A＆D　87-88, 178
MS・MC・MP パラダイム　95-96, 114-115, 204
円環モデル　150, 152

カ　行

海外生産比率　73-74, 77
外注　→サプライヤー
価格
　――圧搾　180
　（選択的）――差別　138, 141n
　――先導制　130
　――の硬直性　131, 134-135
　――の同調的引き上げ　97, 105, 116, 127, 131, 134, 136, 152
　管理――　86-87, 131, 136
学習
　――効果　115, 119, 126n
　組織としての――　119, 165
確率過程　114, 119-122
加工組立型　40, 72, 119, 178, 189, 193, 199

過剰能力戦略　159, 163-164, 167
寡占
　――のもとでの積極的競争　138
　――規制　87, 97, 105, 125n, 135-136, 200
　――体制　85
　――的相互依存関係　95, 127, 129-130, 134, 136, 152, 165, 186
空脅し　93, 164-165
カルテル　23, 84, 95, 97, 127, 129-130, 135-136, 138, 200, 203-204
関係的技能　196
感応度係数　49, 51-52
機会主義　190-191, 194
企業
　――間関係　71, 194-196, 201
　――慣行　15, 88-89, 141
　――グループ　71, 81n, 193
　――戦略　13, 15, 88-89, 94, 119, 137-138, 165, 170, 183, 185
　――としての統合　179-180, 189-190
　――内統御　→企業としての統合
　――の異質性　194-195, 206
　――の境界　194, 201
　――分割　87, 97, 105, 125n, 136
　資源ベースの――理論　23, 194-195, 206
企業家　116-117, 148, 205
機振法　208-209
機敏性　→アラートネス
規模の経済性　99, 107-108, 111-115, 117, 122, 138, 159-163, 169, 178, 182, 189, 199-200, 204-205
業界構造　94, 137, 205
業際化　→融業化
行政指導　22, 207, 209
競争
　完全――　94, 127-128, 144, 167

225

動態的―― 23, 205-206
独占的―― 94, 144
目にみえる―― 129, 167
競争力
　グローバル――レポート　212
　世界――年鑑　211
　ビジネス――指標　212
共謀　23, 129-130
　――度　130
空洞化　45, 79
屈折需要曲線　134-135
クラークの定式　21, 23, 25, 29, 40, 207
クレイトン法　85
QWERTYの経済学　124
経営者革命　86
経営戦略　→企業戦略
経験曲線　114, 117-119, 122, 126n, 165, 200
傾斜生産方式　22, 61, 208
顕示的消費　147
限定された合理性　190-191
工学的推計法　112-114
広告
　――の情報提供的機能　145, 147
　――の説得的機能　145, 147
　――ののれん効果　145-146
交差弾力性　90
構造主義　87, 95-96, 114-115, 125n, 205
拘束的契約　139, 180, 191
合理の原則　139, 204
互恵的取引　183-184
コスト面のリーダーシップ　119, 122, 165
コミットメント　165
コングロマリット　77, 86-87, 170, 181, 183
コンテスタビリティ　159, 164, 167
コンピタンス　194, 206

サ　行

サービス
　対個人――　41-42, 46, 72, 75-76, 81, 91, 94, 100

対事業所――　41-43, 46, 72, 75, 79, 81
――（経済）化　16, 23, 25, 27, 30, 40-41, 43, 45-46, 67, 72, 76, 79
最終需要依存度　51
最適規模　96, 107-110, 113, 115, 117-118, 204
再販売価格維持　96-97, 139
サプライヤー　71, 77, 85, 175, 179, 189, 193, 196, 213
鞘取り　116
産学連携　77, 214, 216
産業
　勤勉としての――　15
　――のライフサイクル　122
　標準――分類　16-20, 42-44, 91, 171-172
産業クラスター　77, 196, 211
産業構造
　最適――　209
　――の高度化　22, 38, 62, 64, 206-207, 209
産業調整政策　209-211
産業連関図　65-66, 69-70, 74-75, 80
サンク・コスト　159, 164-168, 201
参入
　――障壁　93, 148, 159, 162, 167, 180, 200
　――阻止価格　93, 159-162, 164
　――阻止戦略　122, 151, 159, 165-166, 201
　ヒット・エンド・ラン型の――　167, 201
3部門分割法　25-26, 37
事業部制　174, 183, 192
事後的な少数性　190-191
市場
　関連――　88, 91, 100, 204, 206
　――過程　116, 148
　――細分化　91, 93, 151, 200
　――セグメント　→市場細分化
　内部労働――　71
持続的な競争優位　23, 195, 206
下請け　→サプライヤー

索 引

シナジー効果　181-182
シャーマン法　83-84
ジャスト・イン・タイム・システム　179，189，195
集中
　　一般——　99-101
　　均衡——水準　114-116
　　産業——の測定　99，101
　　出荷——度　99，101
　　——曲線　102-103
重化学工業化　38-39，59-62，64，68，79，209
受託者方式　84
情報化　23，25，43-46
殖産興業政策　22，56，207
シロスの公準　163，168n
新オーストリア学派　87，114，116，126n，147-148，205
新産業創造戦略　210
新シカゴ学派　87，96，114，116，147
信頼可能（な脅威）　93，137，165
垂直的（取引）制限　96，139，180，200，203-204
垂直統合
　　——の経済性　178-180，182，189
　　——の優位性　180
スイッチング・コスト　124-125，138
生産誘発係数　50-51，65，68-69，74
成長力指標　212
製品差別化
　　垂直的——　149
　　水平的——　149
　　——の原因　145
製品特性　146，148-149，151，157n，200
製品ライン　95，143，170-171，187
石油ショック　70-71，81n，87，183，193
設備投資主導型　39，55，63
セル生産方式　111，201
先行者の優位性　114，119，122，166
戦略
　　——タイプ　173-174
　　——的行動　93，95，122，127，136-138，

141n，163，165-166
　　——的ポジショニング　95
　　——的提携　78，175，196，200-201
相互抑制説　186
創造産業　46
相対所得　26，28-30，34-37，41，59，61，64
装置型産業　112，138，161，163，178，199
組織デザイン　191，196

タ　行

大企業体制論　85，101
対抗性，対抗関係　94，129，132，155，167
代替性　20，90-92，100，170
大量予備の経済性　112-113
多角化
　　——度　171-173
　　——と市場支配　183
　　——の経済性　181
抱き合わせ　88，96-97，139，184，204
脱工業化　45-46
多品種多仕様化　111，146，153，170，200-201
知識集約型　209
チッピング・ポイント　124
知的財産権　46，89，114，140，211
TOB（公開株式買い付け）　176-177
ディープ・ポケット　184-186
テイクオフ　22，28-29，37，55，58-59
適者生存手法　114
デザイン・イン　179
デジュール・スタンダード　125
デファクト・スタンダード　125
当然違法　138，204
独占
　　自然——　40，108，117-118
　　——化要因　113-116
　　——禁止法（政策）　83，87，97，105，129，135，138，193，203-204，209-210
　　——モデル　128
　　部分——　84-85，87

特定的資産　194
　　企業―　165, 184-185
　　取引―　190, 196
ドミナント戦略　151, 157n, 166
トヨタ生産システム　71, 111, 179, 189
トラスト
　　反―　14-15, 23, 83, 85-89, 95-97, 98n, 114, 116, 137, 140, 199-200, 203-206
　　本来の―　84
取引費用　190, 193-194

ナ　行

内需主導型　55, 72-73
内部相互補助　183-184, 186
二重構造　65, 211
日本的経営　71, 193
ネットワーク効果　114, 122-124, 138, 166, 189, 200

ハ　行

ハード・ソフト・パラダイム　123
ハーフィンダール指標　102-105, 171
排他的取引，排他的行動　113, 139-140
ハイマー・パシジャン指標　105-107
ハブ・アンド・スポーク　211
範囲の経済性　182, 189-190, 200
反応係数　→共謀度
販路構成　39-40, 47, 65-66
PPM　183, 185-186
ビジネス慣行　→企業慣行
人質　194-195
評判効果　194
フォード生産システム　111, 143, 179, 189-190
フォワード・プライシング　119
不可逆的投資，不可逆性　159, 164-165, 167
不公正な取引方法　97, 139, 203
不当な取引制限　97, 138, 203
部品メーカー　→サプライヤー
プラザ合意　55, 71-73
プラットフォーム　201, 206
ブランド増殖　150-151, 166, 200
プレデーション　88, 95, 97, 113, 137-138, 184-185, 200, 204
ペティの法則　→クラークの定式
ホフマン比率，ホフマン法則　25, 37-39

マ　行

マイクロソフト　91, 98n, 100, 137, 139, 166, 206
ミニチュア資本市場　183
黙契　130
モジュール化　201
持株会社　84, 176, 193

ヤ　行

融業化　162, 200
輸出主導型　55, 67-68
容積増加の経済性　112
幼稚産業保護論　207

ラ　行

リストラクチャリング　77, 88
立地モデル　149-150
略奪的価格切り下げ　→プレデーション
略奪的行動　→プレデーション
レイヤー　206
劣加法　114, 117-118, 182
ロックイン　124

著者紹介

安喜博彦（やすき・ひろひこ）

1940年大阪府に生まれる。1963年大阪府立大学経済学部卒業，1968年大阪市立大学大学院経済学研究科博士課程修了。
現在，関西大学教授。博士（経済学）。
　主要業績
　『現代日本のビッグビジネス―企業行動と産業組織―』（日本評論社，
　　1995年）
　"Internal Organisation, Business Groups and Corporate Performance: An Empirical Test of the Multidivisional Hypothesis in Japan" in *Corporate Governance*, Vol. III, The International Library of Critical Writings in Economics, 106, 1999. (J. Cable と共同執筆)
　K. カウリング『寡占下の資本主義』（元木久と共訳，多賀出版，1988年）

産業経済論────寡占経済と産業展開

2007年4月20日　初版第1刷発行

著　者＝安喜博彦
発行所＝株式会社　新　泉　社
　東京都文京区本郷 2-5-12
　振替・00170-4-160936番　　TEL 03(3815)1662　　FAX 03(3815)1422
　印刷・創栄図書印刷　　製本・榎本製本

ISBN978-4-7877-0702-4　C3033